U0958783

隋唐人的日常生活

于赓哲 著

陕西新华出版传媒集团
陕西人民教育出版社
·西安·

图书在版编目（CIP）数据

隋唐人的日常生活 / 于赓哲著. -- 西安：陕西人民教育出版社，2017.3（2022.3重印）

ISBN 978-7-5450-3946-7

Ⅰ. ①隋… Ⅱ. ①于… Ⅲ. ①社会生活－历史－研究－中国－隋唐时代 Ⅳ. ①D691.9

中国版本图书馆CIP数据核字（2015）第292300号

隋唐人的日常生活

SUITANGREN DE RICHANGSHENGHUO

于赓哲 著

出　　版	陕西新华出版传媒集团 陕西人民教育出版社
发　　行	陕西人民教育出版社
地　　址	西安市丈八五路58号
邮　　编	710077
项目策划	何倩
责任编辑	何倩
装帧设计	祖辉工作室
经　　销	各地新华书店
印　　刷	西安创维印务有限公司
开　　本	720mm×1020mm　1/16
印　　张	20
字　　数	250千字
版　　次	2017年4月第1版
印　　次	2022年3月第5次印刷
书　　号	ISBN 978-7-5450-3946-7
定　　价	62.00元

版权所有　翻印必究

（如有印装质量问题，请与我社发行部联系调换）

序

摆在读者面前的这本小书是一本史学普及类读物。笔者曾经承担国家级精品视频公开课《隋唐人的日常生活》主讲任务，公开课在“网易公开课”频道、“爱课程”网上线后，部分听众期待能有相关书籍的出版，于是就有了这本小书，因此这本书也可看作是该课程的配套教材。

但严格来讲，这本书的内容与视频公开课相比有很大的不同。公开课演示文稿中文字不过四五万字，共15讲，而这本书在此基础上增加到25万字、16讲，并且增加了丰富的图片资料，其中部分图片是近期刚刚公布的。

史学的普及工作意义重大，但纵观近些年来图书市场上的普及类史学著作，可谓良莠不齐。有的写手专以猎奇为目的，语不惊人死不休，且注意力主要集中在帝王将相、宫廷秘史之上，一言以蔽之——古代说书人的现代版。“文史热”已经热了有十多年，但是民众对历史的兴趣点如果还集中在这些“热点”上的话，就不能不说是精神生活的停滞不前。

创造历史的是普罗大众，不是帝王将相，尽管他们通过文化的垄断在史料话语权方面具有天然的优势，但是现代史学不会因此而一叶障目，史学早已经摆脱了评价历史人物、感叹王朝兴衰的窠臼，正在积极探索历史现象背后的深层次原因，这里面包括人、事，也包括经济、文化、制度、思想，甚至自然环境等方方面面。年鉴学派代表人物费尔南·

→费尔南·布罗代尔(Fernand Braudel)(1902—1985)

布罗代尔的长文《历史与社会科学：长时段》将历史时间划分为短时段、中时段和长时段三个层次。短时段又称事件或政治时间，例如社会动荡、战争、地震等。在他看来，这些无比重大的事情对历史起到的作用只是临时的、短期的。中时段又称局势或社会时间。它指的是在一定期限内发生变化，并可构成周期和结构的现象。比方说人口的增长、物价的升降、生产的增减等，他认为这些对历史有直接的作用。但是，在布罗代尔看来真正对历史有深刻影响的是长时段。长时段指的是中长期不变或者说变化极慢的现象。比方说地理气候、生态环境、社会组织、思想传统，他认为这些是对历史构成最深刻影响的最底层的因素。因此他并不重视所谓短时段现象，更重视中时段和长时段的现象。而所谓的帝王将相、政治兴衰恰恰属于短时段现象。

史学的普及工作，必须摆脱对政治史、政治人物的依赖，把目光投向民间，投向史料背后，关心普罗大众的生活，这里面有社会思想的折射，有重大历史事件的影响，有不经意间流露出的时代思维特征，更有我们的先祖们的喜怒哀乐。陈寅恪主张“了解之同情”，没有古人式的思维和视野，就无法真正理解历史。

古代的普罗大众该发出自己的声音了，我们该了解他们的生活细节，了解他们的所思所想。现代的普罗大众该走近他们了，走近他们，就是走近我们的根，走近华人精神生活的源头。历史是鲜活的，这不仅仅是帝王将相的鲜活，更是芸芸众生的鲜活。

愿这本小书成为读者走近历史真实进程的一个台阶，也希望看过《隋唐人的日常生活》视频公开课的朋友能通过此书加深对课程的了解。

谢谢大家!

于赓哲

2016年7月27日于长安光盐斋

目录

第一讲

隋唐人的城市生活(一)

第一讲，我们来说说隋唐的城市生活。首先，我们得提一下隋唐城市的特点。隋唐时期，中国拥有一大批在全世界范围内首屈一指的大都市，如长安、洛阳、扬州、益州、广州。当时世界上能够与唐代的长安、洛阳相媲美的城市并不多，而且唐代的城市生活具有鲜明的时代特色，比方说，以当时的标准而言，长安、洛阳等城市的规模很大，人口众多，而且多种文化并存。众所周知，唐代跟后来封闭的明清时代不一样，它是一个多元文化兼容并蓄的时代。唐代的城市还有个特点——多半是政治型城市，当然了，不光是唐代，中国古代差不多都是这样，这一点跟西方不一样。我们知道，尤其是中世纪晚期以后，西方很多城市是自由民组成的商业城市。政治型城市的建立、发展乃至消亡，都是受到了政治因素的直接作用。隋唐的长安城就是这样的一个典型，隋唐城市大多是这样的。此外，在隋唐的城市当中，我们可以看到，商品经济大都经历了一个由不发达到发达的转变过程，这也是当时城市的一个特色。

下面我们还要说一下唐代地方行政体制。唐代实行州、县两级制，州的长官被称为刺史，有时候州改称为郡，郡的长官被称为太守，沿边及紧要地区还设有都督府，由都督来掌管军事；县的长官被称为县令。那么，长安和洛阳毫无疑问是最重要的两个城市。因为一个是“首都”，一个是“东都”。唐朝最多的时候曾经出现过五座都城，上都长安，东都洛阳，西都凤翔，南都江陵，北都并州，号称“五都”。并州就是太原，江陵则在今天的湖北省荆州市。

由于史料的局限，我们描绘城市生活主要以长安城为主。我们先做一个背景介绍。长安，就是今天的西安。长安作为都城的历史可以追溯到先秦时期。西周时这里叫作“丰镐”，位于今天西安市长安区马王镇、斗门镇一带的沣河两岸，是周文王所建“丰邑”和周武王所建“镐京”的合称，丰邑在西岸，镐京在东岸。

长安这个名字出现的比较晚，始于汉高祖刘邦时期。刘邦击败项羽之后登基称帝，但是对国都定在何处颇费思量。战乱多年，国家一片凋敝，只有洛阳等少数几个城市还像个城市的样子，再加上洛阳曾是东周国都，还有点基础，所以刘邦最初打算定都于此。但是有一名戍卒娄敬站出来表示反对，他说：“且夫秦地被山带河，四塞以为固，卒然有急，百万之众可具也。因秦之故，资甚美膏腴之地，此所谓天府者也。陛下入关而都之，山东虽乱，秦之故地可全而有也。夫与人斗，不搤（扼）其吭、拊其背，未能全其胜也。今陛下入关而都，按秦之故地，此亦搤天下之吭而拊其背也。”（《史记·刘敬叔孙通列传》）这段话有两层含义：第一，关中地区四面都有天险，进可攻、退可守，地势有利于掌控战略主动权；第二，关中地区农业发达，号称“天府”（这是历史上第一次出现“天府”一词，指的是关中而非四川），拥有这里就有了雄厚的物质基础。他指出洛阳是一个四战之地，虽然交通便利，但是却不利于防御，而关中地区才是王业之地，这个建议还得到了张良的大力支持。要知道，娄敬说这番话的时候，天下刚刚平定，各路异姓诸侯虎视眈眈，刘邦还没有做到真正掌控全局，所以刘邦也好，娄敬也好，张良也好，他们的思维出发点仍然是军事战略，关中地区的这种战略优势很对他们的胃口。于是刘邦听从了娄敬的建议，正式定都关中。

历史证明这个选择是正确的，长安能够成为十三朝古都，而且中国历史上最强盛且享国绵长的汉、唐两朝均立于此地，不是偶然的，地理优势和人口、经济优势使得这里成为立都的首选之地。唐以后，中国经济重心南移，文化重心也向南方逐步转移，加上关中地区自然环境遭到破坏，土地承载力下降，关中也就逐渐丧失了这种优势。

当时，对于刘邦来说有一个大难题——关中地区没有像样的城市堪作首都。秦都咸阳原本富丽堂皇，但是被项羽一把火烧了三个月，成了巨大的瓦砾堆。怎么办？只有一个办法，就是新建一座都城。这就是汉长安城。当时的工程人员在渭水以南寻找合适的地点，发现了一个村庄周围地势很理想，于是询问村子的名称，村民回答“长安村”。这个名字太吉利了，新建的汉王朝需要的就是长治久安，于是这个村名就上升为一个千年帝都的名称了。汉高祖驾崩后，他的陵墓叫作“长陵”，汉朝第二个皇帝汉惠帝的陵墓叫作“安陵”，合起来就是“长安”，可见他们有多喜爱这个名称。

← 汉代长安城平面示意图

但是要强调的是，汉代的长安城跟隋唐长安城可不是一回事，汉代长安城在隋唐长安城的西北方向，也就是今天西安市的未央区这个范围内。未央区为何得名？就是因为有未央宫。隋文帝的时候，汉代长安城宫室凋敝，而且地下水污染严重。要知道，从汉高祖刘邦到隋文帝这个时代，已经过去了将近八百年，八百年来多少人在这里生活过。大量的生活污水污染了地下水，形成了所谓“肥水”。由于“人畜粪便以及许多遗弃的含氮有机物经过微生物的分解，在雨水淋洗等因素的作用下逐渐渗在一定土层部位累积下来，通过潜水溶解，并沿着潜水的流向向一定方向扩展”（李健超：《汉唐长安城与明清西安城地下水的污染》，《西北历史资料》1980年第1期），所以，水皆咸卤（这里顺便说一下，由于隋唐长安采取的生活污水排放模式与汉代没有本质区别，所以地下水污染在唐以后又逐渐出现）。因为这两个原因，所以隋文帝决定废掉原来的长安城，另选新址，修建新的长安城。于是以龙首原为起点，向南铺开建了一座新的长安城，这就是我们所说的隋唐长安城。由于隋文帝曾经被封大兴郡公，所以也称这座新城为大兴城。但人们习惯上仍然称其为“长安”。

隋代长安城是一个比较规整的长方形（见下页图），沿中轴线严格地左右对称，呈棋盘状的布局，东西长9721米，南北宽8651.7米，周长约是36千米，总面积是84.1平方千米，这都是现代考古数据。我们今天看到的西安古城墙为明代所建，隋唐长安城比明代的西安城要大六倍。皇帝所居住的宫城，位于整个城市的最北端。宫城以南是皇城，皇城是政府机构集中的地方。整个外郭城有9座城门、14条东西大街、11条南北大街，而且有110个坊，当然坊的数字随着时代的不同前后有变化。另外还有都会市（唐代称东市）和利人市（唐代称西市）两个大型的市场。

← 隋代大兴城平面图

唐代的城门有专门的管理者，定时开闭，而且还有“入左出右”的规定，这是唐太宗时期宰相马周规定的，《隋唐嘉话》中记载“旧诸街晨昏传叫，以警行者，代之以鼓，城门入由左，出由右，皆（马）周法也”。有的朋友可能会笑，说一句“靠右行”不就行了，入左出右不是一回事吗？以前有个笑话说民国时期有个军阀，听说交通规则是靠右行，就问：“那左边谁走？”其实唐代这个规定中的“左”和“右”不是行人的左右，而是城门之左右。

我们再来看一下唐代长安城平面示意图。下图中北面正中区域就是所谓“宫城”，是皇帝居住的地方。它的南面就是所谓“皇城”，即政府机构所在地。除了西市、东市两个市场，剩下的棋盘状的一个个格子就是老百姓住的地方。隋文帝时期修建的长安城的东北角并没有凸出来的一块，这是唐代贞观八年（634）以后增建的。唐高宗和武则天时期，把它扩建为大明宫。所以，以后大家看到古长安城地图，如果无法判断到底是隋代的长安城还是唐代的长安城，一定要看一下东北角有没有凸出来这一块，这是一个主要的区别。

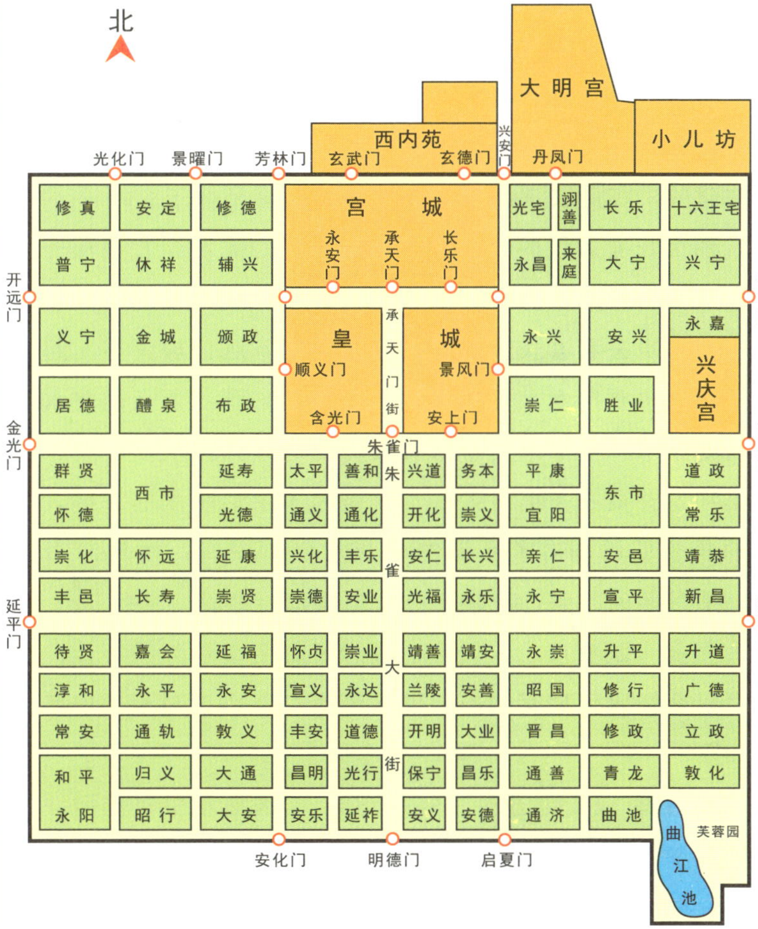

→ 唐代长安城平面示意图

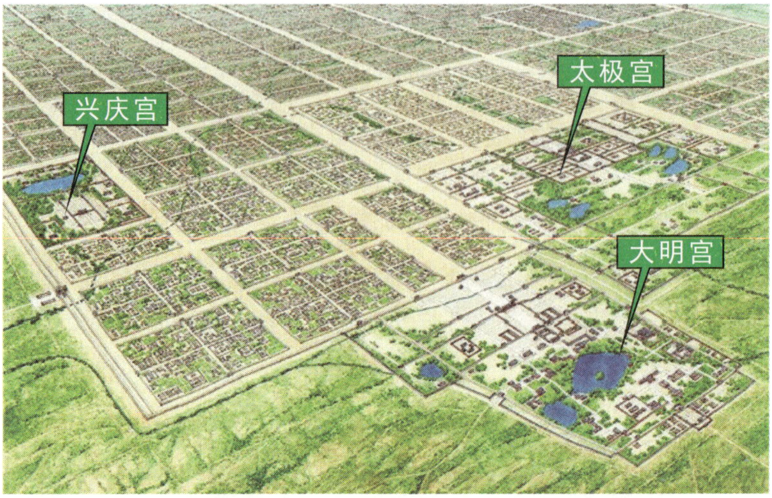

黑泽达矢绘制的长安城复原图

上图是日本的绘图专家黑泽达矢绘制的长安城复原图。他的图方向是由北向南，大家注意，眼睛是由下北上南这个方向看过去的。他绘制的一定是盛唐时期。因为兴庆宫是唐玄宗建的，在唐玄宗以后，长安城才是这个样子。

那么长安居民的日常生活会是怎样的呢？让我们从一位唐代长安居民的一天说起，我们从清晨开始一直到晚上，跟随他的脚步去看看长安城市生活的全貌。这位居民早上起来后肯定很快要用水。长安城的水有两个来源：要么是井水，要么是渠水。当年隋文帝修长安城的时候开凿了永安渠、清明渠和龙首渠三条渠道入城，就是为了生活用水的方便。当时的长安城周围有着所谓的“八水绕长安”，水资源很丰富，那时候的气候，应该比今天更湿润一些。

根据《西安市志·城市建设志·公用事业》的统计，我们可以获知唐代拥有的主要供水渠道。兹引该书相关内容介绍如下：

龙首渠 筑于隋开皇三年（583），因渠水引自浐河，亦名浐水渠。此渠自今天西安市东南郊马腾空龙首堰引浐河水入渠，向北流至长乐坡附近，分为东、西两渠。东渠向北流至通化门外绕外郭城东北角西折入东内苑，汇为龙首池，再向东北流经凝碧池、积翠池后，从西北方向注入太液池。西渠流至通化门入城，经永嘉坊，向西流经胜业坊、崇仁坊，入皇城，然后北上，进入宫城，至太极宫后汇为山水池和东海池。唐代建大明宫、兴庆宫后，龙首渠多有延伸。东渠增加引入大明宫的支渠，唐贞元十三年（797）又延伸出一支分水，自永嘉坊西北入大宁坊太清宫。西渠增加一支自兴庆坊南流经兴庆宫注入兴庆池，自池南流入东市汇注放生池。龙首渠是唐长安城东北隅及三大内、东内苑等宫廷的供水渠道，“凡邑里、宫禁、苑囿，多以此水为用”。1954年3月，在对龙首渠西渠经通化门入城处的考古探测中，发现砖石合砌涵洞两座，涵洞高0.75米，长5.5米，底宽2.5米。

永安渠 筑于隋开皇三年（583），因渠水引自交水，亦名交渠。此渠自南郊香积寺西南筑香积堰引交水向北流经石栏桥、第五桥，至外郭城南安化门西大安坊西街（今北山门口村以西）入城，向北穿城而过，经大通、敦义、永安、延福、崇贤、延康六坊之西，过西市以东，与漕渠汇合成池，又向北流经布政、颁政、辅兴、修德四坊之西，北出景曜门，流经禁苑后注入渭河。永安渠从城西南入城，自南而北贯穿全城，为唐长安城西部的供水渠道。

清明渠 筑于隋开皇元年（581），其水源和渠道即今皂河引潏河之道，自南郊皇子陂引潏水向西北流经韦曲、塔坡，至外郭城西南安化门紧西（今北山门口村东200米处）入城，经大安坊东街折向东，至安乐坊后再折向北，流经安乐、昌明、丰安、宣义、怀贞、崇德、兴化、通义、太平等九坊之西，又向西北经布政坊东流入皇城，向北流入宫城，至太极宫后汇注为南海池、西海池和北海池。据1970年对该渠流经兴化坊一段的考古探查，发现渠道宽度为9.6米。清明渠与永安渠同为隋唐长安城西部及皇城、宫城的供水渠道。

漕渠 初筑于唐天宝元年（742），自南郊分潏河向北流，至外郭城西金光门入城，向东流经群贤坊至西市西街，凿潭潴水以漕贮木材。唐永泰二年（766），又自西市引渠导水，经光德坊、通义坊、通化坊，至开化坊荐福寺东街，向北经务本坊国子监东，进皇城景风门、延喜门入宫城，“渠阔八尺，深一丈”（徐松：《唐两京城坊考》）。

黄渠与曲江池 曲江在秦汉时略具林园之胜，有地下泉水作为水源，隋唐时辟为风景区曲江池和芙蓉园（隋文帝讨厌“曲”字，改名为芙蓉园），除原有泉源外，又开凿黄渠以扩大曲江池水源。黄渠引义峪水，向西北流经三象寺（今韦兆村东北原上）、鲍陂入曲江池，又自曲江池北出分为两支：一支经青龙坊、修政坊，至晋昌坊大慈恩寺南汇为寺前南池；一支经敦化坊、立政坊、广德坊流往升道坊龙尼寺。

但是仅靠渠道引水还是难以满足全体居民的需求，毕竟不可能把渠道挖得遍布整个城市，所以很多居民生活用水主要还是依靠水井。在长安城的考古勘查工作中，我们经常能够发现，无论是宫殿还是居民坊都凿建了不少水井。大明宫麟德殿西侧第一层台基北段便有两眼水井，两井相距4.65米，南边的井口平面呈椭圆形，直径1.5米；北边的井口呈圆形，直径1米。今西北大学校园内发现有隋唐水井十余眼，内中还发现了不少陶瓷碎片和其他物件。水井有公、私两种，例如延康坊西明寺有杨素旧井，醴泉坊太平公主私第也有私井，太平坊有御史中丞王鉷私宅，其私井井栏装饰精美，“宝钿井栏，不知其价”（封演：《封氏闻见记》卷五）。公井则凿建于街衢之旁，供百姓共用汲水。

据新华社报道，2009年在西安发现了唐代水井遗址，有的井内至今有水。在这些水井里还发现不少陶瓷碎片，估计是当年用于汲水的陶瓷罐。

→2009年在西安发现的唐代水井遗址

→水井里发现的陶瓷碎片

用完水之后还有个污水的处理问题。唐代长安城的生活污水排放主要有两种方式：一种是排污渠，一种是渗井。与引水渠一样，每个居民坊、每条大街都会挖排污渠，通向城外的河道。每条大街的旁边，每个坊的坊墙旁边，都有排污的渠道，而且绝大多数都是明沟，考古发掘证明了这一点。可想而知，由于明沟导致蝇虫泛滥，在大唐盛世伟大的城市长安城里，气味大概是不太好闻的。据《酉阳杂俎》前集卷十七中记载："长安秋多蝇。成式蠹书，常日读百家五卷，颇为所扰，触睫隐字，驱不能已。"蝇虫多到能把书上的字掩盖住、触碰人的眼睛的地步，可见其数量之大。韩愈曾表露过他对于长安城多蚊蝇的厌恶（以此引申为对宵小之徒的蔑视），如《杂诗四首》云："朝蝇不须驱，暮蚊不可拍。蝇蚊满八区，可尽与相格。得时能几时？与汝恣啖咋。"在《秋怀诗》第四首里他期盼清秋的寒气能驱走苍蝇："秋气日恻恻，秋空日凌凌。上无枝上蜩，下无盘中蝇。岂不感时节，耳目去所憎。"因此长安城居民的消化系统疾病十分常见。此外，明沟死水也会造成疟疾的流行。笔者在《〈新菩萨经〉〈劝善经〉背后的疾病恐慌——试论唐五代主要疾病种类》一文中梳理了唐人的主要疾病种类，其中疟疾排在最前面，可以肯定，城市内疟疾的流行与排水方式有关。

渗井是另一种生活污水的处理方式。什么叫渗井？说白了就是把污水由地面灌到地下透水层里面去，正所谓眼不见为净，这就是渗井的主要作用。右图是现代工程中的一个渗井剖面图，从图中我们可以看到，渗井要打透含水层、不透水层，一直打到地下的透水

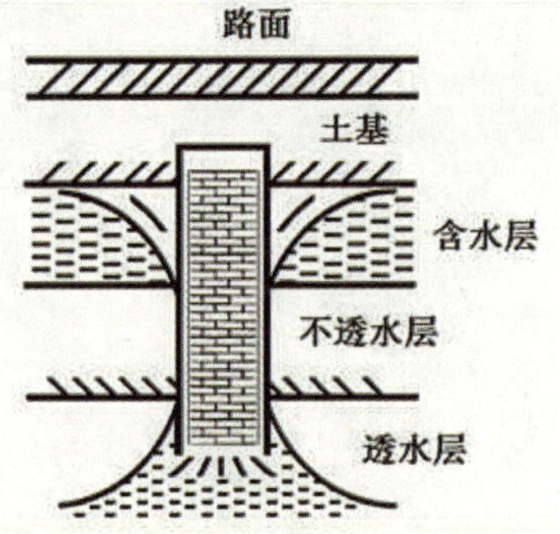

←现代工程中的一个渗井剖面图

层，污水就从这个井口倒下去，渗入地下。

2007年，在重庆曾经发现过东汉的渗井。当时《重庆商报》还专门绘制了一幅图来解释这个渗井的构成。虽然是东汉的，但与唐代的渗井也相差不多，我们从图中可以看到，在渗井上面盖了一块大石板，石板上有镂空的孔眼，可以把污水中较大的渣子挡住，比方说鸡骨头、羊骨头等，剩下的就往下渗。石板底下铺了一层砂石，大家知道，砂石是用来过滤的东西，现代工程中的过滤还经常使用砂石。污水就这样在过滤之后再渗入地下，可即便如此，也不可能过滤掉所有的污秽杂质。

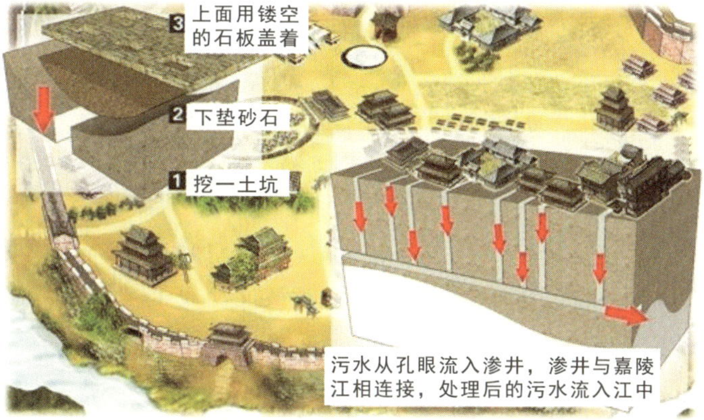

→《重庆商报》绘制的渗井构成图

我们把生活污水通过渗井灌到地下去，长此以往就会出现一个地下水污染的问题。前面讲到过，隋代兴建长安城就是因为汉代长安城生活污水的污染，后来明清的长安城又出现了当年隋文帝遇到的同样问题——地下水受到污染，仍然是这个渗井造的孽。渗井这个东西，如今在我们现代化的城市当中已经不复存在了，但是在唐代它确实大量存在。在唐长安城实际寺遗址当中，我们就发现了好几口渗井。

刚才提到这位唐长安城的居民刚起床，俗语说“开门七件事：柴、米、油、盐、酱、醋、茶”，当然唐人也不能免俗。在这里我顺便说一下这最后一项“茶”，唐代前期绝大多数中国人还真不知道茶为何物，茶是唐中期以后才成为中国人普遍饮用的饮料。有关饮食的问题，我们在后面会有专题来论述。

让我们跟随这位居民走出自己的宅院。他将会看到什么样的景象呢？这位居民所居住的区域就是前面平面图当中的小方块中的一个，被称为“坊”，相当于我们今天的小区。每一个居民坊，四面都有很高的夯土的坊墙，坊内有十字交叉的两条大道，四面都开着门。不过也不是所有的坊都这样，皇城以南的那些坊，不许开南北向的门，只许开东西向的门。在依据史念海先生的《西安历史地图集》所绘制的，唐代长安城平面图（见15页）中，我们可以看到红框以内的这些坊只有东西向的门，道路也只有东西向，没有南北向的。《长安志》卷七记载：“每坊但开东西二门，中有横街而已。盖以在宫城直南，不欲开北街，泄气以冲城阙。”这完全是基于风水方面的考虑。官府担心，如果那些坊开了南北向的门，邪气会冲犯皇城，触犯忌讳，所以强制规定这些坊只有东西向的门。政治型的城市，一切自然以政府法令为主。顺便说一句，风水思想贯穿于古人城市建设、住宅建设、丧葬习俗之中，很多在今人看来莫名其妙的举动，要是从风水方面考虑就豁然开朗了。

因为每个坊都有坊墙，所以唐代的城市实行一种制度——宵禁。不要以为大唐盛世之下夜生活也应该丰富多彩，事实上，在唐代城市中，居民坊的大门入夜就会关闭，早晨才会打开。不仅是坊门，城门也是如此。所以唐人的笔记小说中时常能看到这样的情节：某位书生，晚上在城门关闭之前没有赶回来，只好夜宿城外某个寺庙，这时候一个美女出现了……《聊斋志异》中的故事情节这时候就有雏形了。

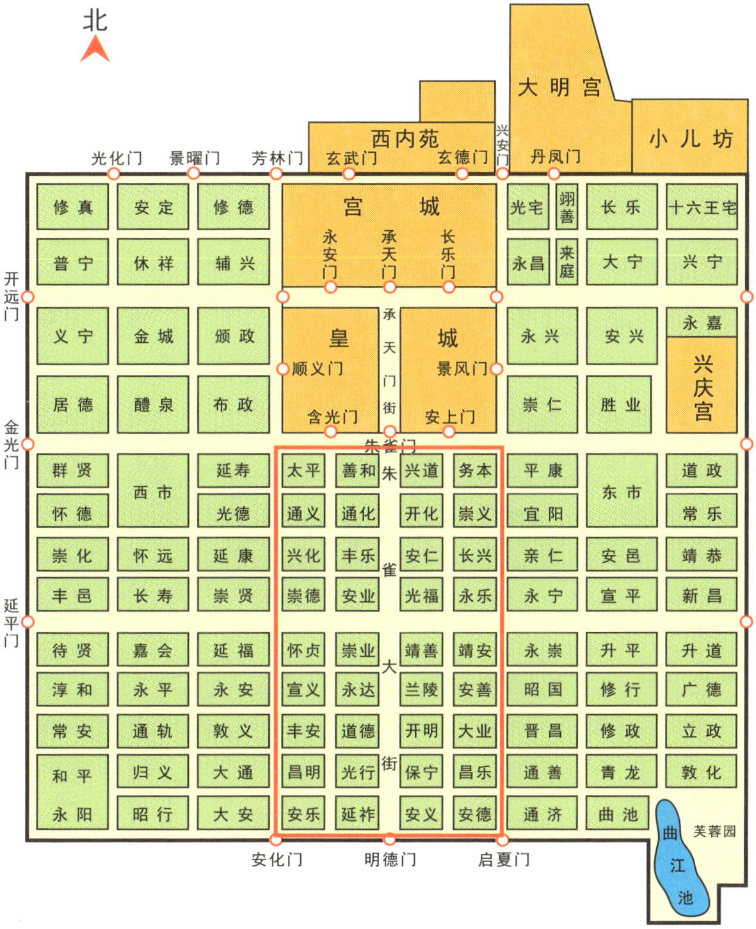

→唐代长安城平面图

这位居民早上走出坊墙，他首先会来到一座小桥上。什么桥呢？每个坊旁边都有排污渠，而且根据考古勘察这些渠一般的宽度都在2.5米以上。既然有宽渠，那肯定要有桥，所以每个坊门外都会有小木桥。“在大部分街道的两侧或一侧探得有沟……沟的宽度均在2.5米以上……在文献中也常常提到长安城各街有桥之事……在我们的勘察中虽尚未发现桥的遗迹，但从街两侧各沟之宽的情况看，往来通行是很难穿过的。”（马德志：《唐代长安城考古纪略》，《考古》，1963年第11期）过了桥就是大街，长安城的大街历来以气势雄伟而著称，一般的宽度都在150米左右。现在绝大多数的高速公路都还达不到这个宽度。试想一下，唐代的朱雀大街有好几千米长、150米宽，据说夯土层还非常坚厚，再加上古时候又没有电线杆造成障碍，当作跑道起降一架波音飞机，绝对没有问题。

假定这位居民要去购物。如果是唐代前期的话，他可就麻烦了。因为唐朝法律规定：任何商品交易都必须要在指定的市场也就是东市和西市来进行。大家想想看，陕西师范大学在唐代长安城的启夏门这个地方，而东市位于今天的西安交大，我为了打瓶酱油，就得从陕师大走到交大去。既麻烦，又耽误时间。为什么要做这样的规定？这其中体现了一个历史特点。中国自古以来，不是说所有时段，但绝大多数时段都重农而抑商，压制商品经济发展。因为在中国传统思想看来，商人实在是一群游手好闲之辈，买空卖空就能发财，这实在太不公平，所以“重农抑商”是古代中国的国策。唐代长安城对市场的这种限制和控制，就是压制商品经济发展的一个典型例证。用行政手段来压制商品经济活动，这也体现了长安城是一个政治型城市。但是问题就出来了，要知道在某种意义上说，人也是经济动物，那么进行商品贸易活动也是必然的，单纯依靠行政压制，是不可能完全消除它的。到了唐朝的中后期，便出现了这么一个有趣的现象，很多居民坊内出现了私开的小商铺，有的商铺胆子够大，干脆在坊墙上打洞，直接面对大街开始做生意。

我们在唐代很多皇帝的诏书当中都可以发现，屡次下诏要禁止这种行为、要恢复坊墙的原状、不许在坊内做生意等

↑《清明上河图》局部

内容。在唐文宗时期的左右巡街使奏言中，提到了自唐肃宗到唐穆宗期间的多道敕文："太和五年七月，左右巡使奏：伏准令式，及至德、长庆年中前后敕文：非三品以上及坊内三绝，不合辄向街开门。各逐便宜，无所拘限。因循既久，约勒甚难，或鼓未动即先开，或夜已深犹未闭，致使街司巡检人力难周，亦令奸盗之徒易为逃匿，伏见诸司所有官宅多是杂赁，尤要整齐。如非三绝者，请勒坊内开门。向街门户，悉令闭塞。敕旨除准令式各合开外，一切禁断。余依。"（《唐会要》卷八六）意思是近期内出现了大量打破坊墙向着大街建门的现象，宵禁制度也松弛了，导致治安力量吃紧，请求皇帝重申禁令。

这类诏书发布得越多，反倒越发说明这种现象普遍，这就叫"屡禁不止"。甚至于还出现了在城内烧窑造砖、挖坑取土的现象，《唐会要》卷八六记载："开元十九年六月敕：'京洛两都，是惟帝宅。街衢坊市，固须修筑。城内不得穿掘为窑，烧造砖瓦。其有公私修造，不得于街巷穿坑取土。'"也就是说在长安、洛阳两京之内均出现了类似现象，可见彼时坊市制已经受到了极大冲击。到了宋代，城市中已经摒弃了坊市制，街道上房屋鳞次栉比，热闹非凡，这一点在《清明上河图》中有最直观的体现。上面这幅局部图中的场景，尤其是如此高的房屋密度，在唐代是不可能出现的。而且这种通透感也只有在五代、宋以后才能有。因为假如要画一幅唐代的城市景观图，高大的坊墙将会把我们的视线完全分割，导致根本看不清商铺、行人。

如果这位居民来到大街上，他举目看到的会是什么景象呢？首先他可以看到大街两旁有很多的大槐树。槐树是唐代长安城的主要树种，由于它高大美观，绿荫如盖，既可以遮阳，又可以用作板材，所以很受唐人偏爱。据《中朝故事》记载，当时“天街两畔树槐，俗号为槐街”。天街就是前面提到的那个朱雀大街，它是长安城的中轴线，又叫“槐街”。《唐会要》中还记载说唐德宗时期，长安城曾经有一次要补种一些树，有关方面向上打报告说要种榆树。结果大臣吴凑说“榆非九衢之玩”，意思是说榆树不应该是大街上种的树，于是下令全部都改成槐树。现在西安城内的槐树仍然不算少。

要是天气好的话，这位居民走在大街上，远远还可以看到外郭城墙。长安城的城墙都是夯土的，可能有人会发问：现在西安城的明代城墙都是包砖的，怎么隋唐长安城的城墙不包砖，都是夯土呢？这大概是算经济账的结果。长安城的外郭城周长达36千米，要是全部包砖的话，价值不菲，而且不仅是长安，隋唐的大多数城市的城墙几乎都不包砖（宫城有砖墙）。那么有人可能又要问了，你说唐代人算经济账觉得不划算，难道明朝比唐朝还富吗？那怎么明朝的城墙都包砖呢？实际上这里有一个生产成本的问题。明清时期已经大规模使用煤炭做燃料。唐代有没有煤炭呢？其实先秦就有，《山海经》里称煤为“涅”，战国时期称“每”，自魏晋一直到明清期间，根据统计煤炭有炭炸、肥炭、炸子、焦子、煤炸、赉煤、夯炭、煤土、煤土海子、泥炭、煨炭、窑矾、石煤、乌石、火石、石墨、麸炭、膏风、柴炭、柴灰、乌金、乌金石、黑土、鲊炭、墨岩、糠煤、油煤、枫炭、木煤、煤根石、燃石、石窠炭、干炭、岚炭等称呼。其中“煤”这个称呼是宋代以后开始流行的（薛毅：《关于中国古代煤炭历史研究的几个基本问题》，《中国矿业大学学报（社会科学版）》2012年第1期）。但是受当时采矿技术的局限，煤炭不是主要燃料，所以烧木柴烧出来的砖与烧煤炭烧出来的砖价格成本不一样，因此唐人要想给长安城城墙包砖的话，恐怕比明清的代价要高得多。李伯重先生有一篇文章《明清江南工农业生产中的燃料问题》，在文中他专门折算过，在明清时期烧砖一千块需要木柴一马车，折合煤0.44吨。烧石灰一吨需要木柴四马车，折合煤1.76吨。问题就在这儿，明清可以用煤做燃料，隋唐大多数地方没有煤做燃料，这就是长安城不包砖的一个原因，我认为是一个主要的原因。

这位居民在大街上还会看到很多行人、马匹、马车。唐朝不论文武官员都骑马，没有文官坐轿、武官乘马的习俗。坐轿子的习惯在那个时候还没有形成，不过已经出现了轿子的雏形——肩舆。肩舆跟轿子还不大一样，起码在唐前期没有包着的轿厢，有点类似于今天四川地区的滑竿。根据现代考古勘察，唐代马车车辙宽度一般在1.35米左右，多处地方的考古勘察都是这个结果。不要小看这个问题，车辙的宽度决定了马车的大小，马车的大小决定了运输能力的高低，运输能力的高低直接影响经济总量。

就这样，这位居民经过艰苦跋涉终于来到了西市的门前。西市是长安城的一颗明珠，它是丝绸之路的起点和终点，是唐代文化最炫目的舞台。这位居民将在这里看到什么呢？我们把这个留待下讲再讲。

阅读思考

1. 唐代长安城与汉代长安城相比较有什么明显的差异?

2. 唐代城市的商品经济活动受到了什么制约?

参考文献

1. 李斌城. 隋唐五代社会生活史[M]. 北京：中国社会科学出版社，1998.

2. 陈寅恪. 冯友兰《中国哲学史》上册审查报告[M]. // 冯友兰. 中国哲学史. 上海：华东师范大学出版社，2011.

3. 石庆波. 对法国年鉴学派的基本认识[M/OL].[2010-11-09]. 新浪博客

4. 孙晶. 布罗代尔的长时段理论及其评价[J]. 广西大学学报, 2002(3).

5. 中国科学院考古研究所西安唐城发掘队. 唐代长安城考古纪略[J]. 考古, 1963(11).

6. 李伯重. 明清江南工农业生产中的燃料问题[J]. 中国社会经济史研究, 1984(4).

7. 史念海. 西安历史地图集[M]. 西安：西安地图出版社, 1996.

第二讲

隋唐人的城市生活(二)

上一讲，我们讲到一位长安居民来到西市的门前。我们前面说过，长安城的市场主要有两个：一个东市，一个西市。西市要比东市繁华，所以，它还有个名字叫作金市。李白有首诗《少年行》，里面就提到过这个所谓的金市。诗文是这样说的："五陵年少金市东，银鞍白马度春风。落花踏尽游何处，笑入胡姬酒肆中。"史籍记载显示，西市的店铺要比东市多，而且是寸土寸金。店铺多到何种程度？由于很多店铺占用路面，西市内的道路要比东市的道路窄。但是这两个市场繁荣程度的差异，有点违背我们的经济学常识，多少令人有些疑惑。因为史籍告诉我们，长安城东边的居民要多于西边，那么为何东边市场不如西边的市场繁荣呢？说到这里，我们先来介绍一下长安城居民人口的问题。有关唐代长安城究竟有多少人口，研究者非常多，例如严耕望《唐长安人口数量之估测》（《第二届唐代文化研讨会论文集》，1995）、冻国栋《中国人口史》第二卷《隋唐五代时期》（复旦大学出版社，2002）、武伯伦《西安历史述略》（陕西人民出版社，1979）、张永禄《唐都长安》（三秦出版社，2010）、李之勤《西安古代户口数目评议》（《西北大学学报》1984年第2期）、郑显文《唐代长安城人口百万说质疑》（《人文杂志》1991年第2期）、龚胜生《唐长安城薪炭供销的初步研究》（《中国历史地理论丛》1991年第3辑）、薛平栓《陕西历史人口地理》（人民出版社，2001）、外山军治《唐长安的人口》（《学海》4：5，1947）、平冈武夫《唐长安城之事》（《东洋史研究》11：4，1952）、日野开三郎《论唐大都邑的户数规模——以首都长安为中心》（《日野开三郎东洋史学论集》第13卷）、佐藤武敏《长安》（近藤出版社，1971）、妹尾达彦《唐都长安城的人口数与城内人口分布》（《中国古都研究第十二辑》，山西人民出版社，1998）,等等。但是数字上差别比较大，因为长安人口不仅包括在籍户口，还包括很多流动人口（如赴京考生、参加铨选的官员、游方僧人、外国人、行商，等等），难以准确判断。以开元、天宝时期为例，日野开三郎估测当时长安有100万居民，另一位日本学者妹尾达彦则推算当时长安居民为70万，即便如此，这在当时世界上仍是首屈一指的。

虽然人口很多，但由于长安城面积比较大，所以这些居民的分布并不均衡，比方说北部多于南部，东部多于西部。北部比南部多的原因何在？这个主要是政治性的因素。宫城皇城都位于长安城的北端，达官贵人为了方便，多在北部居住，这样围绕着他们所运作的一整套社会服务体系也分布在北部，便导致北部的人口多于南部。而东部多于西部是因为长安城东部的地势比西部要高。这里涉及唐人的一个居住理念，因为当时的医学思想认为湿气属于“六淫”之一，会干犯人体，导致疾病，所以唐人建宅居住喜欢选择高爽地势，厌恶卑湿地势。贞观时期，宰相岑文本住宅卑湿，曾有人就此劝其“营产业”，“岑文本为中书令，宅卑湿，无帷帐之饰。有劝其营产业者。”（《贞观政要》卷六《检约》）唐玄宗为安禄山选择宅地也要以“宽爽”为标准：“（安禄山）旧宅在道政坊，玄宗以其隘陋，更于亲仁坊选宽爽之地，出内库钱更造堂皇院宇。”（[唐]姚汝能：《安禄山事迹》）白居易在诗文中也曾以落魄者的口吻，流露出对能够规避“湫隘”与“嚣尘”的住宅的艳羡不已：“游宦京都二十春，贫中无处可安贫。尝羡蜗牛犹有舍，不如硕鼠解藏身。且求容立锥头地，免似漂流木偶人。但道吾庐心便足，敢辞湫隘与嚣尘？”（朱金城：《白居易集笺校》卷十九《卜居》）《唐代墓志铭汇编附考》第二册中也曾提到：

“筑室荒郊，不以高卑在虑。杜门荒径，岂以宠辱惊心。”

大明宫的出现就与这种思想直接相关，《唐会要》卷三十记载：“贞观八年十月，营永安宫。至九年正月，改名大明宫，以备太上皇清暑。公卿百僚争以私财助役。至龙朔二年,高宗染风痹，以宫内湫湿，乃修旧大明宫，改名蓬莱宫。北据高原，南望爽垲……四月二十二日，移仗就蓬莱宫新作含元殿。二十五日，始御紫宸殿听政。百僚奉贺，新宫成也。”

正因为东边的居民多于西边，所以出现了一个情况，就是东市附近人口很稠密，几乎没有什么空房出租。考古资料向我们揭示了这样一个现象，唐代东西两市房屋面积都比较小，店铺面积最大的不过三十多平方米，最小的才十多平方米，最多放置一张柜台而已。要知道，商人做生意不能光有柜台，还要有囤货的仓库，可是在东市附近几乎找不到囤货的场所，于是大多数商人就开始前往西市去开店。关于这一点在《长安志》中曾经有记载：“公卿以下民止多在朱雀东，第宅所占甚多，由是商贾所凑多归西市。”另外还有一个原因，西市是丝绸之路的起点和终点，远道而来的外国商贾们进入长安城之后，西市是他们最先遇到的市场，所以他们多半在此卸货交易，因此西市的珍宝奇货要大大地多于东市，这也是西市繁华的一个主要原因。

《长安志》这样向我们描述西市，“南北尽两坊之地，市内有西市局”。西市局是唐代管理市场的一个机构，相当于现在的工商管理所。西市中有放生池、平准局等。所谓放生池其实是武则天时期一个和尚在西市西北角开凿的一个人工湖。

考古工作者在西市还发现了一个店铺遗址，根据《唐长安城西市遗址发掘》记载，在遗址内发现很多骨制梳、钗、笄，还有大量料珠、珍珠、玛瑙、水晶、金质饰物，推测是一个首饰店。这些珠玉看起来更像是制造首饰的原材料，那么这是不是一个前店后场的店铺呢？要知道在中国工商业历史上“前店后场”的经营模式非常普遍，一直到近代仍是如此，清末，西方人来到中国就曾经注意到广州等地普遍存在这种经营模式。别小瞧这个问题，它说明中国工商业领域内制造与销售始终没有能很好地分工。

此外，市场还有一棵独柳树。《长安志》中特别记载“独柳，刑人之所”，“刑人之所”就是刑场杀人的地方，在明清时期题材的影视剧中，我们没少看到这样的场面——菜市口杀人。在古代长安城，一般都把犯人拉到东市或者西市去杀头。为什么要在市场上杀人呢？市场在古代中国，不仅仅是一个进行商品贸易的场所，同时也担任了信息集散地的重要角色。古人没有电脑没有网络，有事也不能发帖子告诉大家，那么什么地方信息传播最快呢？市场，是平民的乐园，是社会关系的纽带，也是各种政治大戏的舞台。因为唐代有规定，五品以上的官员是不准进入市场的，《唐会要》中记载说，“贞观元年十月，敕五品以上不得入市”，所以这个地方是平民百姓聚集的地方。官府杀人要讲究一个效果，杀一儆百，所以市场是最好的选择。

关于西市究竟有多少店铺，很可惜史籍中没有一个准确的数字。但是对东市的店铺，我们可以做一个大致的推测。唐代文宗、武宗时期，有一位名叫圆仁的日本和尚来到中国学习佛法。不过他运气不太好，来了之后就赶上唐武宗毁佛。他写了一本书，叫作《入唐求法巡礼行记》。在这本书中记载过一次东市的大火，“东市失火，烧东市曹门以西十二行，四千余家”。大家听听，这个数字已经很惊人了，这把火只烧了东市的一部分，就已经有四千多家商店被烧。何况西市要比东市更繁华，店铺更多，由此可想而知西市店铺的规模，可能起码在万家以上。

西市、东市内行业齐全，并且有大量的饮食娱乐场所，所以也是文人墨客流连忘返的地方。在文学作品当中，西市、东市屡屡见诸笔端，最有名的要数杜甫那首《饮中八仙歌》：“李白一斗诗百篇（有版本作‘李白斗酒诗百篇’），长安市上酒家眠。天子呼来不上船，自称臣是酒中仙。”

来到西市门前，这位居民眼中看到的应该是这样一幅极具唐代特色的景象：在市场的大街上，人群熙熙攘攘，马车、牛车举目皆是，时而还会有高大的骆驼穿梭其中。人群中肤色不一，除了唐人之外，还有许多高鼻深目的突厥人、波斯人、大食人，以及面貌虽与我们接近但服装与我们迥异的日本人、吐蕃人，甚至还可能有不少黑人。唐朝确是一个多元化的时代。我们来看看下面这一组唐朝胡俑的形象：

← 唐代的骑马胡俑。这尊胡俑很明显是一副酒至酣畅、赤膊上阵骑在马上洋洋得意的样子

这是一组唐代的胡俑，头上戴的都是具有典型中亚风格的帽子

下面这幅图是唐代的牵骆驼胡俑，骆驼是丝绸之路上的主要交通工具，所以，在唐代的北方，尤其是长安和洛阳这样的城市，经常可以看到大群的骆驼。

唐代的牵骆驼胡俑

唐代把黑人叫作昆仑奴。唐代诗人张籍有《昆仑儿》诗为证："昆仑家住海中州，蛮客将来汉地游。言语解教秦吉了，波涛初过郁林洲。金环欲落曾穿耳，螺髻长卷不裹头。自爱肌肤黑如漆，行时半脱木绵裘。"下面左图中这个昆仑奴俑头发卷曲贴在头皮上，鼻梁宽而扁，嘴唇厚厚的，很明显具有黑色人种的面部特征。

左图：郑振铎先生的藏品——唐代的昆仑奴俑

右图：张大千先生临摹的敦煌壁画昆仑奴像

唐代的昆仑奴不仅包括黑人，还包括广大来自南海地区的人种。《旧唐书·南蛮传》记载："自林邑以南，皆卷发黑身，通号为'昆仑'。"林邑即今天的越南中部地区，也就是说唐人笼统地将东南亚以南地区的人种称为"昆仑"。为什么加个"奴"字呢？原来自古以来就常有人口贩子将此地土著贩卖到中国内地，充当奴仆，甚至还曾向皇室进贡，所以留下了具有歧视色彩的"昆仑奴"一词。葛承雍《唐长安黑人来源寻踪》（《中华文史论丛》第65期）一文甚至认为被称为"昆仑奴"的南海黑人不是非洲的尼格罗人种，而应该是尼格利陀人，又叫矮黑人，一直到现在这些类似非洲黑人的部落和种族仍散居在马来半岛以南的诸海岛上。

当然，中国古人的思维模式中历来缺乏概念的精确性，所以黑人的来源可能是比较复杂的，一概界定为“是”还是“不是”来自非洲，一定都会有所偏差，但来自南海地区的人种占据了“昆仑奴”的大部分应该是没错的。

这里有一个疑问，人们为什么是聚集在门前，而不进市场去交易呢？这与唐代的市场制度有关。唐代市场制度规定：市场正午才能开门，日落前就要关门。《唐会要》中是这样记载的：“其市当以午时击鼓二百下，而众大会日入前七刻击钲三百下散。”正午的时候敲鼓要敲两百下市场才开门，日落之前击钲要击三百下市场才会散。唐代的一刻大约相当于今天的14分24秒。这样我们就能理解白居易那首著名的《卖炭翁》中的诗句：“夜来城外一尺雪，晓驾炭车辗冰辙，牛困人饥日已高，市南门外泥中歇。”既然已经到了市场门口，为什么要在门外歇着？要是早早进去，不就没有后来的事了吗？这极有可能是因为他来到市场门前的时候还不到正午，必须要等那两百下鼓声，所以才会在“市南门外泥中歇”。

到了正午时分，市场开门交易。此时这位居民所看到的应该是这样一幅景象：市场内有“井”字形交叉的四条大路，东西、南北各两条。根据考古资料，道路的宽度是14米，除了大路之外，还有很多小路通向市场的深处。店铺不仅仅是临街而建，在市场的深处也有许许多多的店铺。市场内的店铺并非胡乱排列，而是按照行业的种类有序排列。

下图是一幅西市的平面示意图（史念海：《西安历史地图集》，西安地图出版社，1996），我们把凡是史籍有记载的西市店铺的种类都画上去。大家来看看这些店铺名称。图中右上角果子行是卖水果的。这里顺便说一下，唐人所说的“果子”可能指水果，也可能指点心。现在一些地区的方言仍然把点心叫果子，甚至影响到日语，日语中日式的点心叫“和果子”，西洋式点心叫“洋果子”。下面的椒笋行是卖蔬菜的。根据《四时纂要》的记载，唐代很重视蔬菜的种植，其中所见的蔬菜品种有几十种之多，如韭菜、茄子、蜀芥、芸苔、葱、蒜、芋、莴苣、胡菜等。

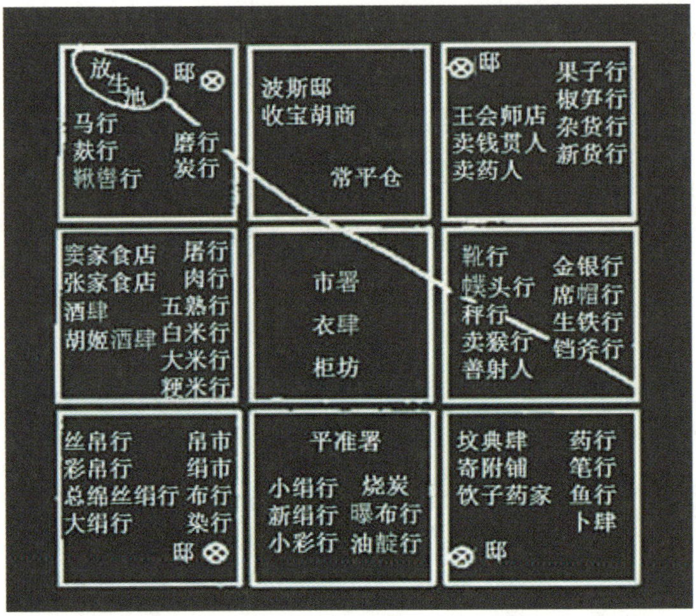

← 西市平面图

金银行、席帽行这都不用说，我们来说说坟典肆。“三坟五典八索九丘”，指的其实是书店，千万不要看见“坟”字就以为是棺材铺。唐代的棺材铺另有称呼，“吉凶军宾嘉”是古人所谓的“五礼”，丧礼属于凶礼，所以棺材铺又叫作“凶肆”。

笔行自然是卖笔的。但是这里顺便说一句，不要想当然认为古人书写都是用毛笔，至少从汉代开始中国就已经出现了硬笔，当然不是钢笔、铅笔这种硬笔，而是毛笔的替代物，比如芦苇笔或者竹管笔。

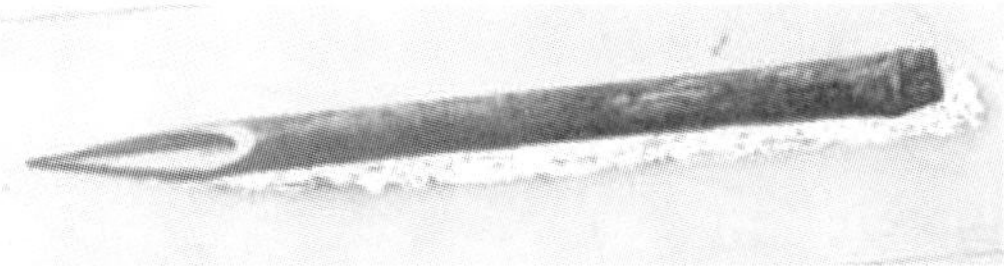

1906年著名的英国探险家斯坦因在新疆米兰遗址中发现的双瓣合尖芦苇笔

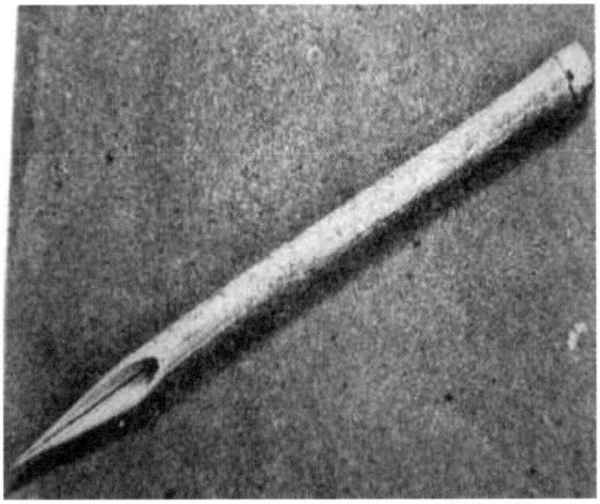

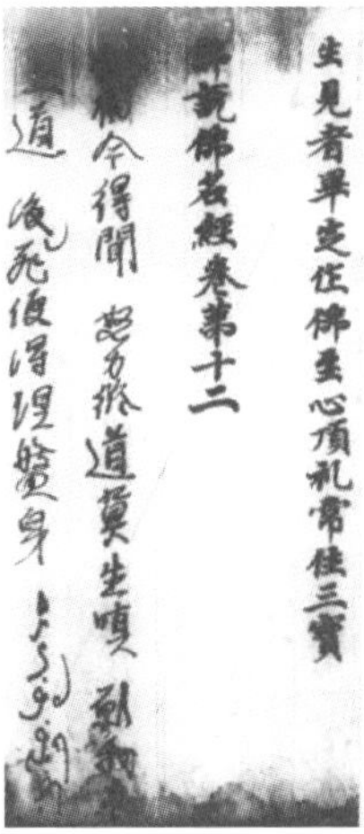

左图：1972年在甘肃张义堡遗址中发现的双瓣合尖竹管笔，疑似是西夏时期的，可以清楚看到笔尖分瓣的样态

右图：敦煌文书《“前生修福得闻”诗》残卷

唐人也有硬笔，在敦煌文书中我们就发现有芦苇笔书写的文书，那是因为“安史之乱”爆发之后，唐朝边防军奔赴内地勤王，河西走廊被吐蕃军队乘虚占据，敦煌失去了与内地的联系，贸易自然也中断了。这样敦煌地区就无法输入制笔的主要原材料——竹子，毛笔也就变成稀罕物了。怎么办？当地人找到一种替代物，即芦苇笔，芦苇秆中空，可以吸墨，类似西方人的鹅毛笔，虽然容易损耗，但是好在原材料便宜易得，聊胜于无。因此不少敦煌文书就是用这种硬笔书写的。在硬笔书写的敦煌文书《“前生修福得闻”诗》残卷（见上右图）中，很有意思的是它的右边两行是毛笔楷书，左边两行却是硬笔行草，笔迹很不一样，右边字体周正，书写内容是佛经，估计是原本，而左边的字体较为潦草、随意，写着一些类似“人生格言”的话，估计是某个好事者拿着硬笔随便在佛经上书写了几句。

言归正传，市场内还有平准署。平准署隶属太府寺，职责与物价有关。《旧唐书·职官志》记载："平准署：令二人，从七品下。丞四人，从八品下。录事一人，府六人，史十三人，监事二人，从九品下。典事二人，价人十人，掌固十人。平准令掌供官市易之事。丞为之贰。凡百司不任用之物，则以时出货。其没官物，亦如之。"

在西市平面图（图见30页）的左上角有一个放生池。在唐代普通民众的生活当中，佛事活动是一个重要组成部分，市场也不例外。市场内有卖活鱼活虾的，于是就有一些善男信女把鱼虾、乌龟买来，再到放生池去放生，以体现自己的好生之德。

在西市平面图中还有一个很有意思的地方叫作波斯邸，说白了就是为波斯人做生意提供的场所。为何市场里还要专门设一个波斯邸呢？这就与波斯人在当时的地位有点关系了。波斯人在唐朝人的心目当中是"富豪"的代名词。李商隐《义山杂纂》曾经记载过唐代的民谣"不相称"："穷波斯、病医人、瘦人相扑、肥大新妇。"这些现象都是些矛盾现象。波斯人不可能穷，这是第一句话的意思。医人就是医生，不可能病恹恹的。一个瘦人相扑，你又何时见过相扑有瘦子？肥大新妇可能有点令人费解。新妇就是新娘子的意思，古代女孩子出嫁绝不是什么与自己的白马王子过二人世界这样浪漫的事情，出嫁之后就意味着肩上担负起了前所未有的重担，嫁到公婆家之后，上有老下有小，还要承担起家里家外的全部家务事，劳心劳力很辛苦。要想新媳妇还能又白又胖，这实在是不大可能，所以肥大新妇也是一种"不相称"。从这首民谣当中就可以看出，唐人对富有的波斯人是另眼看待的。顺便说一下，唐人所说的波斯人，可不见得一定就是波斯来的。凡是丝绸之路上过来的长相和唐人不一样的商人，唐人有时候分不大清楚，便笼统地称其为波斯人。

根据考古勘察，西市内的店铺规模都不大，最长的不过十多米，最小的只有四米，进深三米多，而且店铺内普遍设有灶台。

→20世纪60年代西市发掘时的现场照片

说到市场，我们必须得说一下唐人使用的货币。唐代的货币分两大类：一类是铜钱，还有一类是绢帛等纺织品。除了华南部分地区之外，白银在唐代并不是流行货币。在唐朝题材的影视剧中，人们动不动掏出大把的银子，大碗喝酒，大块吃肉，那都是编导对历史的误解，所以大家千万不要受影视剧的影响。唐朝时大部分地区并不用白银去做货币。史料中常见唐人馈赠白银等，可见的确以此为珍物，但是不见得珍物就非得做货币，正如现代谁也不会拿珍珠、钻石去当货币。白银是从宋代开始成为流行货币的，而真正成为中国的法定货币则更晚一点，是明朝英宗时候的事情。

在西安何家村出土的唐代的银饼上面的字迹很清晰，可以看出是“开元十九年庸调银拾两”，这一坨是十两重。

而唐人常用的货币——开元通宝可不是开元年间才有的，早在高祖武德年间就已经有了。

左图：西安何家村出土的唐代的银饼

右图：唐人常用的货币——开元通宝

1975年河北省赞皇县出土的拜占庭金币

拜占庭金币在中国屡有发现，都是顺着丝绸之路过来的。这种钱币很珍贵，因为它是纯金的，而且钱币上面有些很有意思的现象。上图中左边的这枚钱币上方有两个孔，这在唐代有一个名称叫作穿穴钱。这是不法之徒干的，他在上面钻两个眼，钱还是那个钱，也还是那个面值，可是钻下来的黄金就归他了，积少成多，他就发财了。右边的两枚钱币上有一个现象：不太圆，外廓已经没有了。怎么回事呢？和穿穴钱一样，是有人把它的外廓用剪刀剪掉了，这在唐代有一个称呼叫作剪边钱。下页图中是在宁夏固原出土的唐人仿制的拜占庭金币，可以看到在它们身上也有类似状况。这种仿制的金币有个有趣的地方，原本有拉丁字母的地方被花纹取代了，大概是唐代工匠实在不认识，所以糊弄了事吧。

→宁夏固原出土的唐人仿制的拜占庭金币

此外，纺织品也是唐代的通行货币。在白居易的《卖炭翁》中，“一车炭千余斤，官使驱将惜不得，半匹红绡一丈绫，系向牛头充炭直。”两个小宦官把老人家的一车炭都拉走的行径的确令人气愤，但客观来说，这两个坏家伙还真不是白抢，确实是给钱了，给的是半匹红绡一丈绫。这些东西在唐代是可以当作货币使用的，问题就在于给的实在是太少了。

我们再来看看市场内的景象，这里应该是人声鼎沸、热闹非凡，每一家店铺的门前都应悬挂有大牌子，在上面书写着商品的价格，而且按照商品质量分为上、中、下三个等级排列，这在唐代叫作三贾均市，又称三等估。

新疆吐鲁番地区出土过一个有关商品价格的唐代文书史料，这份文书叫作《唐天宝二年七月交河郡市司状（市估案）》，交河郡就是今天的吐鲁番。这份文件是由多个残碎的纸片组成的，其中的一片碎纸上面有这样几行字：第一行字写的是“笋壹兩，上直錢柒文，次……”后面残破了不知道写的什么。另起一行“薺壹兩，上直錢三文，次貳文，下壹文。”“薺”就是荠菜。上等荠菜一两卖三个钱，次一等卖两个钱，再下一等卖一个钱。这里出现的笋荠，应该属于我们前面提到的椒笋行的。然后紧跟着又另起一行，果子行。关于果子行是这样写的：“乾蒲萄，壹勝，上直錢拾柒文，次拾陸文，下拾伍文。”什么是“乾葡萄”？就是葡萄干。吐鲁番自古以来就盛产葡萄干，而一胜就是一升，一升上等的葡萄干值钱十七文，次一等的值十六文，再下一等的值十五文。还有大枣，“大棗，壹勝，上直錢陸文，次伍文，下肆文。”当时西市内的店铺也应该是这样标价的。

西市内的商人成千上万，良莠不齐，有些商人非常重视商业道德，所以在文人墨客的笔下代代传颂。柳宗元就曾写过一篇《宋清传》，颂扬长安西市的一位药材商人宋清。此人据说德行非常好，药材收购价给得高，山里的采药人采到好药之后都会先来找他。中药以天然药物为主，所以对产地、采撷时间、炮制方式都有严格的要求，否则会物同而效异。长安城的医者开药方，也希望患病者到宋清这样有信誉的药铺去抓药，因为可以保证疗效。久而久之就形成了良性循环，这一点颇类似清末民初北京的同仁堂。有些穷人到他的药铺去抓药，没钱打一张欠条就可以了。到了年底有的人实在还不上，宋清根本不在意，反而把这些还不了的债券拿来点一把火烧了。这人的确算是一个君子，所以柳宗元专门给他立传。

西市就是这样，每天吞吐着大量的粮食、布匹、果蔬、药材和奢侈品，可以说它是这个城市的胃囊。

当太阳开始西斜的时候，我们这位主人公就会走出西市大门，因为马上就要散市了。这时候金吾卫已经开始上街巡逻，夜幕马上就要降临，此时长安城内应该是炊烟四起，整个城市笼罩在一片烟雾之中。长安城居民的主要燃料是木柴，加上城市建设大兴土木，所以长安周围当时已经出现了一些令人感到不安的现象，生态环境正在逐步发生恶化。《唐会要》记载了这样一件事情，在安史之乱以后的唐德宗时期，有关树木发生过这样的一番对话：有大臣上奏说在同州地区（今陕西渭南地区）发现了一个山谷，谷中有大树数千株，而且长度都在七八丈以上。唐德宗听了之后非常高兴，还说：在长安附近想找那种五六十尺长的木材都没有，今天怎么会有七八十尺长的木头？他旁边有一个宰相叫裴延龄，马上站起来回答：您是圣明皇帝，所以您这个时代才能出那种大木头，这是祥瑞，其他的皇帝们哪儿配！裴延龄是历史上著名的奸相，奸佞小人就是这样随时不忘拍马屁。可是，这个故事背后告诉我们的却是：关中地区的森林资源可能正在逐步消耗。

张小明、樊志民《生态视野下长安都城地位的丧失》（《中国农史》2007年第3期）一文中提到："关中固然富庶，然而怎能长期承载过量的人口呢?过量的人口垦殖使地力下降，森林消耗加大，必然会扰动自然生态的平衡……关中人口稠密，最多时达到300多万，长安城的人口也一度达到100万人。即使按50万人来计算唐长安城生活薪柴的消耗量，平均每人每日最少消耗0.5千克，则长安城一年要消耗91250吨薪柴。如果每株可用薪柴的中等树木按100千克(干燥)计算，平均每年长安城的薪柴消耗量将达到912500株成材树木，即大约1平方千米的森林。这是一个庞大的数字，但还不包括皇家、官府、巨商的奢侈消耗，也不包括冶铁等手工业的消耗。这个估计虽然有各种误差，但也足以看出历史上人们对关中乃至黄土高原的森林消耗的巨大。史念海先生感叹说：'据常情而论，以树木当柴烧，说起来不过是日常生活中的一种琐事，可是日积月累，永无止期，森林地区即使再为广大，也禁不住这样消耗。'……中国古代的建材不同于西方，木材是最主要的材料。无论门窗、檐梁、椽、墙柱均以木头建造，且越是豪宅宫室所用木材越是需要长时期生长的精良木材……隋唐统治者大兴土木，营建宫室别苑，如隋之大兴城，唐之大明宫、兴庆宫等，规模都非常宏大。为此，统治者对关中地区的原始森林进行了掠夺性的砍伐，至唐开元年间，秦岭北坡已是‘近山无巨材’……农业的扩大使得森林地区不断缩小。长安周边地区农业一直比较发达。由于人口的增长，农业技术的提高，尤其是铁制农具的推广使用，极大地提高了农业的生产能力。为扩大生产必然要毁林垦殖，造成了森林面积的减少。从周秦到唐代，黄土高原地区一直在进行着农牧区域的转换，到唐代黄土高原已经基本上变成了农耕文化区域。这样，伴随着农牧转换，这一区域的天然森林草原系统也向人工种植的农业生态系统转变。尤其唐代‘四海之内，高山绝壑，耒耜亦满’‘田尽而地，地尽而山’‘责田野垦辟，率民殖荒田，限年免租，新亩虽辟，旧畬芜矣，人以免租年满，复为污莱，有稼穑不增之病’。”

我们都知道，唐朝灭亡以后长安城就遭到了毁灭，从此长安就再也没有当过首都。原因何在？你可能会列举出政治上的原因、经济上的原因，等等，但是我认为环境的因素也必须加以重视。历史上很多事情，乍看起来是政治问题，是经济的事情，是人为问题，但是它的深层次往往受到环境问题的影响。古代长安城周围的生态环境的破坏，也给我们留下了一个思考题：我们究竟该怎样保护今天的环境？

当然在唐代，这种生态环境的恶化还没有什么明显的恶果，所以我们这位居民，与其他长安城的居民一样，对此是浑然不觉的。当他走入坊墙以后，我们有关唐代城市生活的讲述也就告一段落了。下一讲，我们将重点讲述隋唐人的农村生活。

以下是笔者发表在《历史学家茶座》上的一篇小文，通过描述虚拟人物的一天来展现唐代长安城的平民生活，希望能以更生动的方式帮助读者理解唐人生活的细节

附　录：

唐人张九奴的一天

目前，史学研究正在日益细化，研究者的目光开始更多地落在历史细节之上，先民的社会日常生活就包括其中，笔者欲借《茶座》之宝地，将唐代基层民众医疗状况用虚拟手段表现出来，尽量拣选比较典型的历史片段，缀合并浓缩为一位唐代长安普通居民张九奴的一天。这一天里，这个虚拟的主人公将为自己的疾病忙碌奔波，跟随着他的步伐，历史的画卷将逐步展开，为我们展现出唐代基层民众的社会生活面貌。需要说明的是，本文既非完全的纪实，但也不是“戏说”，文章中各关键之处的出典，将用注释方式说明，敬请读者留意。

唐文宗太和年间的某一天。清晨，长安城醒来。远处的终南山巍峨端庄，俯瞰着这座宏伟的城市。城墙内炊烟氤氲，城东北巍然耸立的大明宫含元殿超乎其上，承受着清晨的阳光。宵禁解除后，整齐的棋盘状街道上，已经开始出现熙熙攘攘的人群。归义坊高高的坊墙内，一个名叫张九奴的五十多岁的男人蹒跚而行[1]。他是这座数十万人口城市中毫不起眼的一员[2]，平日里靠在城外碾硙佣作生活，近日却不得不停下了活计——他的左眼生了白翳，视力锐减，昨日曾请一闾阎医工前来诊视[3]，医工说：“这个病乃是脑积毒热，脑脂融化流下，盖塞瞳子，生成白翳，名曰内障，又名瞖。”[4]问他如何调理，他却不敢措手，只是说曾闻有人可以针拨去白翳[5]，但是不详其法，曾以重金赂之，却无人肯向其传授[6]。最后只给九奴开出一味药方，暂且调养，药物有石胆、波斯盐绿、真石盐、硇砂、秦皮、蕤仁、乌贼骨、细辛、防风、黄连等[7]，九奴暗自叫苦，秦皮、黄连、蕤仁

之类尚且易得，波斯盐绿、石胆之类，皆来自异域，石胆以南诏所产为佳，波斯盐绿更是舶来品[8]，叫一个穷汉如何取得？妻子劝他治病为重，拿出了积蓄，让他第二天去药肆打探一下价钱。

长安城的药肆，主要集中在东、西二市，无奈距离九奴家甚远，九奴家住长安城南部，这是长安的穷人聚居区[9]，东、西二市在城中线偏北，视力衰退的九奴走起来颇感吃力。所以他首先想到了邻近的通轨坊一家私开的药肆，之所以说是私开，是因为它没有按规定开到东、西二市之中，而是将坊墙拆毁一小段，直接开成一个临街的门面，做起药材生意来。这是律令禁止的，可是多年来巡街的金吾卫对此也是视而不见，因为长安城内此种打破坊墙自由贸易的现象已是常事，唐初那种严格整齐的坊市制度早已不复存在。通轨坊的药肆面积不大，价格便宜，穷汉们抓药首先想到的就是这里。

大街上，尘土飞扬，大路旁的槐花发出阵阵清香[10]，与路旁排水沟里的异味混合[11]，刺激着九奴的鼻腔。走不多远就是那家药肆，九奴走到近前才发现药肆门口聚集着一大堆人，药肆主人也在其中，情绪似乎十分激动，高声嚷着，周围是几个长安县的胥吏（唐长安城以朱雀大街为界线，西边属长安县，东边属万年县），个个手执工具，嬉皮笑脸地看着药肆主人。一个年长的胥吏手拿一纸，指着对方的鼻子比试嗓门："奉敕令，长安各坊先前私开向街门户皆须关闭，恢复原样，尔非三品以上官员，尔坊原本四面有门，故尔私开门户必须于今日关闭，慎毋多言！"[12]即将断了财路的药肆主人急赤白脸，几欲与胥吏们撕扯起来。一贯胆小怕事的九奴见状急忙走开，再不敢回头看那纷闹的场景。

这附近，原本还有两家药肆，可是既然是全城行动，估计那两家也要关门了。九奴思忖片刻，叹了口气："只有去西市了。”时辰尚早，西市此时尚未开门（唐长安东、西市正午开市），九奴刚好可以拖动身躯挪到那里去。

春季的阳光照耀在蹒跚而行的九奴身上，颇有些燥热。约在午时，九奴来到了西市南门前，黑压压的人群里混杂着马车、牛车、驴车和高大的骆驼，正在等待开市，熙熙攘攘，热闹非凡。人群中除了长安本地居民外，还有远道而来的行商，波斯人、新罗人、大食人、回鹘人、南诏人、粟特人……衣着、语言各不相同，都要在这个超级大都市的市场里追逐几分商利。然而这一切都引不起九奴的兴趣，他所关注的仍然是自己干瘪的钱袋能否在这里换来一服药剂。

鼓声响起，不缓不急，初来者引颈观望，老练者不慌不忙，须知这鼓声要响上二百下市门方得开启[13]。鼓声停止，高大的市门缓缓开启，人群像水流一般涌入了市场。

这个巨大的市场四四方方，内里按照经营种类的不同排列商行，每日吞吐着大量的丝麻、瓷器、药材、木器、食盐、粮食、果蔬，还有众多的奇巧宝器以及妖媚的酒肆胡姬时常引来富家贵族子弟流连忘返。人群、牲畜激起的声浪甚嚣尘上，九奴穿过喧嚷的人群来到了一家药肆前。

西市的药肆，无论是规模还是气派都是各坊小药肆无法比拟的，每日都有无数珍奇药物吐纳其间。即便是吐蕃占领西域之后，来自西亚和中亚的商品还是辗转绕路或者通过海陆联运来到长安，其中就包括大量的香药和其他药材。长安周围的私家药园产品和山野村民所采药物也多在此集散。药肆一般都财大气粗，出手上千万钱的交易是经常的事情。九奴站在热闹、高敞的药肆门前，更觉得自己的渺小。以前西市曾有过一个叫宋清的药商，为人宽厚，穷人来买药，往往可以赊账打欠条，债务多了，宋清则一把火烧净，不以为意[14]。自打宋清故去，这个铜臭充溢的市场里就再也没有穷人可以赊账的地方了。

九奴逡巡再三，终于鼓起勇气向衣着光鲜的药肆伙计打听起价格，伙计冷冷地打量了他一眼，料他也不识字，于是转过头，用机械的语调读出木牌上的价格：“波斯盐绿一分，上值钱六十文，次五十文，下四十文……”[15]九奴盘算再三，以荷包内的钱，凑足一份药尚可，可是以后呢？病来如山倒，病去如抽丝，后续的药钱，如何打理？张九奴只好转身离去，在他的身后，西市依旧喧嚣沸天，丝毫不在意那个失望远去的背影。

九奴走在路上，忽然想起：何不去看看官医？长安城按制度，设有医学博士一人，博士下还有助教一人，率领三十名医学生掌管百姓医疗[16]，或许可以去碰碰运气。之所以说去碰运气，是因为长安城内为百姓看病的官医只有这一处（至于翰林医官、尚药局、药藏局以及太医署，或为皇帝，或为东宫太子，或为百官公卿看病，不会惠及下层民众，除非发生大规模瘟疫），医人中的好手一般都供职于尚药局，有幸者还可以当上翰林医官，来当医学博士的，多是太医署毕业生中成绩次等者。至于其所教授的医学生，也多半是新手，尚无力承担医疗之任，人手常显不足，看病的民众经常等待一天也排不上，何况此时日已过午。[17]

九奴在路边买了一个蒸饼权作午餐，边吃边走。到了目的地一看，果不其然，患者盈门，而医学博士据说被迎到城外某处看病，只剩下助教和三五个医学生留作应付。九奴眼见无望，转身离去，却在门口和一个年轻的医学生搭上了腔。九奴的白翳如此醒目，以至于经验尚浅的医学生也能轻易判明，并告诉他此病博士治疗效果不佳，但是城内有几个有名胡医擅长此道[18]，可以去试试。九奴告以囊中羞涩，医学生听罢思忖一番，又向九奴推荐了两个人：“此去同州，有二眼医，一名石公集，一名周师达，乃是姑表亲，其家族世传针拨内障法，屡有神效。尔若去，所费无多，且可一劳永逸。”[19]九奴听罢大喜过望，同州距此不远，且有亲戚可以投宿，如能一拨见效，对九奴来说真是再好不过。但医学生接着又说：“针拨法最忌白翳下生有赤脉，有则无从下手。”九奴听不懂这个名词，只觉得这是一件很严重的事情，急忙问学生：“你看我可有赤脉？”医学生拱手：“此非某力所能为。”沉思片刻，医学生又说：“汝可求助于咒禁法，或可弭灾。”九奴听罢再三揖求学生为自己施咒禁法，医学生再拱手：“某身为医学生，未尝专力于此，此去香积寺病坊[20]，有高僧大德可施咒禁。”[21]九奴再三感谢，转身直奔城外……

夕阳西下的时候，九奴步履艰难地回到了明德门（长安城正南门），余晖将他的影子拖得很长，一如九奴沉重的心思。暮霭沉沉，身后遥远的终南山已经模糊不清，它将和长安城一同睡去。

九奴回到家中，将这一天的经过告诉了妻子，并且拿出了在香积寺求得的符，上面的图案谁也看不懂。这是九奴在寺庙里向一个沙弥讨来的，沙弥还认真地教了几句咒文让九奴背过：“愿眼紫金灯，洒洒水离易，黄沙满藏经。千眼千首千龙王，文殊大士骑狮子，普贤菩萨乘象王。日里云膜尽翳膜消磨。强中强，吉中吉，眼中常愿得光明，清净般若波罗蜜。”[22]背完，九奴又将符纸贴到东墙上，夫妻一起虔诚地拜了一拜。

在老伴的服侍下，疲惫的九奴躺在了榻上，老伴在一旁絮絮叨叨地为他盘算：“明日去同州，可赁一头驴骑乘，若是那医人能手到病除，回程就不要乘驴了，钱已无多……”九奴一边答应着，一边沉沉睡去，似睡非睡之间，他想起明日的旅程，心中还是充满了期望。是啊，明日。九奴这样的升斗小民，若没有对“明日”的期待，又如何能熬过这漫漫黑夜呢……

注释：

[1]在敦煌文书和唐代墓志铭中，普通民众里叫作“XX奴”者十分常见，我们的主人公姑且称为“张九奴”。

[2]关于唐代长安的人口数量研究者甚多，例如冻国栋、武伯伦、李之勤、郑显文、龚胜生、薛平栓、外山军治、平冈武夫、佐藤武敏、日野开三郎、妹尾达彦等。但是结论差别比较大，因为长安人口不仅仅包括在籍户口，还包括很多流动人口（赴京考生、参加铨选的官员、游方僧人、外国人、行商等等），难以准确判断，以开元、天宝时期为例，日野开三郎《论唐大都邑的户数规模——以首都长安为中心》（载《日野开三郎东洋史学论集》第13卷）认为当时长安有100万居民，而按照妹尾达彦《唐都长安城的人口数与城内人口分布》（载《中国古都研究（十二）》，山西人民出版社1998年版）的推算则为70万，文宗时期的长安城繁华程度可能逊于开元、天宝时期，但也有相当大的规模。

[3]走街串巷的医人古称“游方郎中”或者“铃医”等，唐代此类人名为“闾阎医工”。《资治通鉴》卷二四九唐宣宗大中九年（855）十一月条：“有闾阎医工刘集，因缘交通禁中，上敕盐铁补场官。”胡三省注云：“医工无职于尚药局，不待诏于翰林院，但以医术自售于闾阎之间，故谓之闾阎医工。”

[4]本文中张九奴所患乃是白内障，关于病因的解释和治疗方式，参照了杜牧《樊川文集》卷十三《上宰相求湖州第二启》中其弟杜颉治疗白内障的经历。

[5]针拨白内障法很早就由印度传入中国，北凉时期翻译的《大般涅槃经》卷八：“是时良医即以金鎞决抉其眼膜。”《梁书》卷二二《太祖五王·鄱阳忠烈王恢传》：“后又目有疾，久废视瞻，有北渡道人慧龙得治眼术……及慧龙下针，豁然开朗，咸谓精诚所致。”此法在中国沿用日久。

[6]医人之间相互保密，恶性竞争的情况贯穿于整个中国历史，民国著名医生伍连德说：“数千年来，吾国之通病，偶有所得，秘而不宣，则日久渐就湮灭。”见《论中国当筹防病之方实行卫生之法》，载《东方杂志》第12卷第2号。

[7]此药方见于唐代王焘《外台秘要》卷二一引《近效方》之疗眼瞖方。

[8]波斯盐绿是含铜的碳酸盐矿物，又名孔雀石，《唐本草》记载其产地在焉耆，是治疗眼病的首选：“绿盐，云以光明盐、硇砂、赤铜屑酿之为块，绿色。真者出焉耆，水中取之。状若扁青、空青。为眼药之要。”唐代李珣《海药本草》则云其产于波斯：“按《古今录》云，盐绿，波斯国在石上生。方家少见用也。按舶上将来为之石绿，装色久而不变。”要言之，“盐绿”主要来自于西域或者中亚。唐文宗时期西域尚被吐蕃占领，唐之外贸多依靠海路，故称其为“舶来品”。

[9]唐长安城中，宫阙在北端，因此达官贵人为了上朝方便亦多居北部，北部人口密集，而南部一些地段甚至空旷无人，以至变成耕地，宋敏求《长安志》卷七《唐京城》：“自朱雀门南第六横街以南率无居人第宅。自兴善寺以南四坊，东西尽郭，虽时有居者，烟火不接，耕垦种植，阡陌相连。”

[10]长安城内大路旁多栽种槐树，见《唐会要》卷八六。

[11]唐代宫城、皇城有完善的下水道，但是城区其他地方靠露天的阴沟排水，阴沟上常有通行的小桥，唐宪宗元和十年（815）宰相裴度遇刺时曾经滚入路旁水沟躲过一劫。

[12]《唐会要》卷八六：“太和五年七月，左右巡使奏：伏准令式，及至德、长庆年中前后勅文：非三品以上及坊内三绝，不合辄向街开门，各逐便宜，无所拘限。因循既久，约勒甚难，或鼓未动即先开，或夜已深犹未闭，致使街司巡检人力难周，亦令奸盗之徒易为逃匿，伏见诸司所有官宅多是杂赁，尤要整齐，如非三绝者，请勒坊内开门。向街门户，悉令闭塞，勅旨除准令式各合开外，一切禁断。余依。”唐代类似的举措有过多次，其主要目的除了维护街巷秩序之外，也对当时冲破坊市制度束缚的商品经济是一个打击，但是这样的举措并未能完全阻止自由商品经济的发展。有兴趣的读者可参看冻国栋《唐代的商品经济与经营管理》（武汉大学出版社，1990年版）以及宁欣《唐代长安的街——线形空间在突破坊市制度过程中的作用》（中国唐史学会第九届年会论文）等。

[13]唐制：正午击鼓二百下，市场开门交易，日落前七刻击钲三百下，市场关门。见《唐会要》卷八六。

[14]药商宋清确有其人，其事迹见柳宗元撰写之《宋清传》。

[15]唐代药肆的药材以分为单位，分上、中、下三等分别标价的形式，见于大谷文书《唐天宝二年七月交河郡市司状(市估案)》。

[16]这一制度见《新唐书》卷四九《百官志》，但是长安城医学生人数记载有误，作“二十人”，根据《玉海》卷一一二《唐医学》的记载，应该是三十人。

[17]唐代虽然在两都及地方州（郡）设有医学博士（有时称医博士）掌管境内巡疗，但是其人数甚少，与人口的比例甚至有时在1：20000左右，不可能满足境内百姓的医疗需求。

[18]唐代胡医甚多，尤其擅长眼科，胡医是对外国医师的泛称，其中有天竺人、大秦人等。

[19]此二眼医确有其人，见杜牧《樊川文集》卷十三《上宰相求湖州第二启》。

[20]唐代不少寺庙设有悲田病坊，为穷人疗病兼收乞丐，政府几度将悲田病坊归为政府辖管，欲以此割断宗教团体与民众的关系。可参看孙永如《唐代“病坊”考》（《中国史研究》1987年第4期）、葛承雍《唐代乞丐与病坊探讨》（《中国史研究》1987年第4期）、杜正乾《唐病坊表徵》（《敦煌研究》2001年第4期）等。

[21]唐代医疗手段中，带有浓厚迷信色彩的咒禁术十分盛行，宫廷设有“咒禁博士”，民间医疗活动中咒禁更是盛行，孙思邈《千金翼方》卷二九《禁经上》云：“故有汤药焉，有针灸焉，有禁咒焉，有符印焉，有导引焉。斯之五法，皆救急之术也。”将咒禁术和符印法列在医疗“五法”之中。不但佛寺、道观为人看病时使用咒禁术，民间也有专业的咒禁师，或称为“诅师”，韩愈《谴疟鬼》：“屑屑水帝魂，谢谢无余辉。如何不肖子，尚奋疟鬼威？乘秋作寒热，翁妪所骂讥。求食欧泄间，不知臭秽非。医师加百毒，熏灌无停机。灸师施艾炷，酷若猎火围。诅师毒口牙，舌作霹雳飞。符师弄刀笔，丹墨交横挥。” 这里描述了医师、针灸师、咒禁师各施其能

对付疟疾的场景。中国古代长期处于“医巫不分”或者“医巫并行”的状态，“医”之旧体字作“毉”，此字由“医”和“巫”组成，恰如其分地反映了这一点。

[22]此咒语出自古代眼科专著《银海精微》，此书原题作者为孙思邈，系伪托。

阅读思考

长安城是一座政治型城市，唐代长安城居民生活究竟受到了这种城市属性怎样的影响？

参考文献

1.侯旭东.北朝的“市”：制度、行为与观念——兼论研究中国古史的方法[M]//张国刚.中国社会历史评论：第三卷.北京：中华书局，2001.

2.池田温.中国古代物价初探——关于天宝二年交河郡市估案断片[M]//刘俊文.日本学者研究中国史论著选译.北京：中华书局，1992.

3.刘江英.《客使图》大食使者质疑[J].文博，2011（3）.

第三讲

隋唐人的农村生活

上一讲，我们讲的是城市；这一讲，我们来看看隋唐的农民是怎样生活的。首先来介绍一下隋唐时期农村的基本结构。农村人口占据唐代人口的绝大多数，当然，这不光是唐代的现象，中国古代历来如此。县和乡，是隋唐时期的基层政权组织，而宗族社会，则是农村基本的社会组织，一切政令要想得到贯彻实施，那么就必须要与宗族发生密不可分的关系。

唐代的县，按照地理位置、政治地位以及经济发展水平，划分为七个等级，第一个等级叫作京，有时候又叫赤（赤县神州的说法就由此而来），赤县、畿、望 、紧、上、中、下。虽然随着时代的变迁，划分的标准也有些微调，但可以确定县是有等级的。

县的主要官员有县令、县丞、主簿、县尉等，县政府通过户籍来掌控全县的民众，集司法、行政、经济大权于一身。大家经常能在影视剧中看到县老爷升堂、问案，按理说行政官员是不能管理司法的，可在古代中国，绝对没有行政权与司法权相分离这样一个概念。县以下设乡和里，《通典》卷三《食货三·乡党》引大唐令："诸户以百户为里，五里为乡，四家为邻，五家为保。每里置正一人(原注：若山谷阻远，地远人稀之处，听随便量置)，掌按比户口，课植农桑，检察非违，催驱赋役。在邑居者为坊，别置正一人，掌坊门管钥，督察奸非。并免其课役。在田野者为村，别置正一人。其村满百家，增置一人，掌同坊正。其村如[不]满十家者，隶入大村，不需别置村正。"什么是一里？一百户为一里，每五里为一个乡；里设里正，村子设一个村正，这都是给政府办事的。天宝时期，唐朝国力鼎盛，《旧唐书·玄宗纪》记载："天下郡府三百六十二，县一千五百二十八，乡一万六千八百二十九。户部进账，今年管户八百五十二万五千七百六十三，口四千八百九十万九千八百。”

张国刚先生的《唐代乡村基层组织及其演变》（《北京大学学报(哲学社会科学版)》2009年第5期）指出：“唐代在县政权以下乡村基层社会设置有两类组织，一个是乡、里，一个是村、坊。前者是准基层政权；后者属于居民社区自治组织。在唐代乡、里机构中，并没有‘乡’长官，里正是乡的实际负责人，‘里’的作用因而被虚化。里正主持‘乡’务的制度化，是中唐以后唐代乡村基层组织发生变化的重要推手。这种变化的基本方向就是‘县—乡—里’结构让位于‘县—乡—村’结构。具体表现为整齐划一的‘里’的功能在逐渐退缩，而自然居民点‘村’的功能在扩张和强化。发生这种变化的社会背景是随着户口的增长，乡和村的人口都在增长，村与里的法定户数之间的差别愈益缩小，村取代里的可能性在提高，村的独立性增强，于是，唐前期的‘乡—里’结构向后期的‘乡—村’结构转变。不管是涉及赋役和户籍问题，还是涉及居民生活秩序的内容，管理层大多数情况直面乡村或村乡。”也就是说随着人口的增长，村和里的界限逐渐模糊。

既然说到农村，我们就不得不谈一谈当时的气候问题，以及地区经济差异问题。有关唐代的气候，学界还有些争论，主要研究依据是物候。什么是物候？就是植物应时应季生发与凋谢的自然现象。依据这个来进行推测，有学者认为唐代气候总的来说算是比较温暖湿润的；也有的学者认为，唐代气候以8世纪中叶为分界线，前期比较温暖湿润，后期则转向寒冷；现在还有一些自然科学研究者和地质学者也加入其中。在《自然》杂志上，就有一位德国地质学家豪格，根据在中国获取的岩芯研究，认为唐代的气候绝大多数时间都是温暖湿润的，唐朝晚期则转向寒冷。当然，也有人对他的结论提出质疑。其一，豪格不懂汉语，所以，他并不掌握和了解汉文史料当中大量的物候学资料；其二，豪格钻取岩芯的地方——雷州半岛，也不大对劲。雷州半岛在唐代并非中心地带，所以被指不具备代表性。有关唐代的气候争论还有很多，但是，一般认为，就唐前期而言，是一个比较温暖湿润的时代，是有利于农业生产的。

唐代的北方地区主要的农作物是粟、黍、麦。粟就是小米，麦不用说了，黍是一种黄米，如今在北方有的地区还有种植。唐代的主粮结构主要由粟、麦、稻构成。由于全国的经济中心和人口主要集中于黄河流域，所以粟、麦的生产和消费在全国占有绝对优势。粟、麦两者相比，粟的地位更高。刘朴兵在《从饮食文化的差异看唐宋社会变迁》（《史学月刊》2012年第9期）中说道：“唐代主粮结构的发展趋势是麦、稻地位上升，粟的地位下降。唐初，麦的地位不高，为‘杂稼’‘杂种’之属，如颜师古注《汉书》时称‘今俗犹谓麦豆之属为杂稼’。唐初赋税征收粟，‘乡土无粟，听纳杂种充’。在丰收年景，麦往往无人问津，如唐高宗麟德二年(665)，‘是岁大稔，米斗五钱，麦不列市’。唐代中期以后，由于城市人口的增长、粟麦轮作的逐渐推广，尤其是饼食的普及，对麦类作物的生产和发展起到了巨大的促进作用，麦逐渐摆脱了在社会心理中的‘杂种’地位，取得了与粟同等的地位，其标志是唐德宗建中元年(780)实行的‘两税法’已明确将麦作为征收的对象。与北方麦类地位的上升相呼应，南方水稻的生产呈现出迅速增长的势头，稻米在唐代主粮结构中所占的比例越来越大。促进南方水稻生产发展的主要因素是长江流域得到了更为广泛的开发。特别是安史之乱以后，由于北方人口的大量南迁，使南方劳动力迅速增加，种植水稻的耕地面积有了较快的增长。同时，双季稻在南方的推广也增加了水稻的总产量，促进了稻米在唐代主粮结构中地位的提升。南方稻米自给有余，南粮北运的历史从此揭开序幕。”

南方地区的主要农作物则是水稻，南方已经做到了一年两熟，早稻也开始普及。隋唐时期政府高度重视水利建设，这极有利于农业的发展。当时，北方地区的经济比南方发达。按理来说，南方地理环境、气候都比北方要好，但是由于历史的原因造成南方的开发不足。从魏晋时期开始，长江中下游开始得以开发。到了隋唐时期，南方的某些经济指标已经开始超过北方，可是，中国的经济重心仍然在北方。从耕作技术来讲，也是北方强于南方，当时岭南地区、福建一些地区，还存在着刀耕火种的现象。南方经济全面超越北方，是南宋以后的事情，从那个时代开始，南方成为中国的经济重心，一直延续到今天。

以上都是这一讲的时代大背景，下面我们从一位男性农村公民出生开始说起，通过纵观其一生来展现隋唐时期农村生活的基本轮廓。

当这个男孩降生的时候，家里人一定是非常高兴，古时男孩的降生被称为“弄璋之喜”，女孩的出生则被称为“弄瓦之喜”。《诗经·小雅·斯干》：“乃生男子，载寝之床，载衣之裳，载弄之璋……乃生女子，载寝之地，载衣之裼，载弄之瓦。”璋是玉器，瓦在这里倒不是屋瓦的意思，而是纺车零件，意思是期望女孩长大擅长女红。这是性别歧视，是古人的落后思想。

隋唐时期，政府根据人口年龄的不同，对人口有个划分。《唐会要》是这样记载的：“始生为黄，四岁为小，十六岁为中，二十一为丁，六十为老。”顺便说一句，各个时代的规定并不完全一致，但是，总是有这样的划分的。这是因为人口的年龄跟政府的税收和政府派发徭役密切相关。在这些划分当中，尤其是成丁和入老最为关键，21岁成丁，你就是成年人了，60岁以后，你才算是老年人，那么在21到60岁之间算是人生的壮年，理应为政府承担赋税、徭役、兵役，所以这个划分是很重要的。

当这位男性公民15到20岁的时候，他也就到了适婚年龄。《唐会要》记载说："贞观元年二月四日诏曰：男年二十，女年十五已上，及妻丧达制之后，孀居服纪已除，并须申以婚媾，令其好合。"大家注意，诏书是贞观元年（627）二月发的，就在前一年，唐太宗才发动了玄武门事变，夺取了皇位。上位后不久，他就发了这么一道诏书。《唐会要》还记载了开元年间唐玄宗下的一道诏书："男年十五，女年十三以上，听婚嫁。"不但要规定普通人到多少岁结婚，甚至还要规定寡妇和鳏夫到了一定的时间也必须结婚。大家也许会想：古代皇帝日理万机，怎么还要管这等小事？其实原因很简单。第一，涉及人口增长；第二，隋唐时期征税是以户为单位，你新立一户，不就新立一份税源？所以，这事很重要。

在唐代的农村，如果某人要结婚的话，将会得到村社里面其他人员的大力帮助。这是因为唐代农村普遍存在具有互助性质的社邑。什么叫社邑（社）？宁可先生有一篇文章叫《述社邑》，专门讲述过这个。社是祭祀土神的地方，土神就是我们所说的土地神。每个村都有这么一个场所，每年春秋以及岁终的时候，都要举行祭祀，遇到大旱、日食、火灾、水灾等，也要举行相类似的祭祀活动。在祭祀的时候，大家都聚集到一起，一块协办仪式，还要举行宴会，久而久之，社成了村民举行聚会的地方。再往下发展，社就变成了一种互助组织，一家有事，全村帮忙，大家出钱出力，这就是社。

唐代的社名目繁多，根据文献记载有亲情社、官品社、女人社、坊巷社、法社、香火社、燃灯社等。这些社主要是两种功能：其一，从事佛事活动；其二，从事生活和经济方面的互助，最主要的就是协办婚丧嫁娶。你盖房子，其他社员都来帮忙，至于访贫问苦、宴集娱乐等，这些事情大家也都一块参与，这是农村生活的一个重要组成部分。

唐代有一位著名的民间诗人王梵志，他在一首诗《遥看世间人》中这样描述社："遥看世间人，村坊安社邑。一家有死生，合村相就泣。"说得很有意思，世间的这些村子里都有社邑，一家有人去世，全村跟着一块哭，这是一种互助活动。王梵志这个人生活年代是唐前期，传说是一个流浪僧人，为人放浪不羁，诗文众多，主要是关于农村生活的，语多讽刺揶揄，文字浅白，所以在老百姓当中深受欢迎。他的作品在八九世纪的时候，甚至还流传到了日本，不过可惜的是，作品传世不多，因为其他的文人墨客看不上，觉得他的诗跟打油诗一样，但是在1900年出土的敦煌文书当中，有很多王梵志的诗。

今人张锡厚根据敦煌文献和其他传世文献，编了一本《王梵志诗校辑》，里面收录了王梵志的336首诗。这本书很容易读懂，而且写得都很诙谐、有趣。我们来看其中一首《他家笑吾贫》："他家笑吾贫，吾贫极快乐。无牛亦无马，不愁贼抄掠。你富户役高，差科并用却。吾无呼唤处，饱吃常展脚。你富披锦袍，寻常被缠缚。穷苦无烦恼，草衣随体著。"你富了怎样，我穷又怎样，你富有你富的烦恼，我穷我光荣。其实就是这意思。诗文中写道"你富户役高，差科并用却"，指的是唐朝民间差派徭役时的一个政府规定，唐朝政府顾及民间有贫富差距，所以规定凡是家庭富裕、人口众多的家庭承担的徭役要更多一些，贫苦人家就少一些。可是，大家都知道在这种封建官僚社会里会出现这样一个现象：有权有势的人会勾结乡吏做手脚，把自己的负担转嫁到穷人身上去。杜甫曾写过一篇文章《东西两川说》，他说这个富家子弟“尽在节度衙府州县官长手下哉，村正虽见面，不敢示文书取索，非不知其家处，独知贫儿家处”。意思是有人讽刺村正总是找不到富人住在哪里，可要让他找穷人家，一找一个准。原因何在？不是说他眼睛有什么问题，而是因为人家富家子弟都纷纷做官，有权有势，村干部惹不起，于是就拿贫民开刀，欺软怕硬嘛。

《旧唐书·刘仁轨传》中也有类似的记载：“州县发遣兵募，人身少壮，家有钱财，参逐官府者，东西藏避，并即得脱，无钱参逐者，虽是老弱，推背即来。”什么叫兵募？这是唐高宗时期的一种兵制，是指居民响应国家号召，自愿加入军队。刚开始的确是自愿，发展到后来变成强制差派，那些富家子弟有钱打点，能躲则躲了，那么贫苦人家的子弟呢？不管你是什么状况，推着你的脊背就把你塞到军队里来了，“推背即来”就是这个意思。

是的，穷人没钱，但是穷人有骨气，穷人也有自己的反抗。王梵志有一首有名的诗叫作《贫穷田舍汉》，描绘了一对非常穷苦的夫妻，“妇即客舂捣，夫即客扶犁”。“客”指的是受雇佣去给别人干活的意思，老婆去给别人舂米，老公给别人在田间耕作。换句话说，他们根本没有自己的土地，是靠给别人打短工过活的。就这样，干完一天的活回到家里，“无米复无柴，男女空饿肚，状似一食斋”。还是无米无柴，两个人饿着肚子坐在那里，倒像是清心寡欲吃斋似的。这还不算完，你既然是国家的子民，你就得交税，所以“里正追庸调，村头共相催”。好家伙，这不是雪上加霜吗？在这种情况之下，咱们来看这对夫妻怎么办？

“幞头巾子露，衫破肚皮开。体上无裈袴，足下复无鞋。”这是这位农夫的生动写照：头上的帽子是歪的，身上的衣服是破的，肚皮是露着的，穿的裤子也不是浑裆裤（裈袴就是浑裆裤），换句话说他的肉都是露的，脚底下还没有鞋。他的老婆也不是省油的灯，冲上来，一边打，一边骂，“啾唧搦头灰”，我把你这里正按在地上，让你吃一嘴灰。“里正被脚蹴，村头被拳搓”，好一顿拳打脚踢。这夫妇俩痛快完了之后，“驱将见明府，打脊趁回来”，明府是唐人对县令的称呼，人家把你抓到县衙去，见了县令能有什么结果，无非是在你脊背上打一顿板子，然后再把你放回来。可放回来还是没钱，所以“租调无处出”。怎么办？“还须里正倍”。唐代一个里的租税数目是固定的，如果征不满的话，里正就要往里面赔，所以说，唐代的里正也算是倒霉。王梵志告诉我们，“如此硬穷汉，村村一两枚”。像这样的汉子，他们没钱也没势，只有命一条，每个村都有那么一两个，不行就跟你玩命。

话题拉回来，在一位村民结婚的同时，也就代表着他接近了法定成丁的年龄，这意味着沉重负担的到来。大家要有一个常识，在古代中国，对于老百姓来说，租税的负担还在其次，最沉重的负担是徭役和兵役。你想想，你坐在家里好好的，一年又有几个月，几十天的时间被催逼出去，要么是修路，要么是建桥，非常讨厌的一件事情。唐朝前期，兵役是府兵制，后来实行了兵募制，到了唐玄宗时期又搞募兵制，前两者都是农民的沉重负担。府兵制的特点是“兵农合一”。老百姓战时为兵，平时为民，而且，入伍的时候，武器装备还要自备。兵募制，我们前面提到了，也是一样。

那么募兵制呢？募兵制和兵募制不只是文字顺序的不

同，意思也不一样。募兵制说白了，就是国家出钱雇人来当兵，这个兵叫作“长征健儿”或“长从宿卫”。这个对农民来说是好事，因为尊重你的选择，你可以自愿；但是，对国家来说可能不是好事。因为国家雇募的长征健儿都在边疆驻守，内地人大都不愿当兵，只有边疆民众尤其是少数民族愿意当兵，久而久之外重内轻。到了唐玄宗天宝年间，全国85%以上的兵力都部署在边境，掌握在9个节度使加1个经略使手里，所以，当东北边防军安禄山、史思明的兵马叛乱以后，内地并没有兵力去抵挡，安史之乱就这样闹大了。

有关兵役的感受，王梵志也曾写诗《你道生胜死》来表达，“你道生胜死，我道死胜生”。你说生比死好，我说死比生好。为什么？“生即苦战死，死即无人征。十六作夫役，二十充府兵。碛里向前走，衣钾困须擎。白日趁食地，每夜悉知更。铁钵淹乾饭，同火共分诤。长头饥欲死，肚似破穷坑。遣儿我受苦，慈母不须生。”他细致描绘了当兵的痛苦：吃又吃不好，还那么劳累，在这种情况下，倒不如我的母亲不生我的好。

在当时还出现了一个很有趣的现象，什么现象呢？诈老、诈小。比方说，已经成丁的，对政府谎称年龄尚小，还不到21岁；而年龄还没到60岁的，却跟政府说已经60岁了。农民在户籍问题上，跟政府玩捉迷藏，想要造假隐瞒点什么，以便能脱离苦海。

为此，政府多次下令整顿。隋唐时期最有名的一次整顿户口，就是隋文帝时期的“大索貌阅”。什么叫“大索貌阅”？“大索”就是普查，“貌阅”就是当面过。要知道，诈老、诈小是可以明眼看出来的。另外，当时在民间，户籍造假还有一种登峰造极的办法——性别造假。年龄造假才能顶多长时间？而性别造假，把男性直接登记成女性，这是一辈子的安逸。所以要“大索貌阅”，把人都叫到一起，当场按照户籍叫名字，你上来，我看看你到底是什么样子：“赵四娘——赵四娘你这胡子不错，很漂亮啊。”这不就查出来了。

但是，大唐毕竟是盛世，在这些负担之外，坦白说，安史之乱以前，唐朝农民的生活还算是比较安定的。台湾学者毛汉光先生依据敦煌文献得出这样的结论：敦煌地区在小康生活线以上的居民，占总人口的36%；在生存线上，或者说，能够保证基本温饱的居民占40%；在生存线以下的占24%。说实话，这样的一个比例，在古代中国，还算是一个相当不错的成绩。你当然不能拿它跟今天比。

→ 莫高窟第12号窟的唐代《弥勒经变》婚嫁图

古代中国的农村是男耕女织、自给自足的自然经济。男性负责开畦、锄种、砍柴、狩猎、捕鱼，女性负责养蚕、采桑、纺织、料理家务、伺候老小，等等。应该说，无论男女负担都非常繁重，尤其是女性。上一讲我们讲到所谓的“肥大新妇”，了解了唐代女子家庭负担之沉重。所以在唐代的时候，曾经流行一部佛经，叫作《佛说弥勒菩萨下生经》。在佛经中这样描绘美好的未来时代：弥勒降世以后，“尔时人寿极长，无有诸患，皆寿八万四千岁，女人年五百岁然后出嫡。”都说女儿是爹妈的小棉袄，女孩子要五百岁才出嫁，可以依偎在爹妈的身边当五百年的小棉袄，这是一件多么幸福的事啊！上页图中的壁画是莫高窟第12号窟中的唐代《弥勒经变》婚嫁图，描绘的就是一位五百岁的女孩出嫁时的场景。

我们来看一幅宋代画家王居正所绘的《纺车图》，宋代与唐代接近，多少能反映一点唐代农村的纺织场景。

← 宋代画家王居止所绘的《纺车图》

唐代诗人张籍曾有一首《江村行》，描述了江南地区农民的生活：“南塘水深芦笋齐，下田种稻不作畦。耕场磷磷在水底，短衣半染芦中泥。田头刈莎结为屋，归来系牛还独宿。水淹手足尽有疮，山虻绕身飞飏飏。桑林椹黑蚕再眠，妇姑采桑不向田。江南热旱天气毒，雨中移秧颜色鲜。一年耕种长苦辛，田熟家家将赛神。”“短衣半染芦中泥”，我们知道，古时候士大夫穿衣服博衣宽带，但是老百姓就不能这样了，太不方便，所以都是短衣。刘禹锡诗中的农家人是这样的形象，“农妇白纻裙，农父绿蓑衣”，女人身着苎麻做的裙子，男人穿着草编的蓑衣。

张籍在诗中提到“雨中移秧颜色鲜”，这实际上反映出耕作技术上的一个变化。唐代已经出现了水稻的育秧移植栽培技术，就是先把秧苗集中在一块儿，先让它长起来，之后，为了让它获得充分的发展空间和养料，再把它移到田里重新插秧。这就是我们经常见到的插秧的场景。

诗中还说每年收割之后都要举行赛神，什么是赛神？“赛”可不是比赛的意思，“赛，谓报神福也”（司马贞《史记索隐》），意思是报答神灵的恩德。赛神堪称重大节日，人们高歌宴饮，庆祝丰收，是很欢乐的日子。

唐代的农民已经开始普遍使用曲辕犁与筒车，这是农业技术上的一大进步。下图是莫高窟第23号窟唐代的《雨中耕作图》，描摹了唐朝农夫在雨中耕作的场景。图中一位农民正在呵斥两头牛，他所使用的犁就是曲辕犁。我们知道，曲辕犁可以提高劳动效率，而且能够控制犁土的深浅，因此曲辕犁相比直辕犁来说的确是一大进步。

→莫高窟第23号窟唐代的《雨中耕作图》

下面图中是中国国家博物馆馆藏的古代筒车模型。我们知道，筒车是一种水力驱动的提水工具。

← 中国国家博物馆馆藏的古代筒车模型

下图是现代筒车，尤其在南方地区很常见。

← 中国南方地区仍在使用的现代筒车

→莫高窟第159号窟的《挤奶图》

上图是莫高窟第159号窟的《挤奶图》，也是农村生活的一个体现。一处宅院前，高僧正在化缘，画的上端有一头牛，一位农妇正在挤牛奶。大家看，旁边的小牛急眼了，凭啥你来挤？正使劲往前要顶人，就是这样一个有趣且极具生活气息的场景。

那么，唐代农村的日常生活可以总结如下：耕作、收割、砍柴、纺织、服徭役和兵役、参加社邑活动以及赛神。当然，还有其他的一些节日。

唐人的平均寿命是57岁左右，按此计算的话，一位村民在入老的同时，也就基本上接近了他人生的终点。有关唐代的衣食住行和婚丧嫁娶、节日娱乐这些问题，以后我们会有专题来涉及。

阅读思考

唐代农村存在的是自然经济，这种自然经济究竟有哪些表现形式？

参考文献

1. 郑学檬. 中国古代经济重心南移和唐宋江南经济研究[M]. 长沙：岳麓书社，1996.

2. 李斌城. 隋唐五代社会生活史[M]. 北京：中国社会科学出版社，1998.

3. 宁可. 述社邑[J]. 首都师范大学学报，1985(1).

4. 毛汉光. 敦煌吐鲁番居民生存权之个案研究. // 项楚，郑阿财. 新世纪敦煌学论集. 成都：巴蜀书社,2003.

5. 李燕捷. 唐人年寿研究[M]. 北京：文津出版社,1994.

第四讲
隋唐人的衣

本讲我们重点讲述隋唐人的衣。隋唐时期，服饰文化的主要特点是四个字——兼容并蓄，充分呈现了多元文化的魅力。这一时期女性的装束尤其引人注目，这是隋唐时期妇女地位比较高的一种体现。

首先我们来介绍一下皇帝的服装。皇帝的服装种类非常繁多，按照《旧唐书》的记载，唐朝天子的服装种类有十二个名色之多，包括大衮之冕、大裘之冕、衮冕、鷩冕、毳冕，等等。后来在实践当中又不断地简化，最终保留的主要是衮冕。那么，皇帝的衣服是什么颜色呢？一般是黑色或者是黄色，上面有十二章纹饰，主要为日、月、龙、虎等。

下图是汉代皇帝的冕服，这是现代人根据文献记载以及考古资料绘制而成的。服装上的纹样大多取自于同时期的砖画、漆画、帛画，等等。值得注意的是，这个冕上面还带旒，就是垂挂的珠子，这是一种礼仪上的需要，是提醒皇帝随时保持庄重。试想，假如你面前垂着这么多条珠链，脑袋若是随便晃动，那些珠子噼里啪啦的，的确很不严肃。

← 今人绘制的汉代皇帝的冕服

除了这种冕服之外，皇帝还有所谓的常服，顾名思义，就是平常穿的衣服。按照《旧唐书》的记载，皇帝的常服颜色是赤黄色，赤黄就是我们现在所说的赭黄色，常服还包括折上头巾、九环带、六合靴。这原本是魏晋南北朝时期戎服的一种，因为它比较紧凑适合于穿着打仗，所以原是军队里的服装，从唐太宗以后变成了皇帝的常服。除非特别正式的场合，否则皇帝都是穿着这种常服。大家头脑当中一般有这样一个认识：黄色是皇帝的颜色。这个就是始于唐代。唐代以后，黄颜色，准确来说是赭黄，唐人称之为赤黄，被皇室所垄断，成为皇室专用的服饰颜色。宋代有本书叫《野客丛书》，它是这么说的：“唐高祖武德初，用隋制天子常服黄袍，遂禁士庶不得服，而服黄有禁自此始。”其他人可以穿黄色衣服，但不能穿赭黄色的。

→左图：历代帝王图中隋文帝的冕服画像

→右图：唐太宗的常服画像

上面右图就是唐太宗常服画像，藏于台北故宫博物院。原先认为这是阎立本的手迹，但是现在根据台北故宫博物院研究，认为团纹图案与唐制不符，可能是明代摹绘。

唐代官服的演变曾经经历过一个曲折的过程，而且在这个过程当中，我们要充分注意到北齐因素、南朝因素和少数民族的因素都在里面起了很大的作用。秦汉时期官员服装的颜色还是比较单调的，主要是黑色和红色。以黑色为主调，缀以红色。不过说实话，我个人很欣赏汉代服装的色调。汉代家具也是这种色调，连车马装饰物也都是这个颜色。

古时候怎样区别官员的等级呢？冠带是主要的区别标准，隋唐以后开始发生变化。大家注意，下图中是两个秦代的文吏俑，是在秦始皇陵园范围内的一个陪葬坑出土的，并非在兵马俑坑。看起来与兵马俑很像，但他们是文吏。这是秦代官员的形象。

← 左图、右图：秦代文吏俑

下图中是汉代官员的形象。这是在山东出土的汉代的加彩陶俑，一群官员正在观看百戏。什么叫百戏？就是乐舞杂技的意思。中间有几个小孩正在表演杂技，注意看右边这一列，他们的着装很统一，都是穿袍服，而且袍服的颜色都是黑配红，这就是汉代官员的形象。

→汉代加彩陶俑

那么，按照著名历史学家陈寅恪先生的观点，隋唐制度文化有三大来源：一个是北魏北齐；一个是南朝也就是梁陈；还有一个是西魏北周。我们知道唐是在隋的基础上建的，隋是在西魏北周基础上建的，大家可能会想当然地认为西魏北周对唐的影响最大，但其实不然。陈寅恪先生认为这里面北魏北齐影响最大，梁陈的因素次之，西魏北周最小。在服饰上也体现了这一点。宋代《梦溪笔谈》就曾经记载："中国衣冠自北齐以来乃全用胡服，窄袖、绯绿短衣、长靿靴皆胡服也。"意思是从北齐以来中国的官服就开始走向胡服化。大家知道咱们中国古人的衣服，袖子都非常宽，宽到在里面藏几把兵器都不在话下。可是到了北齐以后全部成了窄袖、短上衣，颜色也变得非常绚丽多彩，有红有绿的，而且穿靴不穿履，长靿靴可是典型的胡服。隋唐的官服发展自然也受到了这种胡服文化的巨大影响，而北齐恰恰比北周在胡服化方面走得更远。

隋朝的时候，开始把官员服装的颜色跟品级挂钩。前面我们说了汉代是用冠和带来区别，这时候开始用服装颜色来区别，五品以上穿紫袍，六品以下兼用绯绿，绯就是红。唐高祖和唐太宗时，又改为三品以上服紫，五品以下服绯。一直到唐高宗时期最终定制，这标志着中国官服区别官员等级的标准，由原来的冠带转化为了袍带。以袍服的颜色和腰带为主要标志来区别官员等级是隋唐时期一个重大的变化。

《通典》中记载了唐代官员服装的颜色："贞观四年，制三品以上服紫。"大家要知道，在唐代三品以上就是我们所说的高官，这些人是可以官拜宰相的。宰相级别的，三品以上服紫，四品、五品以上服绯，绯是红颜色，六品、七品以上服绿，八品、九品以上服青，等级非常清楚。妇人从夫之色，妇女服装的颜色和她的丈夫是一样的，这不就是情侣装嘛。《太平广记》里曾经记载了这么一个故事，显示出那个时候颜色已经是官员品级的代名词。颜真卿年轻的时候官儿当得还不大，他听说有一个巫婆叫范氏尼会算命，能预测未来，于是他就请她吃饭。席间，颜真卿说了这么一番话：我这辈子没有过高的要求，"官阶尽得五品，身着绯衣带银鱼，儿子补斋郎，某之望满也”。我要是到退休的时候能官拜五品，穿上红衣服，带上银鱼，儿子当一个替补干部也就满足了。而这位范氏尼说什么呢？大家知道算命的都不能把话说得太直白，都要来点儿玄的，所以她表达得很委婉。大家都知道唐人席地而坐，有时候吃饭时没有桌子的话，就在地上铺一块儿布，把食物摆在布上。这块布叫作食单，是紫颜色的。范氏尼指着食单对颜真卿说：“颜郎衫色如此。”意思是你太保守了，你会是这个颜色，紫色就是三品以上嘛。当然，后来颜真卿真的达到了这个级别。由此可见，服装的颜色，如紫色、红色等已经是唐人口中官品的代名词。

这种对颜色的喜好及相关的等级标准最初来自鲜卑。鲜卑族特别喜欢紫色和红色，经常用这个来赏赐军功。北周的时候就已经用不同颜色的袍子来区别禁卫军的等级，极有可能就是这种紫、绯、绿。胡族的文化影响也是隋唐时期官服品级标准的来源之一。

→唐章怀太子墓壁画《客使图》

上图是一幅著名的壁画——唐章怀太子墓的《客使图》。壁画当中描绘了唐朝官员引导外国使节来拜谒太子的一个情景。大家可以注意到，右边三位是外国使节，而左边这三个人就是唐朝官员着正式朝服的典型形象：头上戴的是漆纱笼冠，身上穿的是大袖朝服。

我们再把这幅壁画局部放大，来图解一下。壁画中唐朝官员所戴的帽子叫作漆纱笼冠，它是用纱做的，大家知道纱帽透风，为了让头皮保暖，里面还有一个头巾，我们称之为帻。这就是乌纱帽的雏形。到了明代，乌纱帽甚至成了官员的代称。手里拿的是笏板。从胸口垂下来一条布带子，把膝盖遮起来，这条布带子叫作蔽膝。穿的鞋是乌皮舄。身上还有条绶带。这就是唐代典型的官员朝服。

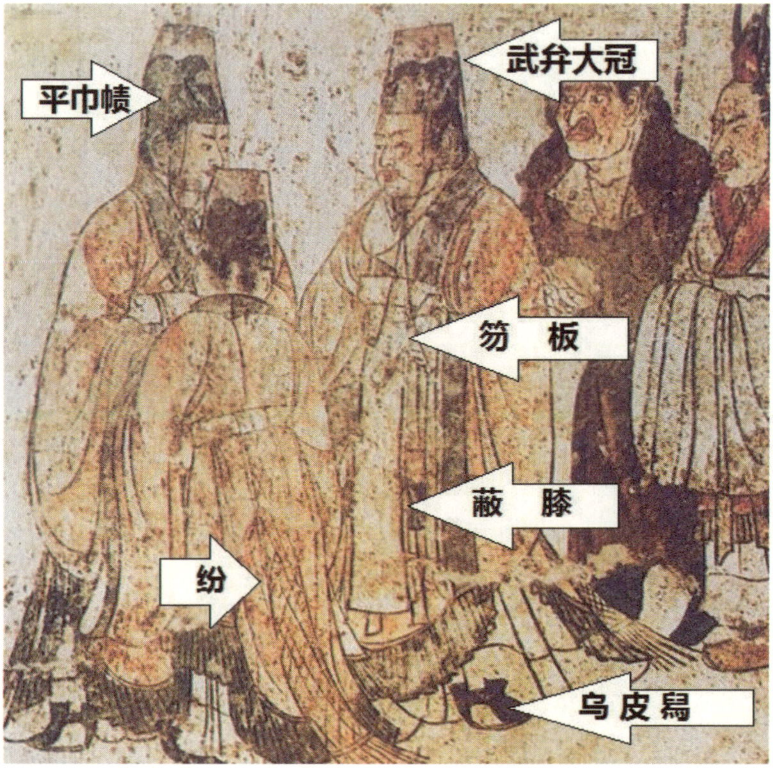

←唐章怀太子墓壁画《客使图》局部

从颜色和装饰物来判断，这三位官员应该是品级在四、五品之间的等级。刚才说到了笏，笏板是大臣上朝时候必备的物品。《旧唐书》记载说："文武之官皆持笏。"五品以上以象牙为之，六品以下用竹木。笏板是干什么用的？它有两种用途：一种是礼仪上的用途，跟皇帝说话的时候要用笏板挡在前面，眼睛不可以直视皇帝；另外一个用途，通俗来讲就是你准备跟皇帝说什么话，可以事先用毛笔写在上面，退朝后回家洗一洗、刮一刮还可以循环使用。

下面这个是唐代李勣墓出土的三梁进德冠。李勣就是《隋唐演义》里那个著名的徐茂公，因为有功所以被赐姓为李。他的这个帽子是当时三品以上官员才能够戴的三梁进德冠，这是一个实物。

→唐代李勣墓出土的三梁进德冠

我在电视剧中经常看到，上朝的时候某位人物，不戴帽子、披头散发就上来了。这形象我承认很帅很酷，但是古代绝对没有这种发型。古代要这样披散着头发，那就只有两种可能性：要么你发神经了，要么你准备洗澡。这纯属是臆造。还有现在有些电视剧中，上朝的时候，文官都穿着袍服，武官都顶盔戴甲。这真要放到古代，面见皇帝你竟敢顶盔戴甲，非问你个刺王杀驾的罪名不可。这都是与历史不符的，古时候无论文武穿的都是袍服，只不过在帽子上有所区别。

刚才说了皇帝有常服，官员也一样有日常穿的衣服。唐代官员的常服的主要组成部分是幞头和窄袖袍衫。幞头就是图中黑色的帽子，这个帽子后面有两个布条垂下来，显得比较飘逸潇洒。到了晚唐五代的时候，人们觉得布条垂下来不太好，给里面加上了竹木做的翅，让它变得翘起来、硬起来。宋代的时候，这个翅变得越来越长。到了明代，翅变得扁宽。明代的乌纱帽两边有两个翅，就是由幞头的两角发展演变而来的。其间，老百姓的服装也在向这个样式靠拢。

← 唐代男子服装

那么军人的服装又是怎样的呢？隋代军人的军服是黄颜色的。唐代军人的军服，要么是黑色，要么是红色，而禁军的颜色则比较多样。但不论是哪个军种，军人一般都在额头上绑一个细布带子，这个叫作抹额，唐代军人经常用。

军人的服装分为戎服和甲胄。唐代甲胄种类非常多，《唐六典》卷一六《武库令》中记载说唐代的甲胄有十三种之多："甲之制十有三：一曰明光甲，二曰光要甲，三曰细鳞甲，四曰山文甲，五曰乌锤甲，六曰白布甲，七曰皂绢甲，八曰布背甲，九曰步兵甲，十曰皮甲，十有一曰木甲，十有二曰锁子甲，十有三曰马甲。”其中最常用的是明光甲和光要甲，这里“要”是通假字，通闪耀的“耀”。大家看最后一种“十有三曰马甲”，什么叫“马甲”？也许有人顾名思义：那不就是给马穿的铠甲？错了，马甲指的是骑兵身上穿的铠甲。马也有铠甲，但马的铠甲叫具装。下面这幅图是今陕西省咸阳市渭城区底张镇陈马村发现的北周武帝孝陵出土的甲骑具装俑，马身上的铠甲就是具装。

→北周武帝孝陵出土的甲骑具装俑

下页上面这幅图是敦煌石窟中西魏第285号窟的《五百强盗成佛图》。这个壁画很有名，细致地描绘了一个佛教故事：憍萨罗国有五百名强盗打家劫舍，被官兵痛剿。五百人皆被俘，遭受酷刑，被挖去双眼，放逐山林。这些人终日痛苦哀嚎，佛祖怜悯，以神力使这五百人眼睛复明。强盗们遂皈依佛法，参禅入定，最后修炼成佛。此图为官兵与强盗作战的场面。官兵乘马，戴盔披甲，马身上就是具装。古代中国的骑兵大多是轻骑兵，这与中国的马匹种类身材比较矮小有关，但也有过类似西方中世纪那样的重装骑兵。

敦煌石窟中西魏第285号窟的《五百强盗成佛图》

刘永华《中国古代军戎服饰》

上图左边这一幅是隋代军人的形象，是刘永华所著《中国古代军戎服饰》中根据各种文献资料复原的。前面这个人身着戎服，靠后这名军人穿的是明光铠。什么是明光铠呢？它有两片护心镜，另外，由于铁甲经过打磨，所以太阳一照便会反光，所以叫作明光铠。隋代最常见的铠甲就是两裆铠和明光铠。

上页下图右边这幅图则是唐代的军人。唐代军人穿的也是明光铠。前面这个人穿的是戎服，后面那位头上还戴了一顶虎皮帽。唐代的勇士经常有戴虎皮帽的。我们的兄弟民族吐蕃，也就是藏族，他们军队当中的勇士也是穿戴虎皮衣，这是勇猛的象征。

新疆博物馆藏阿斯塔纳古墓群出土的身穿绢甲的唐代彩绘仪仗俑

左边这幅图很有意思，图中是新疆博物馆藏阿斯塔纳古墓群出土的身穿绢甲的唐代彩绘仪仗俑。他们头戴兜鍪，身穿长达膝部的铠甲，双手合于胸前握紧某种兵器。右边那一位似乎还有少数民族血统。

我们再来说说老百姓穿什么。自古以来，有一种颜色是百姓专用的——白色。要不然怎么老百姓有时候被称作白丁呢？《汉书·成帝纪》记载：汉成帝曾经微服出访，“白衣组帻”，他一身白色装束，和老百姓混在一起丝毫不引人注目。而在《三国志》中，东吴大将吕蒙偷袭荆州打关羽，当时他派了一支先锋部队。这支部队“白衣摇橹”，摇着船穿着白衣服，化装成了当时常见的商团的形象，所以关羽根本没有戒备，结果被人家打了一个措手不及。这里白衣是老百姓的服装，也是商人的服装。

隋代规定：庶民穿白袍，屠夫和商人要穿黑袍，而士兵则穿黄袍。让商人穿难看的黑袍，原因很简单——重农抑商。屠夫干的是杀生的差事，不是好职业，所以也要穿黑袍。唐代的庶民可以穿黄衣服，也可以穿白衣服，当然这个黄不是赭黄色。《旧唐书》记载：“庶人服黄，铜铁带。”庶人可以穿黄颜色的衣服，腰带是铜铁做的。但是，爱美之心人皆有之，一年365天，天天就穿一种颜色的衣服，着实单调乏味，所以违反规定的事情屡有发生。高宗咸亨年间曾经下过这样一个敕文：“如闻在外官人百姓，有不依令式，遂于袍衫之内，著朱、紫、青、绿等色短衫袄子，或于闾野公然露服，贵贱莫辨，有斁彝伦。自今以后，衣服下上各依品秩，上得通下，下不得僭上，仍令有司严加禁断。”大意是：现在有些老百姓经常在白袍里面穿一些朱红色、紫色的奇装异服，到了没人的地方就敞露着，这太不守规矩了。皇帝看不惯，命令上等人可以穿下等人的服色，但是下等人不能穿上等人的。这类敕文在唐代下了好几次，其实倒从侧面说明人们不大守这个规矩。

我们再来说一说唐代的妇女服装。唐代女装绚丽多彩，概括起来有以下几个特点：襦裙，袒领，半臂(也有看法称半臂属男装)，披帛，窄袖与宽袖并存。什么是袒领？应该就类似于今天的低胸晚礼服吧。这是唐代妇女服装的典型形象。下面这幅图是著名的唐代《簪花仕女图》，我们能从中看到不少女性服装的样式。

↓唐代《簪花仕女图》

唐代妇女化妆的时候不光是描眉打鬓，还经常在脸上画各种图案，有的在额头画，有的在脸颊上画，有时候为了更加耀眼夺目，还要贴点儿亮片之类的，这就是花钿。下面这组图能更清晰地反映花钿的形态，左边四张是唐代壁画、绢画图案，右边则是今人模特的演绎。

左图：唐代花钿

右图：今人演绎

很多资料上都说花钿的发明者是唐代才女上官婉儿，《北户录》记载过一个有趣的故事，说武则天每次与宰相会晤，上官婉儿都奉命在底下坐着做记录。结果有一天一个姓李的宰相奏事，婉儿可能是被此人的相貌和气质所吸引，禁不住看得愣神。武则天发现了，但是她不动声色，退朝之后才开始发飙。盛怒之下武则天用一把小刀扎了婉儿一下，扎在面部，就那样挂在皮肤上，婉儿哀求她拔下刀子，甚至还忍痛作了一首《乞拔刀子诗》，她这才逐渐息怒。婉儿的额头上从此留下了一处疤痕，女子爱美，于是就贴上一个花钿来遮盖，反倒更显俏皮可爱，引众女争相效仿，称为“花子”。

但这只是个传说而已，早在唐以前就已经有花钿了，在《太平御览》卷九七〇引《宋书》中记载：“（南朝宋）武帝女寿阳公主，每日卧于含章檐下，梅花落公主额上，成五出之华，拂之不去，皇后留之。自后有梅花妆，后人多效之。”这说明花钿装起码在南朝已经有了。还有说三国就有的。总之一句话，说上官婉儿发明了花钿不过是大家追求名人效应而已。

我们再来看看中唐时期的女装。唐代初期的襦裙都是小袖，下身着长裙，一般是系到腰间，还有干脆系在腋下的，然后再用丝带绕一圈系上，下图中这条长裙裙腰就系得很高。中唐以后，襦裙比起初唐的时候更为宽松一些，但在形制上没有太大的变化。唐代的女性服装很重要的特点就在于它的开放，这种开放极有可能是受到了胡族文化的影响。游牧民族没有男尊女卑那一套，妇女的地位是很高的，胡族当中出现女能人、女政治家，在南北朝期间也是屡见不鲜的。有的胡族女人甚至还可以上阵打仗，最典型的例证就是花木兰。《木兰辞》里的那位木兰，“军书十二卷，卷卷有爷名”，不经训练就能上阵打仗，这也只能是胡族女子。受到这种风气的影响，隋唐时期妇女的地位也相当高。可以说，隋唐时期文化的繁荣，也与女性的这种活跃密切相关。隋唐妇女的开放性在服装上自然有所体现。从鞋、袒领、纱罗以及妇女所穿的男装胡服上面，都能够感受到这种现象。

← 中唐时期的女装，是典型的襦裙、披帛。

下面图中是在新疆出土的唐代女鞋实物。这是典型的唐代女鞋的样式。另外，大家可以注意到，这是一双正常尺寸的鞋。我们知道唐代妇女是不裹脚的，所以唐代的妇女很活跃，她们广泛地参与舞蹈艺术活动，因此唐代的舞乐非常发达。而五代以后，汉族妇女开始裹小脚，妇女退出了舞蹈领域，结果给我们造成了文化上一个极大的缺憾——我们汉民族是世界上所有大民族当中，唯一一个没有传统舞蹈的民族。为什么我们的舞蹈传统中断了？就是因为裹小脚，这是一个最直接的因素。

→ 新疆出土的唐代女鞋

大家可以看到，下页左图就是刚才提到的袒领，领口开得很低，前胸半露，类似于我们今天所说的西方的晚礼服。这种袒领在盛唐时期尤其流行。《全唐诗》中有方干写的《赠美人四首》，当中有这么两句："粉胸半掩疑晴雪，醉眼斜回小样刀。"描述了一名女子，她穿着袒领的衣服，肌肤看起来像雪一样白皙粉嫩，眼神一瞥，像小刀一样妩媚勾人。因为唐代女性有时候会把眼角画成向上挑的妆容，凤眼这样一斜可不就像小刀一样。

下页右图是辽宁省博物馆馆藏的唐代名画周昉的《簪花仕女图》，画中这位妇女身上穿的叫纱罗。纱罗说白了，就是一层纱。以纱罗作为女性服装的衣料，是唐代服饰的一大发明。穿纱罗的时候，胸部以上是裸露的，仅仅用轻纱蔽体。唐人有诗云，"绮罗纤缕见肌肤"，描述的就是这种薄、透、露的衣服。这也是唐代妇女开放性的一种体现。

←左图：今人临摹的唐代李重润墓石椁上的仕女图

←右图：辽宁省博物馆馆藏唐代名画周昉的《簪花仕女图》局部

穿男装、着胡服也是唐代妇女的一种习尚，这在宋代以后礼法越来越严格的情况之下是不可想象的。宋明理学兴起以后，女子上街都受限制。但是在唐代，尤其是盛唐以后，女性穿男装的情况非常普遍，太平公主就是其中著名的一位。据说太平公主十几岁的时候，想谈恋爱，又不好意思说，于是她就穿了一身男装，在唐高宗和武则天的面前晃来晃去。唐高宗就问她：你今儿怎么了，怎么穿了一身男装呢？太平公主回答说：您看这个衣服好不好，要是用它来赏赐给驸马，您觉得怎么样？唐高宗一听就明白了，这是恨嫁了，于是就给她指婚了。

下页上图是敦煌壁画中的仕女图，后面这位妇女身着普通的襦裙、披帛，而前面这个女孩子，很明显是一身男装。她穿的是袍服，底下穿的是裤子。唐代的妇女是可以骑马的，但是初唐的时候妇女骑马多侧身坐在马鞍子上，不能双腿跨坐。原因很简单，裙子太长，没法跨坐。到了盛唐时期，风气为之一变，妇女开始着男装、穿男裤，这样她们就可以双腿跨坐在马背上任意驰骋了。

→ 唐代壁画《观鸟捕蝉图》

→ 左下图：出土于新疆阿斯塔纳陪葬用的唐代女性假发，高 13.5厘米，宽6.5厘米，以麻布为衬里，把棕毛缠绕在麻布上，设计成一个造型，再经过染色处理制作而成

→ 右下图：中晚唐时期的回鹘女装。回鹘，是维吾尔族的祖先。这是一种窄袖胡服，在唐代很是盛行

在服装的问题上，唐代贫富差距非常明显，盛唐、晚唐尤其如此。富者，一件衣服可以价值连城，穷者则是衣不蔽体，甚至在士大夫当中也有这种穷人。

我们首先来看一看权贵之家的奢侈。据《旧唐书》记载：中宗的女儿安乐公主，就是后来和她的母后韦氏联手把唐中宗毒死的这位，生活极其骄奢淫逸。据说她有一件百鸟裙，是用百鸟的羽毛缀合而成的。这条裙子非常奇妙，正面看一个颜色，侧面看又是一个颜色，太阳底下一个颜色，到了阴影里头又是一个颜色。这百鸟裙价值百万，就只有两件，一件给了安乐公主，另一件给了皇后韦氏。

《朝野佥载》记载：唐睿宗时期，正月十五妆扮宫女，宫女的衣服尚且不论，光是头上戴的花冠和身上的披帛，每件就价值一万钱以上。另外根据《旧唐书》中的记载，晚唐时期，权贵之家奢侈之风日渐盛行。当时唐文宗就曾说过，开元天宝时，内库中只有两件用金鸟来做装饰的锦袍，一件是唐玄宗的，另一件是杨贵妃的。可是，现在富

← 日本正仓院所藏的《鸟毛立女》屏风

豪之家都有这样的衣服。

上页图中是来自日本正仓院收藏的《鸟毛立女》屏风。正仓院是日本的一个博物馆，里面所藏的文物多数是唐朝时期带回的舶来品，这扇屏风上所绘的确实是我们唐朝妇女的形象。大家可以看到，画中女子身上穿的衣服是用鸟毛缀合而成，这就是刚才提到的鸟毛裙。

我们把唐代的《簪花仕女图》与这幅《鸟毛立女》屏风上的画放在一起做个比较，大家可以注意到一个有趣的现象：两位的姿态是一模一样的，可见这是唐代妇女流行的姿势。

左图：唐代的《簪花仕女图》局部

右图：日本正仓院收藏的《鸟毛立女》屏风

富者一衣价值连城，穷者却是衣不蔽体。上一讲提到的王梵志诗中那个贫穷田舍汉，脚上没鞋，连个浑裆裤都没有；杜甫著名的诗作《石壕吏》中的那位农村妇女，“有孙母未去，出入无完裙”；就连士大夫得到一件新衣服也是很欣喜的。比方说白居易，好友元稹曾经在他穷困的时候给他送了一些衣料，他高兴得不得了，马上写诗回赠元稹：“贫友远劳君寄附，病妻亲为我裁缝。”韩愈落魄的时候也是一样，他是这样描述的：“娇儿好眉眼，裤脚冻两骭。”孩子长得很好看、很可爱，就是裤子太短，大家知道小孩长个子，裤子往往几个月就短了，又没钱做新的，结果把孩子露在外面的小腿都冻伤了。

那时候能得到一身好衣服，是一件很不容易的事情，所以当时的文人士大夫对奢靡之风进行了严厉的抨击。如白居易的《红线毯》：“一丈毯，千两丝，地不知寒人要暖，少夺人衣作地衣。”还有郑遨的《富贵曲》（有一种说法是此诗为杜光庭所作）：“美人梳洗时，满头间珠翠。岂知两片云，戴却数乡税。”当美人对镜妆扮的时候，可知那满头的珠宝折合成钱的话，要相当于好几个乡纳上来的税款啊！这就是贫富差距。

最后，我们来看一下在新疆出土的唐代绢画中的儿童服饰形象。下面绢画中两名儿童的服装很是新潮，身上穿的背带条纹裤跟现在的几乎一样，左边这个孩子怀里还抱了一只小狗，既顽皮，又可爱。

← 新疆出土的唐代绢画中的儿童

阅读思考

唐代妇女的社会地位在服装当中有什么样的体现？

参考文献

1. 金少兵. 新疆古代服饰引领千年时尚 灯笼裤假发前卫精巧[OL]. [2011-11-15]. 天山网

2. 马东. 北族文化对唐朝官服影响及其历史意义[J]. 西域研究，2010(3).

3. 刘永华. 中国古代军戎服饰[M]. 上海：上海古籍出版社，2003.

4. 李斌城. 隋唐五代社会生活史[M]. 北京：中国社会科学出版社，1998.

第五讲

隋唐人的食

这一讲，我们来说说隋唐的饮食文化。与服饰文化一样，隋唐的饮食文化也有着自己鲜明的特色——多元化。

隋唐人的饮食在历史上受到了中亚、南亚和北方游牧民族的深刻影响。大家知道，今天的汉族人以吃猪肉为主，但是在那个时代不是这样，羊肉占的比重比较大，远远超出了鸡肉和猪肉。牛肉也入菜，但在当时有很多人抵制吃牛肉，有关这个问题后面我们会说到。游牧民族的影响还体现在乳制品有很大的市场，葡萄酒、胡椒、蔗糖也开始逐渐普及。

隋唐人的饮食还受到来自南方的影响，其一是给中国带来了饮茶的风气，其二是稻米成为了北方人的主食之一。另外还有个特点，在隋唐平民饮食当中，腌渍食品占据了主导地位。

唐人吃饭，很多地方是一日两餐，即早餐和晚餐。但官府里中午有“会食”，即给官员提供一顿午饭。2014年第5期《咬文嚼字》曾经刊登过一篇叫作《一日三餐始于何时》的文章，简明扼要地介绍了中国人由一日两餐向一日三餐转化的过程，大意如下：朝食是第一餐，时间大约在日出以后、上午九点以前。这段时间古人称为食时。《左传》中记载春秋时期齐国和晋国之间著名的鞌之战时，写齐侯轻敌，以为吃早饭前就可以打败晋军，狂言“余姑剪灭此而朝食”就是一个例子。晡食则是第二餐，时间是太阳在西南角的时候，也叫晡时。《说文》释“晡”为“申时食也”，在下午四点左右。《墨子·号令》中也有“晡时皆于署，不得外食”的说法，意思是说在城市保卫战中，早饭、晚饭都在官署中吃，不得到外面吃。据甲骨文的有关记载，殷商时期也是一日两餐，第一餐俗称“大食日”，又称“食日”，第二餐俗称“小食”。一直到先秦，古代的基本食制就是一日两餐。由两餐向三餐过渡的时期是西汉和东汉。据云梦秦简

《传食律》和《仓律》记载，秦时一般官吏和平民都是一日两餐。西汉初年一般百姓依然如此。但在《汉书·淮南厉王传》中，刘长被废后，有司奏请给他的待遇中有“皆日三食”一条，说明诸侯王的饮食待遇已是三餐了。若按《白虎通·礼乐》所说，皇帝的宫廷饮食更是多至四餐，为平旦食、昼食、晡食和暮食。只是民间的饮食习俗，依然还是一日两餐。虽说已有在朝食前吃些称为“寒具”的小点心的，但还不能称为一餐，或许可以看作是向三餐的一种过渡。到东汉时，就最后形成了三餐制。不过，虽然一日三餐已经出现，但在很多地方，由于贫困的原因，一日两餐仍然是存在的，一直到几十年前，农村里很多人还是一日两餐，这是物质生活条件所决定的。这里顺便说一句，唐代佛教信徒众多，僧徒们讲究“过午不食”，因此他们即便是一日两餐，也不是早餐和晚餐，而是早餐和午餐。

刚才提到唐代饮食文化中外来色彩浓郁，下面我们就来介绍几个舶来品。一个是胡饼，汉代就有这个词了，顾名思义，是来自胡人的一种面饼，中原人也很爱吃。胡饼的制作以烤制为主，类似今天新疆的馕，而且有用油和不用油之分，有的上面撒芝麻，甚至有的还带馅。胡饼个大耐饥，而且容易存放，所以深受劳动人民的喜爱。据敦煌出土的S4687号文书《僧徒捐粟油胡饼账》中记载“付面四斗造胡饼八十枚”，四斗面做八十个饼，可见这胡饼的个头是相当大的。

《唐语林》记载说，当时的权贵之家，还有一种羊肉馅的胡饼，它是用一斤羊肉一层一层地塞到胡饼当中去，调料是胡椒和豆豉，然后再加上一些动物的油脂，放到炉子里烤熟了之后食用。因为它是一层一层的，所以美其名曰“古楼子”。

下页图中是新疆阿斯塔纳出土的唐代胡饼的实物。新疆的气候特点使得这里能够出土这种有机物质。这个胡饼的形状跟今天的馕很接近，而且可以很清晰地看到上面还撒有果仁。

新疆阿斯塔纳出土的唐代胡饼实物

还有一种舶来品叫饆饠，“饆饠”这两个字是正规的写法，同时还有一种简单的写法，叫“毕罗”。这是唐代时由西域传入的一种带馅的面点，非常流行，在唐代的史料当中经常可以看到，唐代城市的街头有饆饠店、饆饠肆，等等。这个也带馅，有肉馅或水果馅，在《酉阳杂俎》中记载，有一个人擅长做樱桃饆饠，而且他做的饆饠掰开之后，里面樱桃的颜色丝毫不变。如果大家有烹饪的经验，就会知道蔬菜、水果上锅蒸了之后，颜色是要变的，但是不知道他用什么办法，能让樱桃不变色，这一点实在很神奇。

唐代有一种特有的食物——雕胡饭。雕胡饭一名见于李白的一首诗《宿五松山下荀媪家》：“我宿五松下，寂寥无所欢。田家秋作苦，邻女夜舂寒。跪进雕胡饭，月光明素盘。令人惭漂母，三谢不能餐。”山中的贫苦人家，为了招待李白这个远道而来的客人，给他端上的就是雕胡饭，令他非常感动，以至于几乎不能下咽。

那么雕胡饭到底是什么东西呢？其实就是我们所说的菰米，菰是一种草本植物，经常长在浅水沼泽处，它结的籽就叫作菰米或雕胡。菰米很容易脱落，所以不能人工种植。在当时，一些有心人会经常去捡菰米，捡得多了凑起来能做一顿饭，这就是雕胡饭。据说雕胡饭香、软、滑，是待客的上品。可是在古代典籍当中有一个有趣的现象，宋代以后，雕胡饭越来越不常见，到了明代以后就基本没了。为什么呢？这是因为宋代以后，中国生长的菰受到一种叫作黑穗病菌寄生菌的侵袭，一旦沾染了这种寄生菌以后，菰就不结籽，也不抽穗，茎部膨胀，形成肉质茎，味道鲜美，于是人们开始有意利用黑穗菌，阻止它开花结果，从而将病变植株当作蔬菜食用，这就是今天茭白的来历。所以明代以后雕胡饭就消失了。

接下来，我们分类对唐代的饮食进行介绍。

肉类

饮食受胡族的影响，羊肉特别受青睐，在肉类中所占比重是第一位的。当然这个风气并不是始自隋唐，早在南北朝就有了，以至于当时南朝人讥讽北朝的时候，经常用“腥膻”二字来形容北朝人。所谓腥膻之味不就出自羊肉嘛。

隋唐时期受到这种影响，也经常吃羊肉。据《唐六典》记载，当时朝廷要向亲王供给食材，卷四“膳部郎中”条：“凡亲王已下常食料各有差。每日细白米二升，粳米、粱米各一斗五升，粉一升，油五升，盐一升半，醋二升，蜜三合，粟一斗，梨七颗，苏一合，干枣一升，木橦十根，炭十斤，葱、韭、豉、蒜、姜、椒之类各有差。每月给羊二十口，猪肉六十斤，鱼二十头。”其中米、面、油、盐、醋、蜜等等都不提了，我们来看看有关肉类的说法：“每月给羊二十口，猪肉六十斤，鱼二十头。”从数据上看，这肯定是给整个亲王府供应的，可以看得出羊肉占的比重相当大。

唐人多认为猪肉不是好东西，为什么呢？吃多了容易病风。杜牧就曾经在给一个人写的墓志铭里面写道：“（猪肉）能闭血脉、弱筋骨、壮风气，嗜之者必病风。”

所谓病风就是得高血压，大家知道，高血压与饮食过于油腻有很大关系，这是有科学道理的。

《说郛》曾经记载过五代时期发生过的一件事情，五代时期有个官员叫李载仁，此人是唐朝宗室后裔，性格比较迂腐。有一次，他看见两个部下打架，要惩罚这两个人。他本人最不爱的食物就是猪肉，于是他命人从厨房拿来了一些猪肉，命令这两个部下当场吃下去，之后还跟这两人说：你们要是再敢犯的话，我就在猪肉中给你们加酥。听到这个故事的人没有不发笑的。相信有这样解馋的惩罚，从此以后他的部下打架一定会屡禁不止呢！

下图是莫高窟第85号窟的壁画，描绘的是唐代的肉肆。我们可以看到，图中有一名屠夫正在操刀，不知解的是羊肉还是狗肉，唐人不但吃羊肉，也吃狗肉。

← 莫高窟第85号窟壁画——唐代的肉肆

唐人也吃牛肉，但是有一部分人士抵制吃牛肉，原因我们都能想到，保护耕牛嘛。对于我们汉族这个传统的农耕民族来说，牛跟其他动物不太一样，是我们的朋友，我们的衣食都仰仗于它。

《太平广记》里就记载了好多讲吃牛肉遭报应的故事。有个叫王云略的人，他是专门杀牛的。有一次，杀牛时遇牛反抗，他一怒之下，拿刀去扎牛的眼睛，结果第二天他自己的眼睛开始喷血。晚唐时期，有一对夫妻吃牛肉很贪心，一天之内吃了一二十斤牛肉，活活给胀死了。另外还有一个望蔡县令，据说是因为爱吃牛肉身上长了癞疮，折磨了他整整十年才死掉。

《大慈恩寺志》中也记载过，有一个士人爱吃牛头，结果也遭到了报应，他的两只脚最后都烂掉了。

你可以不必相信这些故事，但是你要体会唐人编这些故事的心态，他编这些故事就是为了吓唬那些爱吃牛肉的人。

南方的饮食又是怎样的呢？其实跟今天差不多，南方人的主要饮食习惯是吃鱼。前面不是提到南方人讽刺北方人腥膻吗？北方人也不客气地用饮食习惯来挖苦他们。在《洛阳伽蓝记》中有一段记载，北方人嘲笑南方人说："网鱼漉鳖，在河之洲。咀嚼菱藕，捃拾鸡头。蛙羹蚌臛，以为膳羞。"大意是说你们整天打鱼捞鳖，吃菱角、藕、鸡头（这个鸡头是指鸡头米，又名芡实，经常入药），还把那些用蛙肉、蚌类做的食物当成美味，这些东西简直是看不得听不得。实际上，上面提到的东西我们现在也经常吃，但是在那个时候，这是一种饮食习尚短陋的象征，所以北方人提起来就嗤之以鼻。

《唐会要》有这么一番话："江南诸州，乃以鱼为命；河西诸国，以肉为斋。"鱼就是江南人的命，而河西地区的人不吃肉就万万不行，这都是些很平常的事情。

唐代著名书法大家怀素，曾经有一个著名的《食鱼帖》，当中有这么一番话："老僧在长沙食鱼，及来长安城中多食肉。"他在长沙的时候总是吃鱼的，到了长安就入乡随俗按北方的习俗吃肉了。这里一定有人觉得奇怪：怎么和尚又是吃鱼又是吃肉的？我们知道，南朝梁武帝佞佛，信得很虔诚，还特地颁布了《断酒肉文》（见《广弘明集》卷二十六）："若出家人犹嗜饮酒，啖食鱼肉，是则为行同于外道，而复不及……凡大慈者，皆令一切众生，同得安乐。若食肉者，一发众生，皆为怨对，同不安乐……但以一啖食众生，因缘能远离一切佛法，有如是种种过患，贪毒亦如是，瞋毒亦如是，痴毒亦如是，三毒等分，皆同过患，相与宜深自觉际，善思方便。"简单来说，就是吃酒肉无异于自掘坟墓。从那以后，僧人就开始戒绝荤腥了，但是在唐代，至少有一部分僧人还是可以吃鱼吃肉的，只要不是自己宰杀的。

民间的饮食种类非常繁多，诸如汤炙粥脍丸脯羹脔等等，还有我们今天所说的馄饨、饺子、包子、点心这些东西，都已经在那个时代出现了。比方说脍，说白了就是切成细丝的肉食，往往是生吃，当然也有熟着吃的。日本的生鱼片，究其渊源，与这个脍也脱不了干系。中国古代很盛行吃脍，据《酉阳杂俎》记载，唐代有一个人很善于切鱼片，他切出来的这个鱼片，"縠薄丝缕"。縠是纺织品，像布一样薄、像丝一样细，以至于你吹口气都能飘起来。而且他切的时候姿态优美，暗含节奏，"操刀向捷，若合节奏"，这的确是位高手。

蒸饼

唐人爱吃蒸饼。蒸饼是一种蒸制的发酵面点，类似于今天的馒头，在魏晋南北朝的时候十分常见。《晋书》记载说何曾嘴很刁，他家做蒸饼，蒸饼上"不坼作十字不食"，意思是蒸饼上如果没有蒸出个十字开花来他不吃。咱们自家蒸馒头，有时候发酵发得比较好的话，也能蒸出那十字大开花来，何曾就是只有这样的馒头才吃。那时候的蒸饼也有带馅的，《朝野佥载》还曾经记载过这样一个故事，武则天时期有一个大臣叫张衡，好不容易快熬到三品官了，结果一失足成千古恨。有一天退朝后，他走在路上看见一个小店卖刚出笼的蒸饼，一时没忍住，他买了一个，骑在马上边走边吃，结果让御史给看到了。要知道，唐朝的御史是很厉害的，可以直接对皇帝负责并监察百官，不光监察政绩，连私生活也在监察范围内。活该他倒霉，让这个御史撞见后，马上就弹劾他：你看你身居高位穿着朝服，骑在马上啃着蒸饼，这不像话嘛。结果武则天大笔一挥，“流外出身，不许入三品”，高干晋升不成了，这就叫“一个蒸饼引发的血案”。

蒸饼到了宋代以后改了个名字叫炊饼。一说这个估计大家马上就想到武大郎了，武大郎卖炊饼，卖的其实就是蒸饼。为什么要改名呢？据宋代《青箱杂记》里记载，因为宋仁宗叫作赵祯，祯和蒸是谐音，为了有所避讳，所以从此以后就把蒸饼改称为炊饼了。

羹汤

羹汤在唐代也深受欢迎，唐人喜欢吃羹，而且羹做得好与坏，是衡量厨师水平的一个重要标准。羹说起来容易，不就是把一些东西调和在一起上锅蒸煮嘛，可是刀工、火候、调料怎么样，越简单的饮食反倒越能体现厨师的水准。大家知道，今天经常用来考核厨师的一道菜——炒土豆丝，够普通吧？但是也足以衡量厨师的水准。唐代的羹也是一样。

王建的《新嫁娘词》中描述了这样一位新嫁娘：“三日入厨下，洗手作羹汤。未谙姑食性，先遣小姑尝。”按照唐代的礼俗，新娘子进门前三天可以不干活，但三天以后，厨房里的活儿就都是她的了。这位新妇在婆家下厨做的第一道菜就是一道羹，做好了之后，她要端给婆婆品尝，可是“未谙姑食性”，这个姑可不是姑姑而是婆婆的意思，唐人把公婆称为舅姑。她不了解婆婆是什么口味儿，于是“先遣小姑尝”，干脆先让小姑子尝尝，看看合不合婆婆的口味。你看这战战兢兢的样子，这是羹汤的故事。

烹饪方式

有关烹饪方法，这里顺便说一下，“炒”这种中国特有的烹饪手段的起源尚有争议，唐代有没有炒菜还是一个有待考证的问题。先秦以及秦汉时期，烹饪方式主要是蒸、煮、熬、烤等。在“河北省南水北调工程文物保护成果展”中，有一幅根据汉代画像石复原的《汉代庖厨图》，挺有意思。

← 汉代画像石《汉代庖厨图》复原局部

我们在上页局部图中可见猪头、猪腿、鸡、兔、鱼等各种畜类、禽类、野味，还有忙着汲水、烧火、劈柴、杀猪宰羊、切菜、穿肉串的不同人物。其中的猪看起来有点野猪的感觉，毛长，嘴巴长，就我所看到的画像砖、壁画而言，汉代的猪很多都是这个样子，也许汉代对猪的驯化程度还远远落后于现代吧。从这几张图中可以看到蒸、煮、熬、烤各种烹饪手段，但是唯独没有“炒”的身影。

北魏贾思勰《齐民要术》中二十多次提到“炒”，有人据此认为起码在北魏已经有了炒菜，但原字是“煼”，这个字可以通“炒”，也可以看作是熬的意思。仔细看这二十多处“炒”，可以发现除了“炒鸡子法”“鸭煎法”中的“炒”分别与现代意义的“炒”“干煸”类似，其余皆为“熬”的意思，符合《广韵》中“煼，熬也”的记载。也就是说，即便北魏时期有了炒，也只能说有，但并不流行，隋唐也不例外。直到宋代，“炒”这种烹饪技法才开始普及，浦江吴氏《中馈录》中的“肉生法”，与现代炒肉片已经十分相似。相应的，炒锅也是出现于宋代。宋以前没有专门的炒锅。

植物油也是到了中古才得以大量运用于烹饪。中古以前所说的“油”绝大多数指植物油，开始主要是照明和制作器物之用，当作烹饪用油的确出现得比较晚。动物油被称为“脂膏”，《释名》云：“戴角曰脂，无角曰膏。”动物有角其油叫脂,无角如猪狗其油叫膏。《礼记·内则》郑玄注：“脂，肥凝者，释者曰膏。”这又是一种说法。

汤饼

北方人都爱吃面，汤饼就是唐代对面条的称呼。唐人无论贵贱都喜欢吃汤饼，汤饼其实就是我们俗称的汤面条。到了夏天，天气热不能吃这种汤面条了，就改吃冷面，这个冷面在当时有个称呼叫作冷淘。唐代的衙门里面是有食堂的，而食堂常年都要预备着汤饼，或者是冷淘，这是规定。不要觉得汤饼就是现在陕西的著名小吃羊肉泡，还真不是，至少在元代以前，咱们还没有羊肉泡这个东西。

饺子

我们再来说说饺子，下面左图是新疆阿斯塔纳出土的唐代的饺子实物。大家可以看到，这个饺子和现在的饺子也没多大的区别，外形上几乎是一模一样的，而且能看得出里面馅还不少，很饱满。

← 左图：新疆阿斯塔纳出土的唐代的饺子

← 右图：新疆阿斯塔纳出土的唐代的杂果子

点心

唐代把点心称为果子，这个传到了日本，在现代日语当中把点心就叫作果子，日式的点心是和果子，西式的点心是洋果子。上面右图中是新疆阿斯塔纳出土的唐代的杂果子。所谓杂果子，翻译成现代汉语就是花式点心。这个点心的外形，与现在糕饼店卖的也没多大区别。

饮酒

大家知道中国自古以来有着悠久的酿酒历史，可是我们中国的酒从来都是粮食酿造。到了魏晋南北朝以后，中国酒的种类开始丰富起来，尤以引入了葡萄酒为代表。《唐国史补》记载说，当时天下有郢州的富水、乌程的若下、荥阳的土窟、春富平的石冻春、剑南的烧春、河东的乾和薄萄、岭南的灵谿博罗、宜城的九酝等，这些都是当时的名酒。后面还提到了一个三勒浆酒，三勒浆是从波斯传来的一种酒，这里就提到了葡萄酒。

葡萄酒在唐代也是深受欢迎的一种酒类，自北朝时期开始进入中国，是当时丝绸之路上的重要商品之一。唐人喜欢喝葡萄酒，连僧人也不能免俗。尽管清规戒律当中禁绝僧人饮酒，僧人便改喝葡萄浆、葡萄汁。玄奘就记载过他曾喝过葡萄汁，可见葡萄酒在当时受欢迎的程度。

你看李白笔下有多少关乎葡萄酒的佳作，《少年行》中“五陵年少金市东，银鞍白马度春风。落花踏尽游何处，笑入胡姬酒肆中”，他到胡姬酒肆喝的酒一般都是葡萄酒。

大家都知道那一首著名的《凉州词》：“葡萄美酒夜光杯，欲饮琵琶马上催。”葡萄美酒是舶来品，夜光杯也是舶来品，这正是唐朝多元文化的一种体现。

下面我们来探讨一个重要的问题，那就是唐代有没有白酒。李时珍说：“烧酒非古法也。自元时始创其法，用浓酒和糟入甑，蒸令气上，用器承取滴露。凡酸坏之酒，皆可蒸烧。近时唯以糯米或粳米或黍或秫或大麦蒸熟，和麴酿瓮中七日，以甑蒸取。其清如水，味极浓烈，盖酒露也。”（《本草纲目》卷二五）李时珍所描述的就是现代常见的白酒，又名火酒，取其浓烈入喉如火烧的意思。元代还把白酒叫作阿剌吉酒，《雍熙乐府·一枝花·咏烧酒》中记载：“甜甘甘甜如蜜脾，萃浸浸萃似姜汁，若旛，到席，黄封御酝都回避，鞑靼家呼为阿剌吉，声播华夷。”这是一个外来语，也暗示中国白酒制作技术来自域外，由此可见唐代是没有蒸馏酒的。

现在有些白酒广告动不动就把自己的历史推到一两千年甚至三千年以前，中国的白酒也就是蒸馏酒真的有那么长时间的历史吗？尽管李约瑟等国内外学者认为西夏或者唐代已有蒸馏白酒，但我还是倾向于李时珍的记载，即元以后才有蒸馏白酒。唐代有“烧酒”一词，也有“白酒”一词，有关杜甫之死，正史本传中均记载是死于公元770年夏，在耒阳被水困数日，聂县令送“牛肉白酒”，杜甫吃得过多而死（郭沫若《李白与杜甫》认为其死于食物中毒。冯至《杜甫传》指出杜与聂并未见面即离开，770年冬尚有诗作，足见并非死于牛肉白酒，而是半年后卒于潭岳之间。正史说法来自《明皇杂录》之误记）。很多人据此认为唐代有蒸馏酒，问题是古人用词从来不求概念精准，此处烧酒究竟指浓度比较高的酿造酒还是现代意义的白酒，论述者并没有明确的证据来说明。还有说法，指唐代烧酒是通过慢慢加温的方式给酒脱糖杀菌，与今天的烧酒没有关系。至于唐人嘴里的“白酒”一词，很可能指的是颜色发白的米酒。另外还有一种可能，白指的是清澈，例如“白开水”，其实不就是水嘛。

有关元代以前中国已有蒸馏酒，最重磅级的论述来自英国著名学者李约瑟《中国科学技术史》第四卷。在这本书里，李约瑟注意到了甘肃瓜州县榆林窟第3号窟内的一幅西夏壁画，就是下面这幅图：

在这幅图中有一个塔状物，被李约瑟认定为目前已知中国最早的蒸馏器，旁边的管状物被认定是蒸馏器的冷凝管，进而得出结论：这是一个制作白酒的场面，中国起码自西夏已有白酒。试想一下，要是西夏已有白酒，西夏距离唐朝很近，按照技术发展规律来说，如此大型的“蒸馏器”必须有一个从低级到高级、从简单到复

← 甘肃瓜州县榆林窟第3号窟出土的西夏壁画局部

杂的过程，那么要说唐代已有蒸馏酒也就很有可能了。但是争议始终存在。李约瑟是著名的学者，他的《中国科学技术史》也是一部皇皇巨著，他的学养和见识举世罕见，这一点要承认。但是李约瑟的很多研究成果也并非毫无瑕疵，常有批评者认为他有时下结论过于仓促，有关这个“蒸馏器”的结论也是有问题的。要知道，这幅壁画只是3号窟壁画的一部分而已，而左面这幅壁画恰恰是上图对面墙壁上的，但是被李约瑟忽视了。我们可以看到，这幅图也有与上图中几乎一模一样的塔状物，但却冒出烟（蒸汽），而且也不见所谓冷凝管，因此有人说这两幅壁画描绘的不过是一对蒸笼罢了。

→ 甘肃瓜州县榆林窟第3号窟出土的西夏壁画局部

有关这个问题，推荐大家看看黄时鉴先生的《阿剌吉与中国烧酒的起始》和《中国烧酒的起始与中国蒸馏器》这两篇文章（黄时鉴：《东西交流史论稿》，上海古籍出版社1998年版），他坚信李时珍的记载，认为元朝以前有关“烧酒”的材料皆不能明确肯定为蒸馏酒。李华瑞《宋代酒的生产和征榷》指出南宋已有制作蒸馏酒的“烧器”，即蒸馏器，而且认为中国蒸馏器的制作工艺是继承商周甑釜的传统工艺而来，不是受西域影响。黄先生承认中国很早就有蒸馏器，他注意到了马承源《汉代青铜蒸馏器的考察和实验》（《上海博物馆集刊》第6期）有关汉代蒸馏器的论述，但认为那时的蒸馏器很简单，而且主要是用于道教和巫术活动，取其露雾而已，认为有蒸馏器就一定会被用来制作白酒毫无疑问是一种不足取的思维模式，强调它在元朝才用于制酒，并且有较大改进。在这里简单谈一谈我对中国古代技术发展的看法。中国古代有技术无科学，所以中国古人虽然非常聪明，有很多伟大的发明（中国伟大的发明远不止四大发明那么简单），但极少上升到理论层面，而且技术阶层保密现象严重，“教会徒弟饿死师傅”，所以技术阶层内部也缺乏对话的平台，这样就导致各种成果无法汇聚，进而上升到理论层面，而且容易失传。因此看待中国传统技术发展史上的各种成就必须坚持“点、线、面结合”的原则，要明了传统技术曾经达到过的高度（所谓各个“点”），又要顾及中国传统技术“经验科学”的特色以及私相传授的教育模式（所谓“线”），还要考虑这项技术是否得到发扬光大，并且转化成公共技术，从而对技术的发展和社会福祉产生重大影响（所谓“面”）。并非所有的技术成就都经历过点一线一面的历程，有时“点”永远是“点”，并没有对中国传统技术和全社会产生深远影响，这也就是我们经常慨叹古人某项发明无比高妙，进而又慨叹为何没有流传至今的原因。蒸馏酒的问题也是这样，即便中国古代真的有过蒸馏酒，那也不过是昙花一现，否则不会有博学如李时珍者也认为白酒是外来物的。

食糖

我国受到南亚影响的一种重要的食物原料或者说调料就是糖。唐以前中国古代有两种糖：自然糖和饴糖。什么叫自然糖？说白了就是蜂蜜。而饴糖是用粮食做的糖。我们经常说的麦芽糖就属于饴糖。

唐以前可能也曾有过蔗糖，但是炼制技术很粗糙，而且也没流传开，到了唐代，蔗糖炼制技术获得了突飞猛进的发展。这种技术是从印度传入的，当时印度人已经有很精湛的炼糖技术，所以唐朝的太宗和高宗时期，两次派人到印度去学习蔗糖的制作，学成后带回了砂糖和红糖的高级制作技艺。

大家应该知道，砂糖和红糖实际上是同根同源的。红糖其实是粗制阶段的砂糖，它并没有经过高度精炼，所以颜色发红，而砂糖是最终的产品。蔗糖的引入，使得唐代的甜食获得了很大的发展。到了唐朝中后期的大历年间，在四川一带甚至还出现了最早的冰糖。有关糖的问题，我推荐一本书——季羡林先生的《糖史》，这本书专门讲蔗糖传入中国的历史。这是季羡林先生的集大成之作，是一扇窗，虽然讲的是糖，但它实际上是向我们展示了中国和印度古代文化交流的全貌，是一部由小见大的、非常有功力的著作。

饮茶

茶是中国人的发明，西汉扬雄《方言》中称茶为“蔎”，东汉《神农本草经》称茶为“荼草”，但长期以来只是南方人的饮料罢了。陆羽《茶经・七之事》对其历史有详尽的记载。这种略带苦味的饮料实在难以引起习惯醇酒厚味的士大夫尤其是北方士大夫的兴趣。故魏晋名士虽多，但所咏诵者多是美酒，涉及茶茗者很少。

饮茶还曾一度成为北方人嘲笑南方人的“槽点”。那时南北方分裂，互相嘲笑乃是常事，也是个锻炼口才的好机会。南北各有一大批冬烘先生整日推演五行，力证本方为正朔。北方人骂南方人为“岛夷”，意即大海一围，长江再一横亘，南方形同一孤岛。南方人则称北方人为“索虏”，意思是带辫子的蛮虏。甚至连生活、饮食习惯也可以成为相互嘲笑的把柄，南方人秉承中原传统，称北方人为“腥膻”，北方人则嘲笑南方人喝茶。北魏后期梁朝大将陈庆之过五关斩六将攻入洛阳，白袍将从此扬名立万，但此君笨嘴拙舌，辩论中输给了北魏大臣杨元慎。杨在政治上不敢公开反对陈，故在口舌上争一时之快。其对话见于《洛阳伽蓝记》卷二“景宁寺”条，文曰：“元慎即口含水噀庆之曰：‘吴人之鬼，住居建康，小作冠帽，短制衣裳。自呼阿侬，语则阿傍。菰稗为饭，茗饮作浆……急手速去，还尔扬州。’庆之伏枕曰：‘杨君见辱深矣。’”从服饰、语言到饮食，杨元慎将南方人批了一个体无完肤。这其中就有讽刺南方人“茗饮作浆”，此茗即茶也。此时的茶俨然是南方人生活陋习的象征。

但此时变化已经在悄悄孕育。味蕾的欣喜从来都有个由直线到婉转的过程，香、甜、软、滑是味蕾的原始需求，唯有经过从求温饱、热量到求品味、意境的过程，味蕾才可能去欣赏苦涩中的醇厚、凛冽中的甘美、粗粝中的欣喜。吃腐乳、咂鱼头皆是如此。饮茶也不例外。隋唐之前中国文化经历了魏晋玄学的洗礼，“越名教而任自然”之风大盛，纵情山水成为时尚，隋唐时期的人们已经开始静下心来，细细品味自然界赋予的所有酸、甜、苦、辣背后的善意。

饮茶风气自唐中期开始蔓延全国。有这么个故事，说是南方有个老太太，带了些茶叶到长安来卖。因为北方人不喝茶，卖不动，于是老太太就采取了一个新的营销手段，她每天坐在一个市场的门口煮茶。大家知道唐人喝茶和今天不一样，是要把茶碾碎了，放在锅里煮而不是泡茶，还要加上一些作料，结果过往的人闻到味儿，都问这个味儿好香啊是什么东西呀？老太太说这个东西叫茶，从此以后长安的人便开始饮茶，然后逐渐蔓延到全国。

这种说法听起来太戏剧化，我认为另一种说法看来更靠谱。封演《封氏闻见记》卷六：“茶，早采者为茶，晚采者为茗。《本草》云：‘止渴，令人不眠。’南人好饮之，北人初不多饮。开元中，太山灵岩寺有降魔师大兴禅教，学禅务于不寐，又不夕食，皆恃其饮茶。人自怀挟，到处煮饮。从此转相仿效，逐成风俗。起自邹、齐、沧、棣，渐至京邑。城市多开店铺，煎茶卖之，不问道俗，投钱取饮。其茶自江淮而来，舟车相继，所在山积，色类甚多。”北方人饮茶风气起自山东，跟佛教的传播还有一定的关系。当时在山东有一位高僧在教人打坐坐禅，坐禅时有规定，第一是不能睡觉，第二是过午不食，不能睡也不能吃，在这种情况之下他鼓励人喝茶，因为他发现茶叶有一种提神的功效。结果他的这帮信众就逐渐把这种风气带到了整个山东地区，后来又传到长安，由长安再扩散到全国各地。不管怎样，唐代中期中国人才开始全民饮茶，这是一个事实。

《旧唐书》中曾经就唐代饮茶的有关风习，有过这么一段生动的描述：“茶为食物，无异米盐，于人所资，远近同俗，既祛竭乏，难舍斯须，田闾之间，嗜好尤切。”就是说茶是食物，与米和盐没有什么区别，老百姓一刻也不能离开它。

日本圆仁和尚《入唐求法巡礼行记》里面有三十四条有关喝茶的记载，他是在唐后期文宗、武宗时期游历中国的，他的记载可以反映出那时中国饮茶风气的浓厚。史料太多，我们只截取一部分来看：

（开成四年，839年）闰正月三日，当寺庆僧正入寺，屈诸寺老宿于库头官茶官饭，百种周足，兼设音声。

三月三日，相公于开元寺设斋，供六十余僧，舍钱七贯五百文，以充斋儭二色。斋后，天台山禅林寺僧敬文从扬州来，寄送本国无行法师书札一封，寄上圆澄座主书状一封。是敬文从扬州来，在路不逢圆载阇梨。乍到拟入开元寺，缘者门人不放入，移住崔家禅院。遣惟正慰问，兼赠细茶等。夜头，本国相公为遂海中所发之愿，于开元寺堂里点千盏灯，供养妙见菩萨并四天王。

（三月）廿三日，未时，刘慎言细茶十斤、松脯赠来，与请益僧。

（四月）七日卯时，子巡军中张亮等二人，雇夫令荷随身物，将僧等去。天暗云气，从山里行，越两重石山，涉取盐处，泥深路远。巳时，到县家都使宅斋。斋后，骑驴一头，傔从等并步行。少时，有一军中迎来云：“押衙缘和尚等迟来，殊差使人催来。”未时到兴国寺。寺人等云：“押衙在此，不得待迟来，只今发去。”寺主煎茶，便雇驴三头，骑之发去……到心净寺，是即尼寺，押衙在此，便入寺相看，具陈事由……啜茶之后，便向县家去。（以上出自《入唐求法巡礼行记》卷一）

六月八日，暮际，请益法师及惟正、惟晓等登寺，偶谒寺家。诸僧等卅有余，相看啜茶，夜宿闲房。

（开成五年三月）三日早朝，县长官使来，屈赴长官所相见。入州见录事，又入判官衙见判官了。从载门入参见使君，邀上厅里啜茶，使君手书施两硕米、两硕面、一斛油、一斗醋、一斗盐、柴三十根，以充旅粮。（以上出自《入唐求法巡礼行记》卷二）

从以上的记载中可以看到，茶已经是日常待客常用之物，这一点与今天已经别无二致。而且人们还注意到了饮茶与长寿之间的关系。《南部新书·辛》记载说：“大中三年，东都进一僧，年一百二十岁。宣皇问：‘服何药而至此？’僧对曰：‘臣少也贱，素不知药性。本好茶，至处唯茶是求。或出，亦日遇百余碗，如常日，亦不下四五十碗。’因赐茶五十斤，令居保寿寺。”这位长寿僧人每日需饮茶至少四五十碗，多时可至百碗。如此饮茶，绝对够得上《红楼梦》里所说的“牛饮”的标准了。唐代卢仝曾有一首名诗叫作《走笔谢孟谏议寄新茶》（《全唐诗》卷三八八）：

天子须尝阳羡茶，百草不敢先开花。

仁风暗结珠琲瓃，先春抽出黄金芽。
摘鲜焙芳旋封裹，至精至好且不奢。
至尊之余合王公，何事便到山人家。
柴门反关无俗客，纱帽笼头自煎吃。
碧云引风吹不断，白花浮光凝碗面。
一碗喉吻润，两碗破孤闷。
三碗搜枯肠，唯有文字五千卷。
四碗发轻汗，平生不平事，尽向毛孔散。
五碗肌骨清，六碗通仙灵。
七碗吃不得也，唯觉两腋习习清风生。

这首诗将饮茶数量及其感受一步步描写了出来，非常幽默有趣。

但是，婉转的滋味要想完全取代对香醇的直接索取，还是需要一个漫长的过程。魏晋隋唐饮茶是煮茶，将茶叶做成茶饼，煮前碾碎，法门寺地宫中出土的茶具中就有唐代鎏金壶门座茶碾子，精致华丽，这是皇家用的，普通人家用的就是铜的或是铁的。煮茶时还要加上许多佐料，“或用葱、姜、枣、橘皮、茱萸、薄荷之等，煮之百沸”（陆羽《茶经·六之饮》），所以此时“直线”与“婉转”还在一个碗中进行着激烈的争斗。到宋代出现点茶法，将茶饼碾碎搁置碗中，以微沸水冲点，这才接近现代沏茶。此时人们已经摒弃其他香料，开始品味茶叶自身的味道了。茶终于开启以一己之力主宰国人味蕾的时代。

→法门寺出土的唐代鎏金壶门座茶碾子

老百姓常说的“开门七件事，柴米油盐酱醋茶”，这一说法自宋代就已经有了。南宋吴自牧的《梦粱录》中记载：“盖人家每日不可缺者，柴、米、油、盐、酱、醋、茶。或稍丰厚者，下饭羹汤尤不可无。虽贫下之人，亦不可免。”茶叶的角色越来越重要，发展到唐朝后期乃至宋代，还成了政府财政收入的一大来源。而且我们知道，是由中国开始把饮茶的风气传播到了全世界，现在，茶已经成为可以和咖啡相提并论的国际流行饮料。

顺便提一下，关于饮茶，唐朝有一个重要的人物——写了《茶经》的陆羽，我想大家都知道。此人喝茶喝到一定的境界，被尊称为“茶圣”。

夜市

前面咱们说过，唐代城市没有夜生活，这主要指唐前期，也指的是制度层面。中唐以后，随着坊市制度的松弛，商品经济获得了突飞猛进的发展，这一点在饮食业方面也有体现。姚伟钧在《唐代的饮食文化》（《华中师范大学学报》1990年第3期）一文中说：“中唐以后，很多繁华的商业都市及农村集市上，夜间饮食业广泛出现，如汴州夜市是：‘水门向晚茶商闹，桥市通宵酒客行。’而南方地区的夜市更为突出，如扬州饮食业昼夜不绝的盛况，频见于文人笔下。金陵夜市也十分热闹，夫子庙地区、秦淮河畔的酒馆林立。最别具风情的要数苏州的夜市船宴，苏州人早有载酒泛舟之风，自白居易任苏州刺史，凿通山塘河，从此乘船宴游虎丘的风俗便走向民间，苏州船菜、船点就由此发展起来。清顾禄《桐桥倚棹录》曰：‘宴游之风开创于吴，至唐兴盛。游船多停泊于虎丘野芳滨及普济桥上下岸。郡人宴会与请客之在吴贸易者，辄赁沙飞船会饮于是。船制甚宽，艄舱有灶，酒茗肴馔，任客所指。’入夜，大小画舫，穿梭往来于河道上，船头灯笼高挂，舱内凭壶劝客，行令猜拳，热闹非凡，直到半夜。”

贫富差异

在唐代饮食问题上，贫富悬殊非常严重。富者食不厌精、脍不厌细，极尽精巧之能事，穷人则食不果腹、粗食度日，而且副食品种类相当少，腌渍食物在当中占据多数。《明皇杂录》曾经记载过唐玄宗时期贵族在饮食方面的奢侈，天宝年间，公主们争相地给皇帝进食，这个进食可不是吃饭的意思，而是指公主们给皇帝进献各种珍奇的食物。珍贵到什么程度呢？“一盘之贵盖中人十家之产”，这一盘子食物相当于中等人家十家的家产。多到什么地步呢？多到皇帝要专门任命一个叫袁思艺的宦官，担任了检校进食使，专门负责每天验收这些公主们送来的食物。

当时有个中书舍人叫窦华，他下朝的时候刚好遇见公主们来进食，那场面简直像一场大游行，人多得把街道都塞得满满的，挡住了窦华回家的路。于是他骑着马呵斥着，想把这个队伍给呵斥开，结果引起了那帮家伙的不满，态度很嚣张地拿棍子来打窦华。

关于富人的奢侈，在《封氏闻见记》中也有记载。唐代流行一种宴会，凡是新考中进士或者是小官当了大官了，就要大宴宾朋，称为烧尾宴。什么叫烧尾呢？在民间有两种说法：一种说法是老虎精变成人之后尾巴隐藏不了，要把尾巴烧掉才能真正变成人。还有一种说法是刚刚当官的人，在官僚队伍当中，就好比新羊来到了一个羊群当中，难免会受到排挤，这个时候用火烧新羊的尾巴，就可以把它的地位给稳固下来。这就是烧尾宴的由来。

《说郛》卷九十五记载过唐中宗时期一个叫韦巨源的官员宴请皇帝的烧尾宴食谱。比方说光明虾炙就是烤生虾；红罗丁是用肥肠和动物的血做的；巨胜奴是把面粉和上蜜糖及动物的油脂，然后油炸而成；贵妃红就是加红点的酥皮点心；甜雪就是把蜜糖用慢火烧炙；玉露团是奶酥雕花；格食是羊肉、羊肠、羊内脏加上豆苗一块儿烹煮；水炼犊是小牛肉微火慢炖；西江料是粉蒸猪肩胛肉屑；白龙就是鳜鱼丝；仙人脔是用乳汁煮鸡块；凤凰胎是鸡腹中未生的鸡蛋与鱼白（鱼胰脏）相拌快炒；小天酥是鸡肉和鹿肉剁碎后拌制；鸭花汤饼就是鸭汤面片；御黄王母饭其实是一种肉、鸡蛋、油脂调佐料的盖浇饭……因为这个食谱实在是太长了，我们只是选取其中的一部分来看，但仅此就已足以看出当时贵族饮食的奢靡。

此外，富家子弟也很挑食。《太平广记》里记载了一个故事，说晚唐时期有一个姓李的刺史，退职以后来到洛阳居住。他想起在洛阳曾经有一个帮助过他的贵人，很是感激人家，但是这个贵人已经不在了，于是乎他想请此人的几个儿子吃顿饭，聊表谢意。他知道有一个僧人跟这几个兄弟比较熟，于是拜托这个僧人代为邀请，僧人告诉他：邀请可以，但预先告诉你，那几个嘴可刁得很，你要有思想准备。刺史想：准备一桌精美的宴席，我还是能做得到的，你去请吧。吃饭这天，这几个贵族子弟来是来了，但很矜持，“俨若冰玉”，像冰人玉人一样不可接近。丰盛的宴席摆上来，哥几个就吃了点儿水果，主人使劲劝，好不容易尝点什么，脸上的表情就像吃药一样痛苦。主人非常尴尬，回去之后就找到僧人，想让他帮着打听一下，为啥人家不吃他准备的食物。那僧人说：你看你看你看，让我说着了吧，这几位挑着呢。僧人就去问那几位了，说人家给你们精心准备了那么好的食物，你们为啥不吃啊？结果这几位说那家食物里有炭气。怎么回事呢？原来李刺史家里做饭用的燃料是炭，要知道平常人家是用柴的，用炭本身已经很奢侈了，就这都不行，用炭他们都觉得这个炭用得不到位，要用炼炭才对。什么叫炼炭？让这个炭先空火烧一会儿，把这个炭气炼没了再用它来烹饪，这样烹制的食物才能吃。对食物挑剔到这种程度真是不可思议。

这个故事还有后话，黄巢起义军打到洛阳的时候，这几个贵族子弟落荒而逃，跟着那个僧人跑到山里去了。他们三天没有吃任何东西，穷困潦倒，最后终于出山了，看见路边有个乡野小店卖脱粟饭，脱粟饭其实就是用粗粗舂捣过一次的粟做的米饭，那个是下等人吃的很粗糙的一种食物。僧人还有一点儿钱，于是买了一点儿脱粟饭放在土做的杯子当中(土杯估计是指陶杯)，拿过来给这几个兄弟吃，这几个狼吞虎咽，吃得真是香啊。吃完之后这个僧人问了一句：今儿这饭不是炼炭做的，你们觉得咋样？能吃不？他们听后惭愧无比，低头不语。

相比之下，穷人的饮食就非常可怜了。日本僧人圆仁写的《入唐求法巡礼行记》中对此有过描述。他说山东登州有一个县，爱吃盐茶粟饭，食物粗硬，涩吞不入，吃即胸痛。圆仁吃米吃惯了，他吃不了那种粗硬的粟饭，一吃胸口就疼。当地人既不煮羹汤，也不吃热菜，来了客人就上干饼凉菜。当时的平民最常吃的副食以腌渍类食物为主，因为这种食物便宜而且容易保存。

唐代饮食有一个重要特点：在平民饮食当中，酱占据绝对的主导地位。北魏时期贾思勰的《齐民要术》中把酱放在了所有食物的首位。唐代《四时纂要》也是酱占了很大的比重，而且其中还第一次出现了关于酱油的记载。看多了唐代的史料就会发现，唐人有一个语言习惯，把酱作为平民饮食的一个代称。比如《旧唐书》卷四十八记载，长庆年间的一道诏书上这样写道："犯盐禁者困鞭挞之刑，理生业者乏蚕酱之具。"什么叫蚕酱？蚕指纺织，酱就是平民饮食的意思。《翰苑集》卷十九也说过，在给军队的补给当中，包括"蔬酱之资"。《新唐书·兵志》中的"给神策军药茗蔬酱之给最厚"。《唐会要》也有这种说法，说给团结兵的补给："日给一身粮及酱菜"，按人头给粮还要给酱菜，也就是说酱菜是那时候士兵和平民饮食的代名词。这个不仅是在唐代，中国古代一直存在这个现象。

咱们再举一个例子，苏轼曾经写过一个《滑稽帖》，里面有个笑话叫《河神所悔》。说宋代的时候有一位王状元，在他还没有考上状元的时候，很是落魄。有一次喝醉了掉进河里，结果被河神给救了上来，王状元问：你为什么要救我啊？河神说：公有三百千料钱，若死于此，何处消破。什么叫三百千料钱？我们知道当官当到一定程度，朝廷是要给发饭钱的，三百千料钱是宰相级别的。这番话的意思是说你以后能够当大官，要是现在死在这儿，那三百千料钱给谁呀，所以说我要救你。此人果然第二年高中进士，从此飞黄腾达。有一个屡考不中的书生，听说这个事情之后，也来到河边扑通跳进去，结果河神把他也给救了出来。他大喜，问河神：我能有多少料钱？河神却说：你多少料钱我不知道，我光知道你以后还有三百瓮黄齑没有吃呢。所谓黄齑就是切碎了的咸菜，这种菜就是平民饮食的象征。老百姓哪里能吃到那么多的肉，连新鲜蔬菜也最多就是夏季能吃点，从夏季就要开始准备制作过冬的酱菜了。

虐食

当时贵族中还流行一种很不好的风气——虐食。什么叫虐食？吃动物的肉也就罢了，有些人还喜欢用残忍的方式来杀死动物。武则天的面首张易之和张昌宗就好干这样的事情。张易之曾做了一个大铁笼子，把鹅、鸭关在里头，笼子里面放一个铜盆，铜盆中盛放的是调料汁，又叫五味汁，笼子底下生上炭火，鹅、鸭被炭火烤得受不了，它就要去喝那个五味汁，这样调料逐渐进入它体内，笼中的鹅、鸭最后被活活烤死，然后他再吃它们，这就叫虐杀。他的兄弟张昌宗也是这么干的，不过他是用这种方式来吃驴肉。他们还有个兄弟张昌仪也是这样，此人更为变态，他把狗钉在木橛上，然后让鹰来把狗活活啄死。他不吃，而是特别喜欢听动物临死前的那种惨叫。据说张易之有一次走在路上突然想吃马肠，于是乎马上划开自己随从的马肚子，把马肠就直接取出来了。这就叫虐杀，这是一种变态行为，是人性中极为阴暗的一面。

张昌宗、张易之等人是否有这样的行为当然可以存疑，因为他们在史料中历来被作为负面人物加以描述，毕竟史书是胜利者书写的，但不可否认的是我们中国人自古的确有这种虐杀动物的行为。例如宋代洪迈《夷坚志》丁卷一：“韩庄敏丞相（韩缜）嗜食驴肠。每宴客必用之，或至于再三。欲其脆美，而肠入鼎过熟则糜烂，稍失节则坚韧，庖人畏刑责，但生缚驴于柱，才报酌酒，辄旋刺其腹，抽肠出洗治，略置汤中，便取之，调和五味以进。而持纸钱伺于门隙，俟食毕放箸无语，乃向空焚献焉。在秦州日，一客中席起更衣，自公厨傍过，正见数驴咆顿柱下，皆已刳肠，而未即死，为之悚然。客生关中常食此肉，自此遂不复挂口。”正是这位丞相对驴肠口感的极度苛求，才导致厨师采取了这样一种变态的烹调法，即先把驴绑在柱子上，等到宴会上客人们开始喝酒传杯之时，才活活剖开驴腹取出肠子洗净做菜，而驴往往不会立刻死去，痛苦挣扎、哀号不已，活脱脱一副地狱景象，甚至吓得客人从此再也不吃驴肉了。

宴饮

我们再来看看唐代的宴会模式。唐以前是席地而坐，所以宴会多为分食制，即每人有几，单独进食，符合卫生之道。在下面的河南省新密市打虎亭东汉壁画宴会图中，可以看到汉代分食制的宴会。像这样席地而坐、一人一案的宴饮场面，在汉墓壁画、画像石和画像砖上经常可以看到。

← 河南省新密市打虎亭东汉壁画宴会图

《史记·孟尝君列传》里也有分餐制的佐证：战国四君子之一的孟尝君田文广招宾客，礼贤下士，平等对待前来投奔的数千食客，无论贵贱，都与自己吃同样的食物。一天夜里，田文宴请新来投奔的侠士，有人无意挡住了灯光，有侠士以为自己吃的饭与田文两样，一时间怒火中烧，起身就要离去。田文赶紧端起自己的饭菜给侠士看，原来他所用的也是一样的饮食。侠士愧容满面，当下拔出佩剑自刎，以谢误会之罪。

下面引用2014年3月3日《东方早报》对中国社会科学院考

古专家王仁湘的采访内容：孔子曾说，席不正不坐，割不正不食。古人都是席地而坐，设席每每不止一层。紧靠地面的一层称筵，筵上面的称席。筵席之称，由此而来。进餐方式除了席地而坐外，有身份的贵族凭俎案而食。后来我们常说的“举案齐眉”的案就是这个。在山西襄汾陶寺龙山文化遗址中，出土了一些用于饮食的木案。木案平面多呈长方形，长约1米，宽约30厘米，木案下方有木条做的支架，高度仅15厘米左右。木案出土时，案上还放有多种酒具。在遗址中还发现了与木案形状相近的木俎，也是长方形，略小于木案。俎上放有石刀、猪排或猪蹄等，这应是放置祭祀牲畜的祭俎。在夏商时期墓葬中也发现有俎案出土，这些俎案由木、石、铜等各种不同的材质制作，木质多施以红色，再以白、黄、蓝、绿等色绘上图案，石质、铜质多保持材质本色。

王仁湘认为，以小食案进食的方式，最晚在龙山文化时期便已出现。陶寺遗址的发现，不仅将食案的历史提到了4500年以前，而且也指示了分餐制在古代中国出现的源头，古代分餐制的发展与这种小食案有着不可分割的联系，小食案是礼制化的分餐制的产物。

可这似乎与后世中国人热热闹闹围桌会食的聚餐传统有些不一样。变化究竟发生在何时呢？王仁湘认为，会食制应该出现在唐代引进胡人的高桌大椅之后，“中国古代饮食方式的改变，确实是由高桌大椅的出现而完成的，这是中国古代由分食制向会食制转变的一个重要契机”。唐代时椅子就已经很流行了，“敦煌473窟唐代宴饮壁画，画中绘一凉亭，亭内摆着一个长方食桌，两侧有高足条凳，凳上面对面地坐着九位规规矩矩的男女。食桌上摆满大盆小盏，每人面前各有一副匙箸配套的餐具。这已是众人围坐一起的会食了。”

敦煌第473号窟唐代宴饮壁画的摹本

这里说句题外话，上面这幅壁画中男女同桌而食，我们知道，一直到现在，某些地方尤其是农村，女人还是不能在宴会上桌就餐的，这是历史上歧视妇女的产物。但是这幅壁画向我们证明了唐代是没有这样的“规矩”的，这大约也可以看作是唐代妇女地位比较高的一种体现吧。

坐床之外，唐代还出现了作为承载具的床(如下图所示），食物摆放其上，已经具备了会食雏形，只是还没有所谓的八仙桌。

陕西长安南里王村出土的唐墓壁画

唐代餐具包括筷、匕、碗、盘、碟、盆、槅、洗、钵、杯、耳杯、盏托、酒樽、酒壶、酒盏、酒杯，等等。

咱们重点说一下筷子，筷子又称“箸”，先秦时就已经广泛使用，多为竹木制品，也有青铜质地的。据《文物》1980年第8期记载，在安徽贵池里山徽家冲窖藏出土有青铜箸一双，由于已经腐蚀，两根铜箸长短不齐，平均为20厘米，经考证为春秋晚期之物。下面两张图是甘肃嘉峪关出土的魏晋七号墓壁画中使用筷子的场景：

甘肃嘉峪关出土的魏晋七号墓壁画

西汉长沙仰天湖、湖北江陵凤凰山等遗址也有铜箸、竹箸出土，甘肃酒泉夏河青也出土东汉铜箸一双。但是，青铜筷后来逐渐淡出。《医心方》卷十七《养生方》记载：“铜器盖食，汗入食，发恶疮、内疽。”铜氧化就会产腥气，难以进食，而且长时间使用这种锈蚀筷子会引发重金属中毒，所谓“恶疮”指的大概是重金属中毒引发的多发性神经炎，故铜箸渐渐为银箸所替代。隋代长安李静训墓出土的一双银箸，长29厘米，是我国迄今为止考古发现最早的银箸。

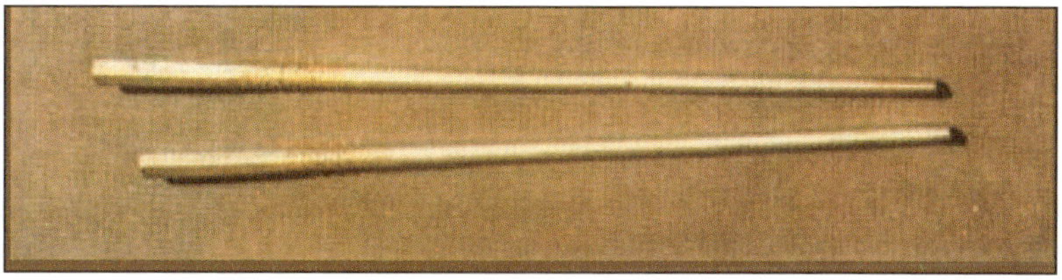

隋代长安李静训墓出土的银箸

唐代银筷出土较多，比如河南洛阳涧河、陕西耀州区背阴村、河南偃师杏园村、江苏丹阳丁卯桥等地都有出土。

阅读思考

唐代文化的多元化在饮食当中有什么样的体现？

参考文献

1. 李斌城. 隋唐五代社会生活史[M]. 北京：中国社会科学出版社，1998.

2. 王赛时. 唐代饮食[M]. 济南：齐鲁书社，2003.

第六讲

隋唐人的住

这一讲，我们说说隋唐人的住，也就是有关隋唐人的住房、家具等的一些情况。就我个人而言，在中国古建筑当中我最喜欢的是唐式风格。首先我们来说说隋唐建筑的特色。

唐代的建筑特点

其一，唐朝的建筑基址都相当恢宏，建筑个体也很高大，充分体现了唐人简约大气的审美观点，这是唐式建筑的一个迷人之处。清代顾炎武的《日知录》里曾经记载了自己的所见所闻。要知道顾炎武是清初的人，他所能看到的唐代遗址远比我们现在能够看到的要多。他说走遍天下，但凡是原来唐代的旧址，所见到的城墙必然非常宽广，街道一定宽且直，屋宇的基址也非常宏大，文字之间可以感受到顾炎武对此的欣赏。他提到“宋以下所置，时弥近者制弥陋”，意思是说唐代建筑多宏大漂亮，宋以后就不行了。历史可以由小见大，审美观能够直接反映一个时代的精神面貌。唐人那种宏大、自由奔放的思想，也体现在他们的建筑理念上。宋代以后中国人的性格走向了内敛，所以建筑变得日益精致，但却失去了那种自由奔放的气质。

其二，唐代建筑群的布局日趋合理。当时关注的已不仅仅是建筑个体的美观，而是整个建筑群的部署。这一点在大明宫、太极宫、华清宫的建筑群当中得到了充分的体现，这些宫殿遗址错落有致、布局合理，已经有了一定的园林化色彩，单体的木质建筑已经解决了大面积大体量的技术问题，并且已经定型化。大明宫的麟德殿总面积五千余平方米，是今天故宫太和殿的三倍，建筑技术相对来说也比较成熟。我们来看大明宫麟德殿的复原图(见下页)，这间大殿面阔十一间，进深十七间，减去中间一排柱子，使得大殿看起来更加宏伟。麟德殿在大明宫当中也是主要建筑之一，它是一个国宴厅，能同时容纳三千人。因为它的面积太大了，以至于不能修一个完整的大屋顶，那时候还没有解决大跨度屋顶的技术，最后只好给它修了三个屋顶连在一起。应该说，唐代的建筑技术，是中国木建构技术走向成熟化的一种标志。

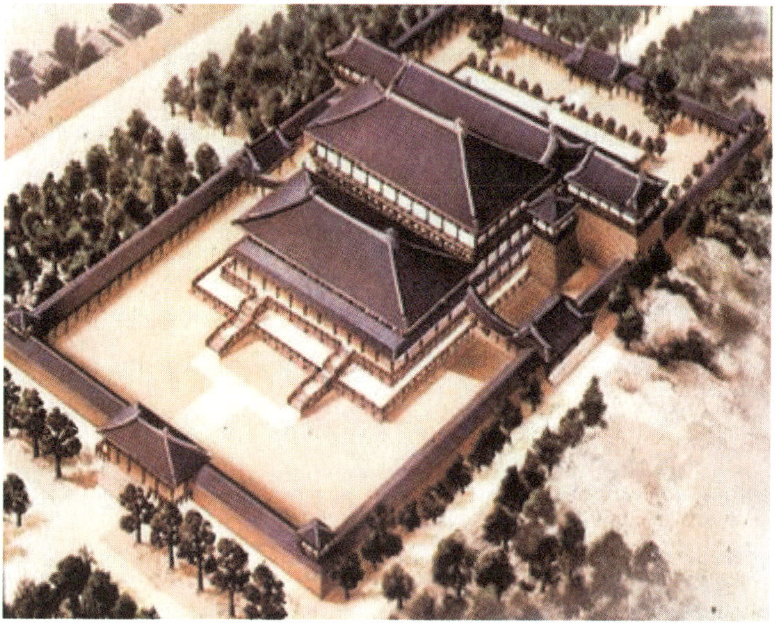

大明宫麟德殿的复原图

其三，唐代建筑的外观庄重大气。唐代的屋顶很特别，它比较浅，但是出檐深远，挑檐非常大，而且有着雄壮的斗拱，这跟宋代以后不一样。宋代以后的中国建筑，挑檐在不断地内缩，就跟中国人的性格一样也在不断地变得内敛。为什么唐代以前的中国建筑都有出檐深远这个特点呢？这是因为从先秦时期直到隋唐的中国古建筑中，很多民居民宅的墙不是砖墙，而是泥墙，这就存在一个问题——下雨的时候，出檐如果距离泥墙太近的话，滴下来的水会把泥墙给打透，危害到房屋的安全。而且看起来出檐深远的房子也显得比较飘逸潇洒。下页这张图是国内仅存的唐代木结构建筑之一，系山西五台山佛光寺东大殿一角的照片，可以清晰地看到其出檐和屋檐下的斗拱。

← 山西五台山佛光寺东大殿一角

其四，唐代建筑的装饰比较简约，我很欣赏这一点，这也是唐人性格的体现。唐代的建筑色彩运用相对简单，较少见那种雕梁画栋、绘制得特别精细华丽的风气，非常简约大气，比较符合现代人的审美观点。屋瓦多以绿色、黑色为主，大明宫的屋瓦就是绿色的琉璃瓦。门窗的样式也很简约，一般就是格栅。宋代以后的门窗已经发展成一门艺术了，设计与做工都非常精致美观，可是在我看来有些过于繁琐。电视上曾经播放过一个有关中国古建筑的专题片，其中就有一位建筑专家说了这么一番话：宋代以后中国人的艺术审美走向了一种繁复化，非常重视细节的描绘，但是总体上失去了那种自由奔放的气质。对此我深表赞同。

现在谈唐代建筑离不开佛光寺，它是我们失而复得的国宝。失而复得是什么意思呢？这里面有一个和梁思成、林徽因有关的故事。在中国大地上的唐代地面建筑，除了非木质结构的大、小雁塔，我们原本认为木结构建筑已经消失了。这曾经是普遍的观点，可是梁、林两位不相信。他们认定，在中国一定还有唐代木结构建筑存在。可是究竟在哪里呢？后来他们看到敦煌壁画中有一幅“五台山大佛光之寺”，受到启发——唐代的时候五台山有那么多佛寺，总该有一两个建筑能保留下来吧？

→敦煌“五台山大佛光之寺”壁画

于是他们真的去五台山寻找，却发现五台山核心地带的佛寺建筑都是明清时期的。虽然很失望，可他们没有放弃，继续往远处找，最终来到壁画当中所画的这个佛光寺，就有了一个惊喜的发现：尽管佛光寺中绝大多数建筑都是明清的建筑，但是东大殿很明显跟其他建筑不一样，一看就是唐代风格。

→五台山佛光寺东大殿

上面两幅图片是东大殿的近景，可以看到出檐非常深远，窗户就是我们提到过的格栅样式，色彩也非常简约。

梁思成和林徽因判断这个东大殿应该就是唐代的建筑，可是不能光说像就完了，要怎么证明呢？首先是他们在这个院子里发现了一块碑，这块碑是唐碑，记载了捐钱修建这个建筑的人是一个叫宁公遇的女施主。这块碑的确能证明唐代此地曾有人大兴土木，可如何断定就是东大殿呢？

带着疑问，又过了几天，林徽因终于有了重大发现。她是远视眼，在大殿里到处转的时候，隐隐约约觉得大殿上面的大梁上有字。听说后梁思成就搭了脚手架上去看，经过长时间的辨认之后，终于发现写着“宁公遇”三个字，这下就跟院子里的碑对应起来了。这就确凿无疑地证明：碑也好，建筑也好，都是唐代的建筑，大殿里面的佛像也是唐代的原作。

左图：林徽因在佛光寺的工作照

右图：林徽因和大殿内宁公遇的塑像合影

当时梁思成和林徽因认为，这是中国仅存的一个唐代建筑。其实后来我们又在五台山发现了一座南禅寺，里面有一座修建于唐代建中年间的小佛殿，比梁、林发现的东大殿还要再早一些。国内现在可确认的唐代木结构建筑已有三座，它们的建筑特点包括屋顶浅、出檐深远，装饰简单，简约大方。我们还可以把南禅寺的佛殿与西安明代修建的南门城楼做一比较。一经对比，你就会发现这两者有很明显的不同。

→五台山南禅寺中的唐代小佛殿

→西安明代修建的南门城楼

唐代的官衙建筑

唐代官衙建筑有个特点：中央各政府机构都比较小，而地方州县级政府衙门都比较大。这当然可以理解，京城里办公机构林立，寸土寸金；地方州县衙门自然是由着它占，所以面积就比较大，一般要包括数重门。大家知道，中国的古建筑群但凡稍微够点级别的，门都不止一个，这就是所谓的排场。此外还有厅堂、寝室、诸曹司的院落，还要有马厩、仓房、鞠场。鞠场就是球场，唐人好蹴鞠、爱打马球，这是他们非常重要的娱乐活动，所以一定要有鞠场。

《全唐文》中有一篇《袁州厅壁记》，袁州就是今天江西的宜春，它记载了唐代宜春地区州衙的大致情况。这个衙门包括州司使院、武厅、球场、上供库、甲仗库、鼓角楼、宜春馆、衙堂职掌、三院诸司等，一共有六百多间房。由于州衙内夜里会有官员轮值，所以还有值班住宿场所。工作餐也在官衙内解决，就是我们提到过的“会食”。相对于唐代一般老百姓的一日两餐，政府衙门中午还供应一餐，所以说唐代官员的福利还是不错的。

唐代的民居建筑

唐代民居不论贵贱，其基本格局相差不大，都以四合院为主。但是，唐代的四合院跟我们今天所看到的北京明清四合院不大一样。明清以来的四合院比较方正，唐代的四合院则比较狭长。这一点很有意思，现在陕西农村的民间建筑还具有这个特点，比如陕西韩城党家村就是属于那种比较狭长的四合院，这大概也是某种唐风的遗存吧。这种四合院都有一条中轴线，左右对称。在西安市中堡村曾经出土过唐代的三彩房屋明器，其中就包括了大门、前厅、中堂、后院、正寝，而且两边各有三处廊屋，后院还有玩赏用的假山、凉亭。我们知道明器是给死人陪葬用的，而房屋明器就是仿照死者生前的住房制作的模型。从图中可以看得出这是一处典

西安市中堡村出土的唐代三彩房屋明器

型的唐代中上等人家的民居。

唐代其他达官贵人住的房子格局基本跟这个也差不多，无非是房子更高大、更多、更漂亮，或者是院落中有花园、池塘，更豪华一些。下图是西安市博物院馆藏的唐代三彩房屋模型，与前面那组对比来看，基本格局大同小异。厅堂一般是主人会客和宴饮的地方，唐人在装修房子的时候，一般都会把大笔费用花在中堂的修建上。这个现象的背后关乎面子，中国人都好面子，来了客人一定要引到最好的房子里去，所以中堂就被建成房子里最好的那一间。中堂后面是正寝，正寝才是主人一家起居的地方，旁边的廊屋则用来供亲属和客人居住，这就是唐代民居四合院的基本情况。

→ 西安市博物院馆藏唐代三彩房屋模型

唐人的居住面积

现在的中国人大学毕业以后都存在一个成家立业的问题，对大多数人来说，成家有一个必须的前提条件——买房。住房面积，则是大家买房时首先考虑的问题。我们也来关心一下唐人的居住面积。

唐代也分耕地和宅基地，《唐六典》中曾经对老百姓的宅基地有所规定：唐代把老百姓分为良口和贱口。良口即良民，三人以下给一亩，三人以上如果再增加三人，再加一亩；贱口即贱民，五人给一亩，每增加五人再给一亩。但实际上，房屋的面积跟法律规定肯定会存在很大的出入。比如在敦煌出土的文书S4707号《马法律宅舍测量》当中，记载了一个叫马法律的人，他家要卖宅院，找了个中保来测量面积，最后测量的面积大约相当于一百三十四平方米，远远达不到《唐六典》的规定。达官贵人要占地的话，占数十亩甚至上百亩也不成问题。大家可以想象一下，屡见不鲜，人家有权有势嘛。所以房屋面积这个事情，法律规定是法律规定，实际执行是实际执行，是两回事。

唐代的卫生设施

“起床第一件事是啥？上厕所！”这是已故老艺术家赵丽蓉在小品《英雄母亲的一天》里的经典台词。我们在前面说了污水处理，也得谈谈唐代的厕所。下面这幅图片是陕西历史博物馆馆藏的唐代明器，显而易见是一个厕所。

左图：陕西历史博物馆馆藏的唐代明器——厕所

右图：《华商报》刊登的西安出土的唐代厕所模型

《华商报》曾登载一则消息：2012年在西安出土了唐代的厕所模型，其造型与今日农村所用的旱厕差不多。它没有屋顶，但是有围墙，一面有门，蹲坑前放置长条瓦片，以免污物外溅。蹲坑正对墙上有方形孔，推测是为了上厕所的人能够看到外面，如发现其他人想进入厕所时，厕所里的人就会发声阻止。

这里顺便说一句，中国人对粪肥的态度决定了中国城镇和农村的卫生状况。在明清以前，中国城镇、农村的卫生不算差，尤其是粪肥都能得到及时处理，不是那时候的中国人更讲卫生，而是因为中国人很早就学会了使用粪肥增加地力，所以中国的土地始终保持着较高的地力水平。东亚将粪便视作重要的农业肥料而倍加珍惜，而西方对人粪的使用虽然也有记载，但并未实现大规模、系统化的使用，所以在中世纪史料中欧洲各大城市的气味成为突出的符号和人们抱怨的焦点。中世纪的巴黎甚至因为城墙下堆积的粪便和垃圾日渐增高而不得不加高城墙。但是在同时期中国的史料当中，这个现象似乎并不多见。城乡之间的生态平衡依靠农村向城市提供粮食和蔬菜，城市向农村提供人畜粪便加以维系。唐张鷟《朝野佥载》卷三记载："长安富民罗会，以剔粪为业……会世副其业，家财巨万。"既然粪便是财源，那人们自然就会及时清理。古人家家都有私厕，正应了那句老话——肥水不流外人田。

明代以后中国人口激增，粪便开始得不到及时的处理，当时的都城北京满街粪秽，臭不可闻，清代依然如此。方苞在《陈驭虚墓志铭》中写道："此地人畜骈阗……家无溷匽，污渫弥沟衢。"在清末日本人所写的《北京志》中也有记载："凡下等社会家中不设厕所，随时随地排便，毫无忌惮……即便上流社会，家里也是大多没有厕所，夜间到街上随地小便。"马桶则是女性专用的。所以说中国城市的污秽是从明清以后开始的。

唐代的建筑材质

说到建材，现在中国的南北方都是千篇一律的钢筋混凝土，而唐代的建筑材质在南北方有很大的区别。北方相对来说到底是政治文化中心所在，所以反映在房屋建筑技术工艺方面也是比较成熟的，多采用木料砖瓦，还有夯土。

而南方地区，首先技术方面不够先进，其次材质方面讲究就地取材。我们知道，南方盛产竹木，所以南方的建筑竹木结构比较多，瓦房比较少。这样就出现了一个问题，南方州县一旦发生火灾经常是火烧连营，这种事在唐代文献记载中屡见不鲜，一烧一条街，就是因为全是竹木建筑，不利于消防。因此唐代如果有官员去南方上任，往往以移风易俗为己任，移风易俗的内容包括崇尚儒教、宣扬孝道，改变当地的陋习，其中还有一项重要内容，就是北方官员到南方去推行北方的建筑模式，大力推广瓦房。这在唐代是一个很常见的现象，也渐渐促进了南方建筑技术的发展。

唐代建房选址的理念

唐人在选择建筑基址的时候，非常喜欢选择向阳的、居高避湿的、水流方便的地方，这是他们的主要原则。首先要向阳，而且地势要高。前面讲长安城人口分布问题的时候，曾经提到过由于长安城的西边地势较低，唐人建房大都在东边选址。此外还要选水流方便之处。唐人的这些建筑理念充分体现了古代风水思想的影响。我们知道中国古人都信风水，唐人也不例外。唐代还出现了一些著名的术士，比如李淳风、袁天罡。传说袁天罡给武则天看过相、望过气，关于他们有很多神秘莫测的传说。

说到唐人建房选址，必须要提唐人各种写本的《宅经》，这在敦煌和吐鲁番文书中屡有发现。所谓《宅经》，其实就是跟建房有关的风水宝书。风水，一方面的确是迷信，但另一方面，要知道很多有关建筑的科学理念，在古时候其实是用迷信的术语来诠释的，向阳也好，居高避湿也好，水流方便也好，其中的科学成分不能一概否定。我们要辩证地看待风水这个问题。

唐人喜欢在宅前宅后种树，特别重视绿化。一般选择的树种有梧桐、槐树、桃树、桑树、海棠，等等，这些树都是有讲究的。梧桐吉利，“凤凰非梧桐不栖”；槐树树形美观，遮阴效果好；桃树在中国的风水思想中具有独一无二的地位，古人认为桃木辟邪，讲究拿桃木削一把小剑，放在枕头底下避鬼驱邪，所以唐人也很喜欢桃树。但是唐人不喜欢杨树，这和我们今天不一样。现在农村很多宅院里种的都是杨树，杨树的好处是长得快，两三年就成材了。可是唐人不喜欢，这在《隋唐嘉话》中有记载。当年在蓬莱宫（大明宫最初叫蓬莱宫）刚开始营建的时候，负责的官员叫梁孝仁，此人在宫中庭院种满了杨树，一度颇为得意。一天他引一些大臣前去参观，当着其中一个大臣的面，指着那些杨树说：“杨树长得很快，三五年间，咱们宫里头就满是绿荫了，不错吧？”这个大臣什么也不说，直接给他吟诵了两句古诗：“白杨多悲风，萧萧愁杀人。”言下之意是说：这是种在坟地的树，你怎么能够种到宫殿里来呢？！梁孝仁听后恍然大悟，赶紧命令手下把杨树拔了去，重新改种梧桐。由此可见杨树在唐人眼中不受欢迎的程度。

有关种树还有一些风水思想，在《玉泉子》这本书中曾经记载了这样一件事情：唐代有一位宰相名叫李石，他老家宅院里有棵大槐树，槐树上有三根枝子，其中有两根长得很长，越过了屋脊，还有一根比较短，没越过去，当地人都认为这预示着李家兄弟不同的命运。兄弟三人当中，李石、李程最后都当了宰相，这就是越过屋脊的那两根枝子。最短的枝子是他们的弟弟李福，李福只当了区区一名使相（使相还有个意思指的是以宰相头衔赐给节度使，或以朝臣加“平章事”头衔出任节度使），转了七个节度使给人家当副手，没当上宰相。换句话说，庭树的长势预示着家中的运势，这就给庭树赋予了神秘的风水色彩，虽然也是乡里民间牵强附会的说法，但这多少反映了唐人有关建筑环境的一种理念。

唐代的建筑工匠

在柳宗元的《梓人传》这篇文章里记载了唐代建房的一个场景：

裴封叔之第，名墐，公之姊夫。在光德里。有梓人款其门，愿佣隙宇而处焉。所职寻引、规矩、绳墨，家不居砻斫之器。问其能，曰："吾善度材，视栋宇之制，高深、圆方、短长之宜，吾指使而群工役焉。舍我，众莫能就一宇，故食于官府，吾受禄三倍；作于私家，吾收其直太半焉。"他日，入其室，其床阙足而不能理，曰："将求他工。"余甚笑之，谓其无能而贪禄嗜货者。

其后京兆尹将饰官署，余往过焉。委群材，会众工。或执斧斤，或执刀锯，皆环立向之。梓人左持引、右执杖而中处焉。量栋宇之任，视木之能，举挥其杖曰："斧彼！"执斧者奔而右；顾而指曰："锯彼！"执锯者趋而左。俄而斤者斫，刀者削，皆视其色，俟其言，莫敢自断者。其不胜任者，怒而退之，亦莫敢愠焉。画宫于堵，盈尺而曲尽其制，计其毫厘而构大厦，无进退焉。既成，书于上栋，曰"某年某月某日某建"，则其姓字也。凡执用之工不在列。余圜视大骇，然后知其术之工大矣。

柳宗元在这里描述了一位工匠，此人基本不会做什么具体的活，但是口气很大，说是没他其他工匠建不成房。如果是给官府建房，他的工资是其他人的三倍，如果是给私家建房，"吾收其直太半焉"，意思是建房的工价一半以上归他。柳宗元心想：这人怎么这么牛啊！一次，这位工匠自家的床脚断了，到处张罗找人去他家给他修床。柳宗元又郁闷了，你自家的床都不会修，还能给别人建房？真是不靠谱！后来等到正式开始动工，柳宗元才发现，施工现场完全是以这个人为核心在运作。工匠们都聚集在他的身旁，他自己画了一张图纸，手里什么工具也不拿，直接就按图指挥，拿斧子的去那边，拿锯的去那边，诸如此类，谁要是干得不好，张嘴就骂，没人敢反驳他。等房子盖好了之后，人家噔噔噔地爬到高处，大笔一挥“某年某月某日某某建”，只写他自己的名字，别人的名字提都不提。原来此人可不是一般的匠人，人家是指挥匠人的人，是大师、是帅才，放在今天那可是总工程师。这是柳宗元眼中的工匠，非常生动鲜活。

这里还有一个有关郭子仪的小故事，我给它起名叫“小工匠大道理”。我们知道，郭子仪是唐代历史上有再造之功的忠臣。有一次家里建房，郭子仪给修围墙的工匠说：尽量把墙修得牢靠点，不要轻易就倒了。结果这个工匠把工具一丢，振振有词地说了这么一番话：几十年来，城里达官贵人家的墙都是我修的，如今我修的墙都在，只是那些宅院的主人都换了。郭子仪听后，立刻参悟了其中的人生哲理：子孙自有子孙福，谨慎自保才是关键，我何苦来管这个墙多少年以后会怎么样呢，我只要明白自己能够做到明哲保身就可以了。随后没多久，郭子仪就向皇帝请辞，退居闲职了。

唐代的园林艺术

唐代的园林艺术比较发达，当时很多达官贵人都有自己的私家园林，或是在城外建有别墅。由于唐代还处于中国园林艺术的早期阶段，人工雕凿的成分比较少，主要是在模仿自然，所以一般占地面积都比较大，而且有池沼。因为长安城的自然水源少于洛阳，这一点在下页图中的对比中显而易见，所以当时洛阳的园林要比长安的园林多，也更漂亮。

白居易在《白氏长庆集》中曾记载过，他在洛阳履道坊买了一套大宅院，言辞中颇为自得。我们知道白居易前半生很不顺，在长安多少年买不起一套房，备受“长安米贵居大不易”的调侃，到了五十多岁才居有定所，在长安、洛阳两地分别购置了房产。这套宅院占地十七亩，“屋室三之一，水五之一，竹九之一，而岛树桥道间之，有堂有庭，有桥有船，有书有酒，有歌有弦。有叟在中，白须飘然，识分知足，外无求焉”。能拥有这样一套应有尽有的园林式宅院，换谁都知足了，难怪老先生如此得意！

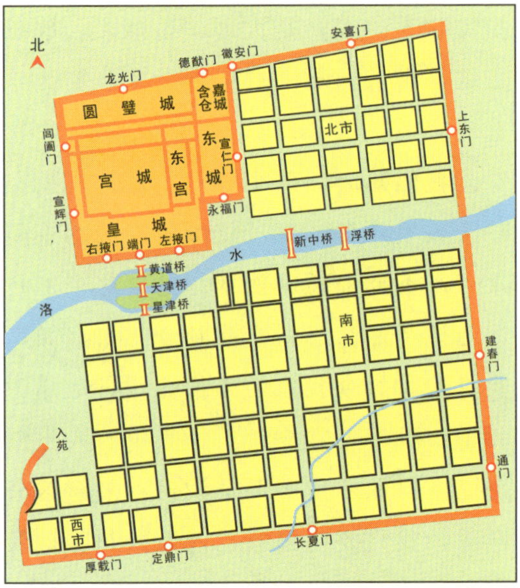

← 唐代洛阳城示意图

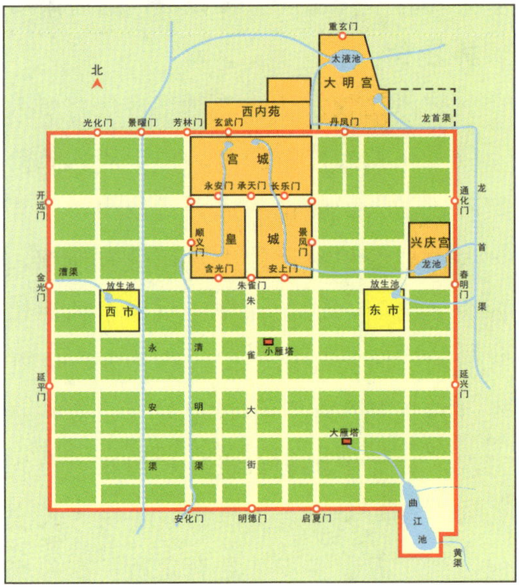

← 唐代长安城示意图

唐代家具

唐代正处于中国古代家具的一个转型期，在这个阶段，家具经历了由低型家具向高型家具转变的过程。唐以前，中国的家具跟今天日本的家具样式一样，席地而坐，这叫低型家具；唐以后，尤其是唐代中后期以来，人们开始垂脚而坐，古代家具逐渐转向高型化。

→敦煌第420号窟武士坐胡床图（今人临摹）

床。唐代的床分为两种：坐床和寝床。坐床大的可以容纳多人同时就座，唐人所说的床多数情况下指的是坐具，而不是卧具。寝床则同现代意义上的床。此外唐代还有一种胡床，样子就像是今天的小马扎、折叠凳。在右边这幅敦煌出土的第420号窟武士坐胡床图中，我们可以很直观地看到胡床和现代折叠凳的相似程度。

下面这两幅图是日本正仓院所藏的圣武天皇的寝床。圣武天皇所处时代正是中国的盛唐时期，这种寝床是睡觉用的，带四个脚，仍然比今天的床要矮，充分体现了盛唐的风格。

→日本正仓院所藏圣武天皇的寝床

→日本正仓院所藏唐代式样的桧木床

椅子。到了唐后期，“椅子”这个词开始出现。在这一时期，唐人的坐姿由席地而坐开始向高坐姿逐渐转变，一直发展到今天，我们都是高坐姿。我们知道日本正仓院里的文物多数都是遣唐使带回去的实物，或者是日本仿造的唐代的器物。上页下图中是一把典型的唐代式样的桧木床（图片摘自韩昇《正仓院》），说白了就是一把高姿座椅，可以看得出做工非常精致，设计简约漂亮。

几。在唐代家具当中，几很重要。其实几就是小桌子，今天还有一个称呼叫茶几。特别是唐前期席地而坐的时候，几是不可或缺的陈设。唐人没有围着八仙桌吃饭的习惯，吃饭的时候每个人面前都要有个几，饭菜碗碟一样样摆在上面。随着高坐姿家具的逐渐普及，几也随之发生变化，几脚随着人的坐高不断抬升，逐渐发展成为后来我们所说的桌子。右图中是正仓院所藏的唐代风格的多足几（图片摘自韩昇《正仓院》）。

←日本正仓院所藏唐代风格多足几

唐前期那种席地而坐的习惯，还使得一种小家具在当时很盛行，但现在已经看不到了，这就是轼。轼是一种更小的几，这个不是用来放东西的，试想一下，如果让你们席地而坐，坐久了一定会感到腰酸背痛，那时候是没有沙发让你舒服躺着的，该怎么办呢？是不是很想靠个什么东西？轼就是用来斜靠着的器物。下图中是日本正仓院所藏的一种紫檀木的轼（图片摘自韩昇《正仓院》）。

←日本正仓院所藏紫檀木轼

我们再来看下页上面这幅图片，就知道轼是怎么用的了。这是黑泽明著名电影《影子武士》中的剧照，图中的日

日本电影《影子武士》剧照

本人是武田信玄，他正靠在这个轼上面思考问题，这个轼就是用来席地而坐时靠着的一种家具。

下面这两幅图是日本正仓院复原的日本圣武天皇的书房和起居室，都是根据所藏的唐代家具摆设的。

日本正仓院复原的日本圣武天皇的书房和起居室

唐代常见的家具当中还有箱子、柜子、台，等等，居室装饰物包括各种帐幕、屏风、地毯，也很受唐人重视。

梳妆台。据《太平广记》记载，有一位能工巧匠名叫马待封，他给皇后设计制作的自动化梳妆台十分神奇。如果要拿梳子，打开一个小门，一个小木人就举着梳子出来了；要拿粉盒，打开另一个小门，拿着粉盒的小木人就出来了，递到你手里后又退回去，这就是早期的机器人啊！当然，这种家具肯定不是一般老百姓能够享用的，但它的确反映了唐代家具设计构思的巧妙和工艺的成熟。

屏风。唐人非常重视屏风。唐代的起居室面积都比较大，它中间的隔断一般都是用屏风来担当。下页上图是唐墓出土的六扇屏风仕女壁画，它实际上就是模仿主人生前家中的六扇屏风创作的壁画。

唐墓出土的六扇屏风仕女壁画

在敦煌莫高窟第445号窟出土的唐代《婚嫁图》中，我们能够看到很多典型的唐代家具，还能看到周围的一圈屏风，这是非常典型的唐代风格。

敦煌莫高窟第445号窟的唐代《婚嫁图》

下面这幅图是五代十国时期非常有名的《韩熙载夜宴图》。大家注意，这幅图中的家具已经完成了承前启后的任务。我们可以看到有较大的坐床，即坐榻，可容两个人坐在上面。坐榻上有炕桌，坐榻前面有几案，画中的椅子全部都是高姿座椅。由此可知，中国的家具在这个时代，已经完成了由低型向高型的演变。

→五代十国时期非常有名的《韩熙载夜宴图》

阅读思考

1.唐代建筑的总体特点与社会精神风貌有什么关系?

2.你怎么看待“唐代建筑在日本”这一说法?

参考文献

1.高国藩.敦煌民俗资料导论[M].台北:台湾新文丰出版股份有限公司，1993.

2.李斌城.隋唐五代社会生活史[M].北京：中国社会科学出版社，1998.

3.韩昇.正仓院[M].上海：上海人民出版社，2007.

第七讲
隋唐人的交通

本讲我们来谈谈隋唐人的行，也就是交通。

隋唐的交通概况

应该说，按古时候的标准来说，唐代陆路和水路的运输都是比较发达的。隋唐两代政府都很重视道路的建设，有案可查的唐代全国的公路干线的总里程至少在六万唐里以上。也许这个数字在今天看来不算什么，但是放在那个时代这就是一个了不起的数字。我们知道，古代中国有一个规模浩大的、对后世影响深远的漕运工程——大运河。这是隋代开凿的，唐代继续延用。

唐代陆路、水路都很发达，所以水陆联运在当时是常见的一种交通方式。伴随着陆路和水路的建设，隋唐时期驿站制度也非常发达。当时的路分官路和驿路。各州县都有官路，并定期维护。

唐代的道路

驿路，就是设有驿站的官路。它是确保政府政令畅通、保证官员流动的一个重要设施。唐代政府非常重视驿站和官路的建设，比方说，当时规定官路要定期养护，有专人负责，官路旁边不得耕种，也不许擅自砍伐官路两旁的树木。官路两旁是要种树的，我们知道树根可以用来保护路基，所以不能随便砍伐。不过也有例外，唐代的南方虎患严重，那个时候中国的野生老虎还是很多的，它们有时就藏在官路两旁的树林和草丛当中伺机伤人。在虎患威胁之下，唐代，南方官路两侧十步以内的树木要全部伐光，以防止老虎埋伏其中。

官路之外，自然就是老百姓自己走出来的路，被称为便道、便路、私路等。按照今人的标准来看，这些路都有些简陋。无论是官路还是私路通常都没有硬化路面，只是夯土路面，所以就出现了一个现象：一下大雨，道路便会泥泞不堪。就连都城长安的路也是这样，一旦下大雨，皇帝往往会下令放假不必上朝，以体恤大家在泥泞中跋涉之苦。当时有往土路上撒沙子用来避免泥泞的，这个被称为“沙堤”（《大唐传载》）。唐代还曾经出现过一种极致的炫富，有一富商把铜钱用绳串起来之后，竖着一排排插在路上，用来防滑。

我们说唐代交通发达，是按照古人的标准而言，实际上的道路状况，是不可能和今天相提并论的。在圆仁的《入唐求法巡礼行记》中曾以日记体裁描述了他自己的一个亲身经历，他从海州去登州，来到今天山东境内的时候，走得很是艰难。“旷野路狭，草木掩合，寸步过泥，频失前路……若无知道人引，则一步不可行……树稠草深，微径难寻，见草之动，方知人行也”，道路既狭窄又不好找，还泥泞得不得了，要是没有向导，简直寸步难行，而且路上草木茂盛，以至于对面草动，才知道有人来。加上蚊虫滋扰，条件非常恶劣。这就是当时的实际情况。

唐代的驿站

唐代驿站非常发达。但是对于驿站所起的作用，我们应当客观进行评价。驿站服务的对象范围很窄，仅限官府，而且还不是官府里所有的人，只有具备一定的职务或者要执行一定任务的人，才能使用驿站。《唐六典》中记载，盛唐时期官路上每隔三十里一驿，全国共有一千六百三十九所，其中有二百六十所是水驿，还有八十六所水陆联运的。如果是地势比较崎岖的地方，也可以不足三十里就设一个驿站。以上是开元时期的数据，各个时代并不一致。按照规定每个驿站都应配有马匹或者船只，水驿配船只，陆驿配马匹。驿站分为六个等级，最高等级的驿站有马七十五匹，最低的有八匹。官爷路经此地打尖儿休息，因为马歇人不歇，驿站需要给人家换马，所以驿站的马匹很重要。

唐代前期，驿站负责人是由附近老百姓当中的富户来担任，称驿长。唐代宗以后，驿站的驿长一般由官吏来出任。这个时候基本上哪儿有驿站，哪个地方的老百姓就不得安宁。为什么呢？因为驿站需要维护，得有人干活，驿站里的马得有人照看，老百姓必须得给驿站服劳役。试想，如果一个驿站里养着七十多匹马的话，光打草就是一项相当繁重的劳动，因此老百姓的负担非常沉重。

驿站的设施。唐代的驿站面积都不小，设施也比较齐全，有楼、有厅、有库、有厩，厩是马厩，此外还有厨房。有的驿站还有佛堂。我们知道杨贵妃就是被赐死在马嵬驿的佛堂里面的。更大的驿站里甚至还会有池塘、园林，看起来很漂亮。大的驿站可以同时供数百人住宿，简直就是官方宾馆。

《太平广记》记载了一个很有意思的故事，说江西有一个驿站的驿长，这个人觉得自己蛮能干，便向刺史报告说：这个驿站经过我的一番打理，现在可好了，您来看一看。如此炫耀一番后，刺史果真前来视察。第一间房子是个酒库，里边有很多酒，门外画着一个神像。大家知道中国古代有行业神崇拜的民俗，比方说，木匠要拜鲁班，梨园子弟要拜唐玄宗，从医的要拜扁鹊，等等。刺史就问了：这个酒库门上的画像是哪位啊？驿长回答说：杜康。“何以解忧？唯有杜康。”不错，挺靠谱。然后又来到一个仓库，这里是存放茶叶的，门上边也有一幅画像。刺史又问：这是谁啊？驿长说这是茶圣陆羽。接着来到咸菜库，门上边又画着一个人，说是蔡邕。蔡邕何许人也？他是蔡文姬的爸爸。这位跟咸菜什么关系也没有，唯一有关联的就是他姓蔡。我们这位驿长文化水平不高，前面杜康找对了，陆羽找对了，就是这个咸菜库他想了半天，既然是菜，那就找个姓蔡的吧，于是，他就把蔡邕挂到上面去了。笑话归笑话，这也从侧面体现出当时驿站的设施还是比较完备的。

驿站的管理。隋唐时期，驿站只供官府使用，在最初甚至必须是执行皇命、传达皇令的使者来使用，后来渐渐放宽限制。刚开始使用驿站非常严格，就好像带兵打仗要拿兵符一样，由门下省来发放铜符，驿站见符才会让你居留，用后还要归还。到了后来，同时出去执行任务的人太多，而铜符太少，大家觉得很不方便，就改成了纸券，被称为“券符”，仍然由门下省来管理，用后也得还回来。《唐六典》里有关驿站使用的规矩多极了。比方说，规定每天要走多少里陆路，走多少里水路，多少天以内到达，它防止你在驿站住得舒服，整天游山玩水，路上耽搁时间。在每个驿站逗留的时间也有规定，一般来讲，不得超过三日，当然，生病耽误的时间除外。不仅对日期有规定，对携带的行李物品的重量也有规定，不能超载，别把驿站的马匹给累死了。总之，唐前期，这方面的管理还是相当细致严格的。

但是“安史之乱”以后，情况有了变化。“安史之乱”造成的一个最大问题，是中央政府的权威在急剧衰落。体现在驿站方面是地方藩镇滥用驿站，他们已经不把中央的权威放在眼里了，经常自己发放所谓“转牒”。什么是“转牒”呢？就是不是由中央门下省发放的，而是地方政府自己发放的条子。凭着这个条子就可以让自己的人在自家地盘内使用驿站的住宿设施，也可以吃饭。当然在别人的地盘内，有时候也管用。还有一种简化版的，意思是说你拿着我发的这个牒到驿站，不能住宿，但是可以吃饭，这叫“食牒”。有便宜谁不占呢？所以各驿站不胜其扰。唐后期，驿站的负担是中央财政的一大漏洞。

有时候房屋紧张的情况之下驿站里还会发生抢夺房间

的事件，《旧唐书·元稹传》中就记载了非常著名的一件事情。在元稹还比较年轻的时候，曾经有一次跟一名宦官叫刘士元的，两个人一前一后住到了一个驿站里。元稹是先来的，按理说，总该有个先来后到吧。可事实并非如此。大家知道，唐后期出现了一个显著的政治现象就是宦官专权，宦官跋扈得不得了。这个宦官不但不遵循先来后到的道理，而且他还把元稹给打伤了。更过分的是，后来官员在处理这个事的时候，竟然处分的是元稹。你就可见宦官有多么的嚣张。

刚刚我们提到地方节度使发放食牒，据史料记载有一个关于食牒的故事。说的是岭南地区，经常有人托人情找当地的节度使给自己开食牒，岭南节度使也知道这玩意儿给驿站造成的麻烦有多大，可是又碍于情面不得不开，于是他在食牒上是这么写的，“累路馆驿供菜饭而已”。这意思是说，沿途的驿站你们听好了，拿着这个牒的人，你只给他管饭就行了。结果就有这种无耻之徒拿着食牒跑到人家驿站去白吃，吃完了还不走。驿站的官吏好说歹说：您看我们后面还要接待其他的客人，前面的驿站又比较远，这个牒上也没有写让您住宿，不如您现在就上路吧。这个无赖就开始玩文字游戏了：菜饭你是已经供给我了，可还有“而已”呢。可能这个驿站负责人文化水平也不高，居然还请教他：那您说什么叫“而已”？这位就开始蒙人了：“大于驴小于骡，若无可供，但还我价值。”意思是：“而已”你们不知道吗？这是一种牲畜，比驴大比骡子小。你们没有的话，就把相当于一头“而已”的钱给我，也就三五千钱吧。驿吏明明知道他在敲诈，又不敢得罪他，拿他实在是没办法，不得不凑了一笔钱来送瘟神（《太平广记》引《卢氏杂记》）。

唐代的旅店

我前面说了，驿站并不是所有的官员及其亲属都能来住，在驿站之外，还有一种附属的机构叫作馆。馆一般提供食宿，但是不提供交通工具。馆的服务范围比较宽，官员的家眷随从、赴举的考生都可以来使用，不需要发放什么铜符或者是券符。除了馆，还有很多私人开设的旅店，我们称之为逆旅、旅舍、客舍、村店，这些只要有钱都可以住。有些驿站负责人很会给自己捞钱，就在驿站旁边开一个旅店，官员住驿站，随从们住旅店，以此谋取私利。据《通典》记载，盛唐时期从河南到陕西关中一带，沿途到处都是这种旅馆，里面提供很丰盛的饮食，而且每个店都有驴可以出租，作为交通工具，称为“驿驴”。整个中原地区，从湖南、湖北一直到山西太原，还有北京这一带都有大量的旅店供应商旅，非常繁荣。按照日本僧人圆仁在《入唐求法巡礼行记》中所记载，他所见到的山东境内的情况是这样的：大概每隔二三十里就会有一家旅店，而且有的交通枢纽附近还不止一家。这些旅店在提供住宿的同时，也提供大量的酒食。

唐代的交通工具

牛车。交通工具方面，我们中国古人崇尚的是马车。先秦的时候，天子、王、大臣乘坐的都是马车，军队用的战车，也很重视马匹。我们知道汉代尚武，汉人很注重乘马。汉初高祖刘邦在位时，国家很穷，穷到什么地步呢？“将相或乘牛车”，因此坐牛车是贫穷的象征。到了魏晋南北朝的时候，中国出现了马镫子，骑马的风气更甚。但是，与此同时还出现了一个现象：魏晋南北朝时士人阶层的生活在逐渐走向腐化，从此纵马驰骋的风气就开始败落了。魏晋南北朝的士人阶层整天玩的是玄学，搞的是玄谈，追求的是阴柔之美。南朝的士大夫博衣宽带、涂脂抹粉，跟女性一样，骨脆肤柔，并以此为美。他们畏惧马匹犹如畏惧老虎，于是弃马骑牛。

魏晋南北朝时，中国迎来了一个牛车的黄金发展时代。当时的牛车都装饰得特别漂亮，而且还出现了很多名牛。比如《世说新语》就记载了一头当时名气极大的牛，名叫“八百里驳”，极受主人王恺爱惜，“常莹其蹄角”，即经常打磨装饰其牛角和蹄子。牛车得到当时各个阶层人士的肯定和认可，几乎遍及所有的社会生活领域。而马车除了皇室或战争的特殊需要，几乎退出了社会生活的主要层面。

当时有许多帝王乘坐牛车的例子。如西晋孝惠帝乘坐牛车，“己亥，弘等奉帝还洛阳，帝乘牛车，行宫藉草，公卿跋涉”（《晋书卷四·帝纪第四孝惠帝》）。孝怀帝曾被挟持坐过牛车，“鼎遂挟帝乘牛车，自宛趣武关，频遇山贼，士卒亡散，次于蓝田”（《晋书卷五·帝纪第五孝怀帝》）。东晋废帝司马奕被废时，乘牛车离开，“帝著白帢单衣，步下西堂，乘犊车出神兽门。群臣拜辞，莫不歔欷。侍御史、殿中监将兵百人卫送东海第”（《晋书卷八·帝纪第八废帝海西公》）。西晋武帝时，愍怀太子遹被废后，也乘坐牛车，“是日太子游玄圃，闻有使者至，改服出崇贤门，再拜受诏，步出承华门，乘粗犊车”（《晋书卷五三·列传第二三愍怀太子遹》）。

当时牛车日益风行，士大夫甚至无乘马者。晋制，诸王三公都乘牛车；南齐制，副三公乘牛车；梁制，二千石四品以上及列侯皆乘驾牛的轺车；北齐制，正、从一品执事敬官及仪同三司乘牛车，七品以上官皆乘牛车。下页上图中是洛阳博物馆馆藏北魏宗室元祀墓出土的陶俑仪仗队，牛车成了整个车队的核心，而骑从则跟随在周围，牛车之地位可见一斑。

→洛阳博物馆馆藏北魏宗室元邵墓出土的陶俑仪仗队

可是，到了唐代风气又为之一变。唐代前期有尚武之风，所以当时唐人不分男女都骑马，武官骑马，文官也骑马。牛车逐渐转变成了妇女的交通工具或者是劳动生产工具。在生产活动当中，牛车的运用是非常普遍的。据唐代史料记载，仅京城的司农寺就有牛车1021辆。一个政府部门就有这么多辆牛车，大家可以想象当时壮观的场面。

在唐代李震墓出土的牛车壁画中，大家可以看到这辆牛车就是一位妇女的交通工具。前有车夫，后面还跟着使女，那位妇女应该是坐在车里面。这辆牛车画得比较精美，车轮和华盖都是红颜色的。而在下页上图唐代李寿墓牛车壁画中的牛车则与这辆不一样，很明显，它是用作生产运输的工具，不是载人的。

→唐代李震墓牛车壁画

唐代李寿墓牛车壁画

马匹。唐人很重视马匹，无论文武官员都骑马，稍微有点钱的都想给自己弄匹好马。轿子的雏形在唐代已经有了，但是唐人很少坐，主要还是以骑马为主，“贵贱所通鞍马而已”（《旧唐书·舆服志》）。

下图中是非常有名的昭陵六骏，这是伴随着李世民打天下的六匹战马。

昭陵六骏

前面讲服饰的时候我曾经说过，唐代的女性也骑马，为了骑马方便，有时候甚至穿男装。在宋人临摹的唐代张萱的一幅传世名画《虢国夫人游春图》中，再现了唐玄宗宠妃杨玉环的姐姐虢国夫人及随从春天盛装出游的场面。我们可以看到，画中无论男女都骑着马。虢国夫人长得很漂亮，心高气傲，据说她及属下纵马驰骋的时候，头上掉下来的各种首饰都能铺一路，她也毫不在乎。

宋人临摹唐代张萱的《虢国夫人游春图》

驴、骡。骑马的姿态的确很漂亮，但是大家也知道马匹贵，老百姓消费不起。那么老百姓用的交通工具是什么呢？一般来讲是驴子、骡子，都很常见。驴子在唐代被称为“劣乘”，你从这个字眼就能看得出其等级的低劣。驴子的地位虽然低，但却是老百姓的重要交通工具。我前面提到《通典》说唐代的很多店铺都有租赁驴的，讲唐代东市的时候也说过东市有赁驴人出租驴。根据圆仁的《入唐求法巡礼行记》记载，山东地区赁驴的价格是每二十里五十文钱。这跟今天的出租车一样，也是论里程的。骑驴在当时是非常普遍的现象。大家知道唐代出现了一个神话人物张果老，张果老倒骑毛驴的形象已经深入人心，成为一种悠然自得、洒脱不羁的象征。

骡子在唐代的运用也很普遍。我们知道，骡子是马和驴的杂交品种，它的好处是劲儿大，好养活，主要是下层民众来使用，唐代后期甚至在军事当中也有运用。骡子只会小步快走，不会四蹄腾空地奔跑，按理说不太适合用在军事上。但是据《旧唐书》记载，唐代后期蔡州吴元济的部下当中却出现了“骡子军”，“最为劲悍，官军常警备之”，让官军很是头疼。

骆驼。唐代还有一种非常重要的交通工具，这个交通工具中国人应该很熟悉，一直到民国时期，咱们北平城里还能经常见到。这就是沙漠之舟——骆驼。骆驼在中国北方是很常见的一种交通工具，唐代也不例外，而且唐代骆驼的主要来源是西域，使用者是西域的胡商。想当年茫茫大漠中，高鼻深目的胡人牵着一长队骆驼行走在地平线上，孤烟落日，驼铃阵阵。今天在敦煌我们还能够见到类似的大漠驼队的景致。

← 左图：北京故宫博物院馆藏唐代三彩牵骆驼胡人俑

← 右图：陕西历史博物馆馆藏唐代三彩釉载奏乐俑陶骆驼

唐代的骆驼运用很普遍，不仅是交通工具，还是表演用具。大家注意看上面右图中这头骆驼背上放了一块大平板，上面坐了好几个乐人在弹奏乐器。

虽然骆驼在唐代非常常见，但我在这里必须要谈一个关于史料的问题。古代的史料撰写者，尤其是唐代的知识分子以北方人居多，所以在史料当中很多都是北方见闻。要是以为唐代的现存史料能够代表全国的情况，恐怕就有点武断了。比方说，北方常见骆驼，南方则不见得。《白孔六帖》

当中记载了这样一个故事，说唐代有个人叫刘秉仁，去江州当刺史。还记得《琵琶行》中“江州司马青衫湿”吗？江州，就是今天的九江。我们知道江西九江附近不是有庐山吗？刘秉仁到了江州的官所之后，就把自己从京城带来的骆驼解开放它出去吃草。放到哪儿呢？就在庐山脚下。结果过了一会儿，就有当地的山野村民来报告：我们发现一头怪兽，是庐山精。我们把它打死了。刘秉仁一听：我这刚一来就碰到了这样的事儿，你们赶紧把庐山精抬来，我看看是什么样子。等村民们哼哧哼哧把它抬来，往那儿一放，刘秉仁一看：这不是自己带来的骆驼么？原来，南方人行走以舟船马匹为主，没见过骆驼，初见很是惊异，以为是妖精怪兽。大家一哄而上，就把它打死了。由此可见，南方很多人并不认识骆驼。

肩舆。唐人有肩舆，就是类似于滑竿儿这样的东西。下图就是江苏省镇江市博物馆馆藏的宋代肩舆俑。

→宋代肩舆俑

交通肇事

下面我们再谈谈交通肇事，尽管谁也不愿意遇上，但这也是交通生活的一个组成部分。《唐律疏议》中有关交通肇事的规定是这样的，“诸于城内街巷及人众中无故走车马者，笞五十，以故杀伤人者，减斗杀伤一等”。你如果在人多的地方纵马驰骋，要打你五十鞭子，如果因此而伤了人，则按照故意杀人再降低一等来处理你。所以说，唐代对交通肇事的处罚还是比较严苛的。

我们来看一个唐代交通肇事的实例。有一份吐鲁番文书叫作《唐代宝应元年六月高昌县勘问康失芬行车伤人案》，说是有一个粟特人，粟特是胡族，这个人叫康失芬，他受人雇佣赶一辆牛车去运输土坯，结果在路上发生了交通事故。他轧伤了史家和曹家的一男一女两个小孩子，伤势非常严重，家长把他告到了官衙。这份文书记载的就是在官衙询问的状况。当时康失芬辩称自己是第一天赶着这个牛车上路，不熟悉该牛的习性，不慎酿成了事故。官吏问他愿意承担什么样的责任时，他回答说：法律规定怎样就怎样，我愿意承担人家的损失。于是官衙判决康失芬及其雇主暂时交由保人看管，然后释放，并负担伤者医药费，但同时规定了一个保辜期，保辜期过了以后，要根据这两个孩子的生死，再做最后的判决。后续怎么样，我们不清楚，但是这里反映了唐代的一种制度——保辜。《唐律疏议》中解释说：“诸保辜者，手足殴伤人限十日，以他物殴伤人者二十日，以刃及汤火伤人者三十日，折跌肢体及破骨者五十日。”意思就是唐代司法当中是根据伤情来量刑的，而伤情如何，有时必须得过一段时间才能有结论，所以它规定了一个日期，叫作“保辜”。像殴打这种比较轻的限定十天；如果是用硬物伤人，咱们等二十天；如果是用刀刃、滚水或用火伤人，咱们等三十天；如果是交通肇事之类的，咱们就等五十天。在限定日期之后，伤者若没事了，过失者就没事了；如果出了问题，比如伤者死了，你的麻烦就大了。这就是保辜制度。这也从侧面反映了唐代官衙处理交通肇事的一个程序问题。

水运

唐代的水运非常发达，尤其南方。《唐国史补》说，凡东南郡邑无不通水，都有水路，故天下货利，舟楫居多。南方地区全部都是用船的，而且南方的水运通过大运河可以延续到北方。当时已经出现了河流的分工，南方江淮的船工不进黄河，黄河的船工不进渭河。为什么不一条船走到底，要这样辗转运输呢？要知道每个地区的河流水情是不同的，而且到处都有比较艰险的地方，一条船走到底不利于行船之安全，在这些艰险的地方必须要找熟悉当地水情的船工来驾驭。这是很合理的。有的地方一年当中总有那么一段时间无法行船，比如瞿塘峡，我们知道它是长江三峡的一部分。三峡曾经有一处天险叫滟滪滩或滟滪头，这个地方是一块大礁石。我们知道三峡河道原本就很狭窄，水流湍急，又有这么一块巨石横在那里，每年的四五月行船非常艰险。当地有民谣说："滟滪大如马，瞿塘不可下；滟滪大如牛，瞿塘不可留； 滟滪大如幞，瞿塘不可触。"意思是滟滪滩随着水势的发展、水量的不同，有时候像马那么大，有时像牛那么大，当它只有一个帽子那么大时，也就是水流最湍急的时候，这时候可千万别走瞿塘峡。这个滟滪滩很有名，从古至今屡见于中国史籍记载，一直都是我国长江航运安全上的一大障碍。不过这块大礁石现在已经看不到了，新中国成立后被政府下令给炸掉了。下页上面这幅照片就是唐人所说的滟滪滩，是张祖道在1956年拍摄的。

张祖道在1956年拍摄的滟滪滩（刊载于2002年《中国摄影》杂志）

再看一幅该作者在同一天拍摄的照片。下面左图中白圈内就是滟滪滩，可以看到它的位置刚好堵塞住航道口，的确是航运的一大障碍。而右图则是我自己在重庆市三峡博物馆拍摄的滟滪滩遗留下来的残块，虽然时间过去很久了，而且只有一小块，但是仍能感受到滟滪滩的嶙峋与阴森。

左图：张祖道在1956年拍摄的滟滪滩（刊载于2002年《中国摄影》杂志）

右图：重庆市三峡博物馆所藏滟滪滩遗留下来的残块

唐代的造船技术很高超。《唐国史补》中记载唐代曾经有一种船叫俞大娘船。这个船很大，载重在万石以上排水量，操船的船工多达数百。船上如同一个小社会，船工在上面养生送死、婚丧嫁娶，甚至还在船上种菜。我们知道，船越大单位运费越低，成本就越省，因此这种船每运输一次货物获利非常丰厚。

唐代有些船只的设计很是巧妙。据《册府元龟》记载，晚唐曾经发明过一种明轮船，它既不靠帆也不靠橹和桨，是用人力踩踏轮子，用轮子桨叶打水前进，其原理与西方早期的蒸汽船相似。在发明螺旋桨之前，我们中国人就已经发明了明轮船。据说它的速度很快，一点都不亚于挂风帆，挂风帆还要受风向影响，它受风的左右就很小了。

唐代通往朝鲜、日本、南洋、中东都有国际航道，而且唐人已经比较熟练地掌握了天文和地文导航。天文导航好理解，什么是地文导航？说白了，就是比较原始的目视导航，也就是看地标。我注意到一个现象，唐代的海上交通路线，比方说，由山东半岛到辽东半岛或者到朝鲜半岛，按理说直接跨过渤海或黄海就可以了，可它却要很费事地沿着海岸线前进。为什么呢？因为导航技术不过关。我们知道，在航运上导航是至关重要的事情，有时候甚至比船的制造技术还要重要。唐代主要是天文和地理，也就是目视导航。此外唐人对信风也有一定的认识。

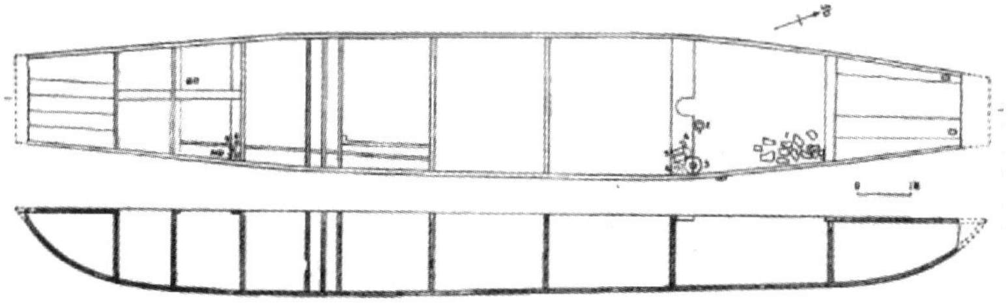

→上图：1973年江苏如皋唐代木船刚出土时拍摄的照片

→下图：木船的结构图
（以上两幅图片均出自南京博物院《如皋发现的唐代木船》，《文物》1974年第5期）

唐代的海船体积庞大，并且掌握了水密舱结构技术。水密舱就是把船底分作一个一个的舱，而且这些舱都是密封的。一旦船的某一处受损，只破一两个舱的话船是不会沉的。要知道泰坦尼克号就是水密舱没搞好才发生惨剧的。水密舱是唐代很了不起的一项发明。在江苏如皋发现的唐代木船上就有水密舱（见157页图）。

下面这幅图是隋代的楼船模型，楼船体积很庞大，据说可以乘载全副武装的战士八百人，船底可以载粮食两千石。汉代就有楼船，这种海船是海运、海战之利器。

← 嘉兴船文化博物馆馆藏隋代的楼船模型

一些学者认为，唐代指南针已经被用于航海。在我看来，这种说法缺乏明确的证据。与中国的很多发明一样，我们刚开始并没有把它们用到正途上去。比如火药发明之后我们没有把它用到军事上，而是用来放烟花；而指南针发明之后，我们很长时间是用它来看风水的。

船舶通讯方面，在没有无线电的时代，人们如何实现商船与陆地之间的通讯呢？信鸽无疑是不二之选。据说唐玄宗时期的著名宰相张九龄是中国历史上训练、使用信鸽的第一人。根据五代王仁裕《开元天宝遗事》记载，张九龄少年时驯养过传书鸽，与朋友通讯，就将书信绑在鸽子腿上，然后把鸽子放飞，他把这些鸽子称为“飞奴”。这在张九龄的家乡被传为美谈，是中国历史上使用信鸽的最早记录。这是陆地对陆地的通讯，更有点游戏的意味。张九龄是今天的广东韶关人，岭南地区受外来文化影响历来比较大，他可能是受到了南海外国商船的影响。唐代《酉阳杂俎》《唐国史补》和《唐语林》均记载波斯和狮子国（即斯里兰卡）的商船广泛使用信鸽，《唐语林》卷八：“海舶，外国船也，每岁至广州、安邑。狮子国船最大，梯上下数丈，皆积百货。至则本道辐辏，都邑为喧阗。有番长为主人，市舶使籍其名物，纳船脚，禁珍异，商有以欺诈入牢狱者。船发海路，必养白鸽为信，船没则鸽归。”因此究竟是谁影响了谁还不好说。

市舶使

市舶使是唐朝创立的主管外贸事务的机构，设在广州（安南亦有），主要职责是对贸易船舶征收关税，代表宫廷采购舶来品，对市舶贸易进行监督和管理，制定相关规章制度。黎虎《唐代的市舶使与市舶管理》（《历史研究》1998年第3期）：“唐代文献所记市舶使最早者为开元二年之周庆立。《旧唐书》卷八《玄宗纪上》：开元二年‘右威卫中郎将周庆立为安南市舶使，与波斯僧广造奇巧，将以进内。监选使、殿中侍御史柳泽上书谏，上嘉纳之。’此为文献首见市舶使之记载。论者或将唐代市舶使始置年代提早至贞观十七年(643)。此说肇端于顾炎武。日本学者桑原骘藏已指出此乃误将《宋会要》关于绍兴十七年之记事张冠李戴为贞观十七年事。桑原氏所论甚是，毋庸赘述。亦有将市舶使始置年代定于高宗显庆六年(661)者。此说所据乃高宗于是年发布之《定夷舶市物例敕》。《唐文拾遗》卷一载此敕曰：‘南中有诸国舶，宜令所司，每年四月以前，预支应须市物，委本道长史，舶至十日内，依数交付价值，市了任百姓交易。其官市物送少府监，简择进内。’认为‘所司’即指市舶使。此说不确。实则敕文中之‘所司’乃指中央有关部门，由他们造好预算，然后委托夷舶所至之地方长史负责采购……唐代市舶使的担任者大体经历了由朝官而宦官而监军(宦官)的变化过程，总的说来是以宦官为主，亦偶有朝官。”

阅读思考

唐代南方与北方的交通状况有什么不同？

参考文献

1.李斌城.隋唐五代社会生活史[M].北京：中国社会科学出版社，1998.

2.严耕望.唐代交通图考[M].上海：上海古籍出版社，2007.

第八讲

隋唐人的婚姻与家庭（上）

自人类诞生以来，婚姻与家庭就是人生非常重大的问题。我们来看看隋唐人在这方面的状况。

应该这么说，唐人的婚姻状况是唐代各种社会文化现象的集中反映，涉及种族、社会阶级升降、妇女地位、家庭观念，等等。这些问题很多是具有唐代时代特色的，与今天很不一样。比如说种族问题，尽管今天我国有五十多个兄弟少数民族，但总体来说中国人口的大多数是汉族。然而在唐代，人口的种族情况要比今天复杂得多。此外，社会阶级也处在一个剧烈升降的阶段，新的贵族的兴起，旧的贵族的消亡，乃至于整个贵族阶层的消亡，都是在这个时代发生的。

唐人成婚的年龄

首先，我们来看看唐人成婚的年龄。在隋末，受战乱的影响，人口大量减耗，其中包括死亡的，也包括脱离政府户籍控制的逃户。根据《隋书》的记载，在隋朝动乱之前，也就是隋炀帝大业五年（609）的时候，全国当时还有齐民编户将近九百万户。按照隋代人口的家庭组成来说，一家一般有五到六口人。换句话说，当时隋朝的总人口应该在五千万左右。可是经过连年战乱，到了武德年间，全国只有两百万户，平均算下来也就是一千多万人口，可谓锐减。造成这种情况的原因第一个自然是战乱，唐朝统一战争从隋朝末年一直打到贞观二年（628）平定梁师都为止，其间大量人口死于战乱；第二个原因是战乱造成大量民众逃亡，政府无法掌握这部分人口的户籍状况，所以上面那个两百万户指的是政府直接掌控的户数。

在这种情况之下，唐代政府特别重视婚姻，要求老百姓要及时婚配，繁衍人口。中国古代从来都是担心人口不够，他们也搞“计划生育”，但跟今天不一样，是往“多”计划。贞观元年发布了一道诏书《令有司劝庶人婚聘及时诏》，其中唐太宗殷切地希望天下的老百姓只要到婚配的年龄，都应该赶紧结婚。而且他还不忘那些鳏夫和寡妇：你们丧偶也有一段时间了吧？服丧期既然过了，就赶紧结婚吧。他还跟政府说：地方各级政府听好了，我要把百姓是否及时婚配作为衡量你们政绩的标准。《周礼》原本规定男子三十而娶、女子二十而嫁，其实这个规定看起来更符合人的生理特点，但是唐代政府的标准低于此规定，要求凡是男子年龄在20岁以上、女子年龄在15岁以上的，就该嫁娶。

当然各个历史阶段也不完全一致。到了开元年间，唐玄宗甚至还下令：男子十五、女子十三即可婚配。根据考古发现的墓志的汇集统计，甚至有实际婚配年龄比这个还要低的。我们根据《唐代墓志汇编》对上千方墓志进行了统计，得出的结论是：在这些墓志当中，女子初次出嫁年龄最小的有两例11岁，最大的27岁。现代社会27岁待字闺中的姑娘是乌泱乌泱的，但是在唐代，27岁已经算是极限的嫁龄了。墓志统计数据表明，13岁以下和20岁以上结婚的都是少数，前者太小后者太大，女子平均成婚年龄15岁，男子在20岁左右。这个数据还是很有说服力的。

唐人的择偶标准

唐人的择偶标准与我们今天大不一样，首先"门第"观念非常浓厚。唐代是个承前启后的时代，它往前是魏晋南北朝，大家知道，这一时期的政治也好、文化也罢，都有一个突出的特点——门阀。试问经历了那样一个贵族时代以后，唐人怎么可能不重视门第呢？唐初，那些魏晋南北朝以来的门阀大族虽然已经衰落，在朝中没有什么高官了，但这仅仅是指政治地位的衰落，其社会名望依然很高，社会都很认同他们。因为人家是名门之后，人家懂门风礼法。

当时天下有所谓"五姓七家"，即博陵崔氏（今河北省安平县、深州、饶阳、安国等地）、清河崔氏（今河北省清河县）、范阳卢氏（今河北省保定市和北京市一带）、陇西李氏（今甘肃省东南部）、赵郡李氏（今河北省赵县）、荥阳郑氏（今河南省中部）、太原王氏。其中李氏与崔氏各有两个郡望宗族，所以被称为“七宗五姓”“五姓七望”或“五姓七家”。这些家族很有名望，所以也很高傲，他们之间经常相互通婚，不大爱与外界通婚，甚至连当朝的一些权贵也不放在眼里。新兴权贵也就是唐朝的建国功臣们，这些人整天觍着脸想和山东旧士族通婚，这里特别要说明一下，这个“山东”不是今天山东省的意思，而是崤山以东，指华北华中这一带。人家旧贵族压根瞧不上这些新兴贵族：我家从东汉以来就如何如何，你家才兴起几年，别看你是当朝宰相，还不是个暴发户！总之一句话：门不当户不对。

当时唐太宗对这种现象深恶痛绝，他想不通的一点是：如今社会究竟是看重我李家官位，还是看重他们的“冢中枯骨”？所以他强行让高士廉等人编了一本《氏族志》，用来给天下各个家族划定等级。高士廉递上来的第一个版本很糟糕，他仍然把山东旧贵族列为第一等，唐太宗勃然大怒：“我与山东崔、卢、李、郑，旧既无嫌，为其世代衰微，全无冠盖，犹自云士大夫，婚姻之间，则多邀钱币。才识凡下，而偃仰自高，贩鬻松槚，依托富贵。我不解人间何为重之？祇缘齐家惟据河北，梁、陈僻在江南，当时虽有人物，偏僻小国，不足可贵，至今犹以崔、卢、王、谢为重。我平定四海，天下一家，凡在朝士，皆功效显著，或忠孝可称，或学艺通博，所以擢用。见居三品以上，欲共衰代旧门为亲，纵多输钱帛，犹被偃仰。我今特定族姓者，欲崇重今朝冠冕，何因崔干犹为第一等？昔汉高祖止是山东一匹夫，以其平定天下，主尊臣贵。卿等读书，见其行迹，至今以为美谈，心怀敬重。卿等不贵我官爵耶？不须论数世以前，止取今日官爵高下作等级。”（《旧唐书·高士廉传》）意思是那些山东旧士族仰仗的无非是其祖先的名望，是坟墓当中的那把枯骨，实际上他们除了好自矜夸、买卖婚姻之外别无一是，而当朝权贵却被世人看作低山东士族一等。所以他让高士廉把当朝的这些权贵放到第一等，把山东旧贵族给压下来。可这是人心的问题，一时半会儿怎么可能那么容易打压，所以就出现了一个矛盾的现象，一方面政府在打击山东旧士族的名望，可另一方面魏徵、李勣、房玄龄这些人又都纷纷向旧士族求婚。

到了唐高宗时期，权臣李义府因为向山东旧士族求婚不得，一怒之下撺掇武则天下达了一个禁婚令。山东旧贵族不是喜欢相互通婚吗？于是武则天来了一招绝的：我命令你们这些家族相互不得通婚，看你们以后怎么办。结果是这些家族赶在禁令生效之前纷纷突击结婚，聘礼都不要了。就连这些家族中的旁支小户也纷纷对外宣称：我乃禁婚家。你知道我家名望有多高吗？皇帝在那个禁婚诏书当中就提到我家了。这反倒成了炫耀的资本了。有些旁门远支尤其爱拿此事炫耀，硬把自己往禁婚家凑。禁婚政策的出台是武则天打击旧士族势力的一项重要举措。

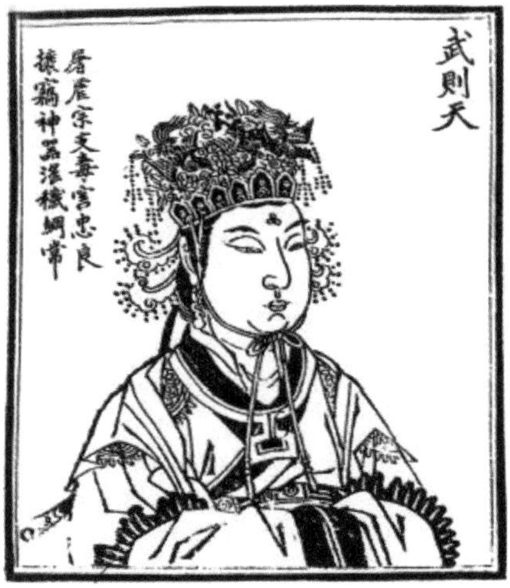

→ 武则天画像

武则天这个人一辈子就好跟贵族过不去，中国贵族政治的崩溃就是从她手里开始的。当然，她主要是为了发展自己的势力，客观上起到了这个作用。旧贵族势力的崩溃一直延续到宋代才算完成，民间受这种风气的影响也特别重视门第，就连武则天本人实际上也很受门第观念的影响。首先，武氏这个姓氏原本就是魏晋南北朝以来的一个上不了台面的小姓。《唐会要》记载说，当时突厥的可汗要向李家皇室求婚，结果派去的是武家的子弟，可汗很是不满："我可汗女当嫁天子儿，武，小姓。"你是小姓，怎么敢冒充皇子呢？所以我要发兵打你。按理说被人如此直接的瞧不起，就应该对这个门第观念进行否定。但恰恰相反，武则天把自己的女儿太平公主嫁给了薛氏，却对薛家的另外几个媳妇不满意，她嫌弃薛顗的老婆萧氏和弟媳成氏两人都不是贵族出身，就想让薛家把这两人休了。她还振振有词，"我女岂可使与田舍女为妯娌邪"，我的女儿怎么能跟农村妇女当妯娌呢？有知情人劝说：您可能不了解情况，萧氏是唐初宰相萧瑀的侄孙女，萧瑀是南朝萧氏，虽然不是山东旧士族，但人家也是南朝的贵族，你怎么能说她不是贵族呢？经过这么一番劝说，武则天才算打消了这个念头。

说实话，那个时候没有多少人愿意跟公主结婚，尤其是旧贵族。第一，旧贵族本身就高傲；第二，公主的脾气大，难伺候。在古代，娶公主可不是件好玩的事情，闹不好玩出人命都有可能。太平公主要嫁到薛家的时候，薛家紧张得不得了，特地询问家族中的一位长辈薛克构如何应对。此人告诫："帝甥尚主国家故事，苟以恭慎行之亦何伤。"（《资治通鉴》卷二〇二）咱们就小心点吧，想来也出不了什么大事。随后他还引用了一句民谚："娶妇得公主，无事取官府，不得不为之惧也。"意思是娶了个公主做媳妇，就等于把官司娶回了家，以后麻烦可就大了。这是一个。此外还有那让人头疼的公主脾气，太平公主就是个很厉害的人物，用陕西方言来讲是个“很歪”的人物。公主里面坏脾气的还真不少。唐宣宗有个女儿叫永福公主，这位公主原本准备嫁到一个贵族家里，结果在出嫁之前，发生了一件事情。她跟父亲一起吃饭（有其他资料说吃的是烤鱼），就因为鱼上的晚了点，咱们这位公主一气之下把汤勺和筷子都折断了，这就是咱们平常说的大小姐脾气吧。唐宣宗为此勃然大怒：女儿如此骄横无礼，怎么放心把她嫁到人家士人家里去。宣宗是晚唐时期比较有作为的一位皇帝，而且此人特别崇尚礼教，所以决定这个婚照结，但是得换人，最后把永福公主换成了广德公主（钱易：《南部新书》）。

“安史之乱”以后，社会上的门第之风仍然特别盛行，而旧士族的门望依然很高。唐文宗时曾经想给太子选妃，选的是荥阳郑氏，结果竟然引发郑氏整个家族的一片恐慌，文宗大怒，但是也无可奈何。史料记载，唐文宗曾经说过这么一番话，“民间修婚姻不计官品而上阀阅”（《新唐书·杜中立传》），意思是老百姓选婿的时候，不看重官品只重门第，我们家都当了两百年天子，难道还比不上博陵崔氏、范阳卢氏吗？皇帝想与山东旧贵族通婚，非但没有让人家受宠若惊，反倒引起一片恐慌，可见当时门第观念之重。陈寅恪先生在《唐代政治史述论稿》中曾就这件事发表议论：“然贵为天子终不能竞胜山东旧族之九品卫佐，于此可见当日山东旧族之高自标置，并非无因也。”就连皇帝在婚姻方面都得向人家山东旧贵族低头，由此可见旧贵族好自矜夸是有资本的。

讲到这儿，我们再说一件跟这有关系的事。唐宣宗时期，要给万寿公主选女婿，当朝宰相白敏中（白居易从弟）推荐了当年的新科状元郑颢，而郑颢当时正赶赴楚州（今江苏淮安），向山东旧贵族范阳卢氏求婚。据说当他行至郑州时被白敏中发堂帖追回，宣布君命说选中你当驸马了，郑颢一下子崩溃了，陷入绝望当中，从此记恨了这个媒人一辈子。有一次，白敏中被任命到外地做官，在离开京城之前，他鼓足勇气找皇帝谈了一番话，意思是：当年为了给您女儿做媒，我把郑颢算是得罪惨了，这小子一直记恨我。我这一离开京城，他肯定要在您面前说我的坏话，臣性命堪忧啊。结果很有意思的是，唐宣宗拿出了一叠文件来给他看：你以为郑颢这些年来告你的状还少吗？你看看，这些全是他告你的，我从来都没当回事，你就放心走吧。这件事很有意思。

从出土的唐代墓志来看，婚姻中崇尚门阀的风气始终不减，谁家如果娶的媳妇是崔卢李郑王那几个姓，就一定会大书特书一番，给自己脸上贴金。至于崔卢李郑王哪儿来那么多女儿，对此我们深表怀疑。什么时候这个风气没了呢？应该是在唐末，具体来说是黄巢起义以后。原因很简单：黄巢起义转战全国，对贵族是走到哪儿就杀到哪儿，这事证明消灭贵族的有效手段竟然是肉体消灭。宋代以后，中国有贵人，但是再也没有贵族政治了。

我刚才说了，民间受这种风气影响也很严重。前边曾经反复提到过一位民间诗人王梵志，此人的作品关心的是民间疾苦，反映的是老百姓的声音，但是有意思的是，他的婚姻观也是那种很陈旧的门第观念。他有一首诗叫《有儿欲娶妇》："有儿欲取妇，须择大家儿。纵使无姿首，终成有礼仪。"他主张选媳妇漂不漂亮在其次，首先还是要选名门闺秀，大户人家的女儿懂礼仪啊。

买卖婚姻

如果实在没有门第，往往就要退而求其次，追求在钱财上多捞一些，于是伴随着门第观念就产生了买卖婚姻。唐人议婚常常同时伴随着大量财货的出入，甚至于出现了"陪门财”。所谓“陪门财”，意思就是说，你如果门第不如对方，就要用钱财来垫脚。

唐中央政府对这种社会现象予以了严厉的打击，早在贞观年间就曾经下诏禁止买卖婚姻，显庆四年的诏书更是明确提出“毋得受陪门财”（《资治通鉴》卷二〇〇），不许你们搞什么陪门财。但是说实话，民间习俗还真不是几纸诏书就能决定得了的。就拿显庆四年（659）这份诏书来讲，它对彩礼的数量进行了相当详细的规定，比方说三品以上之家不得过绢三百匹，四品五品不得过二百匹，六品七品不得过一百匹，八品以下不得过五十匹，等等。但是纸面的规定和民间的执行往往是两回事，门第观念只要存在，陪门财就少不了。在《太平广记》中就曾经记载过一个叫李肃的人，他想跟卢氏通婚，我们知道卢氏是大姓，他门第不如人家怎么办呢？人家给他提出一个数字——一百万，满足了这个数字就可以求婚。于是逼着他到处跑着去借贷，最终总算是把这一百万凑齐了，这就是所谓的陪门财。门阀大族虽然冠冕已衰，但还是能通过这种手段来获取实利。

唐代联姻极具功利性，不光是男方给女方彩礼，女方也要自带嫁妆。而在民间，如果凑不够钱的话，往往这婚就结不成，极有可能孤老一生。于是就产生了一个现象：贫家的女儿即便长得再漂亮也无人问津。这里我们列举一首唐诗《寒女行》：

寒女命自薄，生来多贱微。
家贫人不聘，一身无所归。
养蚕多苦心，茧熟他人丝。
织素徒苦力，素成他人衣。
青楼富家女，才生便有主。
终日著罗绮，何曾识机杼！

清夜闻歌声，听之泪如雨。
他人如何欢，我意又何苦。
所以问皇天，皇天竟无语。

诗中开宗明义：这么好的一个女孩子，就是因为家里拿不出嫁妆来，最后误了终身。王维也有一首诗，叫作《洛阳女儿行》：

洛阳女儿对门居，才可容颜十五余。
良人玉勒乘骢马，侍女金盘鲙鲤鱼。
画阁朱楼尽相望，红桃绿柳垂檐向。
罗帏送上七香车，宝扇迎归九华帐。
狂夫富贵在青春，意气骄奢剧季伦。
自怜碧玉亲教舞，不惜珊瑚持与人。
春窗曙灭九微火，九微片片飞花琐。
戏罢曾无理曲时，妆成只是薰香坐。
城中相识尽繁华，日夜经过赵李家。
谁怜越女颜如玉，贫贱江头自浣纱。

诗中述说的也是一个非常漂亮的女孩子因为家贫而无人问津的悲惨遭遇。“谁怜越女颜如玉，贫贱江头自浣纱”，长得漂亮又有什么用呢？唐人的婚姻功利性太强，这里面即使会有浪漫的成分，但在现实中真的抵不过强大的功利成分。

买卖婚姻的盛行还伴随着一个现象，那就是唐代出现了一个媒人阶层。这个阶层跟民间那些小打小闹的媒婆们不一样，她们是专门在贵族和官宦之间做媒人生意。这些女人好像天生就喜欢做媒，若是既有乐趣又有钱赚，更加乐而为之。这里面最著名的是杨贵妃的姐姐虢国夫人和韩国夫人。这两个女人给唐玄宗那些儿子和孙子们做媒，每说成一桩婚事收取钱财一千贯。我们知道唐后期宦官专政，到了唐德宗时，宦官也看上了这个生意有利可图，积极参与其中，而且他们有权有势，所做的媒一般也都能成功。下图中骑马的这位就是大媒婆虢国夫人。

→《虢国夫人游春图》局部

唐代妇女的“三从四德”

什么是“三从四德”？《仪礼》里边说：“妇人有三从之义，无专用之道，未嫁从父，既嫁从夫，夫死从子。”这是“三从”。“四德”指的是妇德、妇言、妇容、妇功。郑玄作注说：“妇德谓贞顺”，意思是贞洁顺从；“妇言谓辞令”，说话要得体；“妇容谓婉娩”，行为举止要得当；“妇功谓丝枲”，意思就是我们平常所说的女红，你得有手艺，能操持家务。这就是“四德”。我们知道“三从四德”后来成为封建礼教束缚妇女的一个象征。

在我们印象当中，唐人好像很开放，唐代妇女的地位似乎很高。是这样的，唐代妇女地位高是不争的事实，而且由于受到了胡族文化的影响，她们在政治、经济、文学艺术等方面，都表现活跃。跟宋代以后不一样，大家也知道，宋以后的妇女深受礼教束缚，首先把脚都给你缠上，让你大门不出二门不迈。别说古代了，民国时期，谁家女儿敢靠在自家院门嗑两下瓜子，名声就坏了，这叫举止轻浮，行为不端。

在唐代，妇女受这些束缚的确很小，但是话说回来，我们也不要受史料的误导。要知道中国的史料大部分是描述上层社会生活的，上层社会的妇女，确实是再婚率高，婚外情也严重，而且唐代的传奇文学当中有很多自由恋爱的故事，像红拂、霍小玉、崔莺莺等典型人物，一说起来大家都耳熟能详，由此很多人得出结论——唐代妇女皆是如此。然而当时的情况真的是这样子吗？不见得。上层社会妇女的确是开放，但是她们人数少，没法代表全体妇女，而且随着近年研究的深入，尤其是大量墓志的出土，向我们展示了隋唐妇女的另一幅画卷，三从四德的色彩其实是相当浓厚的。她们的贞操观与中国古代其他历史时期的妇女并没有太大的区别，包括那些山东旧贵族，整天矜夸自己家的女儿懂礼仪，其实推崇的就是三从四德，这是他们用来标榜的工具。由此可见，对唐代妇女的开放程度不可做过高的估量，我们今天所说的隋唐妇女地位高与开放，也只是相对宋代以后而言的。

关于恋爱方式，刚才说到传奇文学中有很多自由恋爱的故事，可是你们有没有想到，那些故事之所以能作为一种浪漫的象征被写到传奇故事当中，恰恰说明它太少。那时候婚姻主流方式，仍然是家长控制下的包办婚姻，很多妇女都讲究从一而终。比如，隋文帝的女儿杨丽华曾经贵为北周宣帝的皇后，她的丈夫是中国历史上以荒淫无道而著称的皇帝，同时立了五个皇后，她（杨丽华）是老大。大家知道，中国古代的皇帝有很多妃子，但是皇后还真没有立这么多的，杨丽华这个丈夫的荒唐事简直说不完，就这么个人，她居然还要从一而终。宣帝死了以后，杨丽华的父亲杨坚夺取了天下，建立了隋朝，因为女儿年龄不大，才二十来岁，杨坚就想给她找一门婚事再嫁，结果人家不干，要从一而终。《新唐书·列女传》中也列举了很多唐朝的贞节烈女，那些事迹搁到明清也算得上是要受旌表的、立牌坊的。有一位烈女因为不愿意再嫁，面对家族的压力，为了表明心志，甚至要把自己的耳朵割下来。她还引用了以前读《列女传》时看到的一番话："不践二廷，妇人之常，何异而载之书？"意思就是说：寡妇不应该再嫁，女人一生不能嫁两家，这是很正常的事，有必要写到书里吗？她就是这样一种从一而终的心态。由此可见，唐代妇女，尤其是中下层妇女，三从四德思想意识深厚，政府也是鼓励这种行为的，唐代因为妇女守节受到政府表彰并立贞节牌坊的事数不胜数。

不过话说回来，唐代的妇女要说还是比后世更加开放，她们首先在日常生活当中，与男性的接触比较多且随意。前面讲衣食住行的时候我曾经说过，隋唐时期，妇女穿着比较暴露的衣服，整天在外走马游玩，是很常见的事情，与男子之间嬉笑对她们来说，也不算闺门失礼。大家知道，宋代以后，妇女是大门不出二门不迈，男女之间授受不亲，在家里兄长和弟媳之间都不能随便讲话，你想一起说笑，那是不可能的。但在唐代，男女之间好像没有这么严格。举个例子，张籍有首诗叫《节妇吟》：

君知妾有夫，赠妾双明珠。
感君缠绵意，系在红罗襦。
妾家高楼连苑起，良人执戟明光里。
知君用心如日月，事夫誓拟同生死。
还君明珠双泪垂，何不相逢未嫁时。

诗中描述一个已婚女子受到一个男子的追求，男子还送给她明珠作为定情信物，而这个女子的态度是这样的：我家老公也是个官人，家里有高楼连苑起，很是富有，我不可能抛弃我的丈夫，但是我也很感激你，我知道你对我的心是真诚的，我要把信物还给你，只是恨不相逢未嫁时。

这首诗的篇名叫《节妇吟》，那么这位节妇的“节”体现在何处呢？我们可以理解为她把明珠还给人家，婉拒了男子。但是一句“恨不相逢未嫁时”大有相见恨晚之意，我没出嫁的时候为什么你不出现呢？她的精神其实已经出轨了，居然还能称为“节妇”，所以后人想不通。明末唐汝询写了一本《唐诗解》，解读到这首诗的时候，唐老先生就极不满意：“彼妇之节，不几岌岌乎？”清代贺贻孙的《水田居诗筏》也说道：“节妇之节危矣哉!”还有清人沈德潜的见解也很有意思，他认为不见得真有这个女子这回事，这只是一种比喻，是张籍写诗明志，写给军阀李师道，此人想请张籍做谋士，但是张籍看出他有反心，所以不愿意去，但还是对李师道表示感谢，因此写了这么一首诗。沈德潜的《唐诗别裁》在收集唐人的诗作时没有录用这首诗，他的理由从妇女贞操观这个角度说得很明确：“然玩辞意，恐失节妇之旨，故不录。”所以说，唐代妇女的所谓贞操观和三从四德仍然是很讲究的，只是与后代还是有所区别。

阅读思考

请分析唐代妇女贞操观与后世的不同。

参考文献

1.张国刚.中国家庭史[M].广州：广东人民出版社，2007.

2.李斌城.隋唐五代社会生活史[M].北京：中国社会科学出版社，1998.

3.施蛰存.唐诗百话[M].上海：华东师范大学出版社，2001.

第九讲

隋唐人的婚姻与家庭（下）

本讲我们从女子择婿开始说起，讲婚姻的程序和婚后的生活，给大家描述一幅唐人婚姻家庭生活的全景画卷。

唐代是个才子辈出的时代，所以唐代女子择婿，除了我们上节课提到的门第、钱财之外，才气也是极其重要的一个衡量标准。我们知道，唐朝妇女的活动范围要比宋以后的妇女大得多，也更自由，虽然包办婚姻仍是主流，但是她们总有办法通过各种方式打听、甚至是亲自去看一看自己未来夫君的样子，从而根据自己的好恶去改变父母的意见，与后世的完全包办婚姻还是不太一样的。

有关才气，咱们先说一个故事，唐太宗有一个妹夫叫薛万彻，此人是当时的一员名将，很能打仗，原本是太子李建成的人，玄武门事变时力挺李建成，攻打玄武门，差点让李世民功亏一篑。事变后他投降了，李世民不但宽恕了他，而且把自己的妹妹丹阳公主嫁给了他。但这人是赳赳武夫，没什么文化。有一次唐太宗跟别人说“薛驸马村气”（《隋唐嘉话》），意思是土气，被公主听到了，这对丹阳公主来说是极大的打击。从此接连几个月都不太搭理这个夫婿，连跟他一张席子上坐着都不愿意。唐太宗听说后心想：这事情是我惹下的，我说人家村气，结果人家夫妻俩就不和睦了，我得补救一下。于是他专门把薛万彻叫来“握槊”，所谓“握槊”就是下双陆棋。下棋的过程当中，他有意输给这个薛驸马，还把自己所佩戴的一把刀输给了薛万彻。这下公主心花怒放，主动招呼自己的丈夫同车。

唐人特别重视文学。大家知道，唐代是个文学发展非常繁荣的时代。为什么呢？其一，太平盛世，人们受教育的水平高。其二，唐代取官，是要加试杂文的，这是从武则天时代开始的。既然要考文章，那么就不仅是经学，文学也得学。根据《通典》的说法，当时是“父教其子，兄教其弟，无所易业”“五尺童子耻不言文墨焉”，大家都讲究写文章，就连小孩子如果不会写文章，都羞愧得不得了。在这种社会风气之下，婚姻观又怎能不受影响呢？

我们在唐代文学中经常能够看到，女子因为仰慕某位男性的才气而倾心于他。比如《霍小玉传》，霍小玉是唐代的一名奇女子，她出身青馆，是一个艺伎，卖艺不卖身的那种，这种女子的社会地位是比较低的。她非常仰慕当时的一位著名的诗人李益，机缘巧合之下，她的家长就把李益请来，想要促成这门婚事。我们知道霍小玉是色艺俱佳的大美女，两个人第一次见面的时候，李益很紧张，女孩子也很紧张。霍小玉的母亲说：“汝尝爱念‘开帘风动竹，疑是故人来’，即此十郎诗也。尔终日吟想，何如一见？”你平常不是最喜欢念那两句诗吗？那就是十郎，也就是这位李益写的呀。今天人都来了，你好好看看吧。霍小玉很害羞地低着头说：“见面不如闻名，才子岂能无貌？”既然是才子，那一定是帅哥。话虽说有点绝对，但这也是重才气的体现。

那时候，婚姻还可以用“诗文决斗”这种方式来定夺。古时的西方人野蛮，为争一女子，两个男人要用刀剑、手枪决斗，非得斗个你死我活。我们唐人则用诗文决胜负，既浪漫，又文明。据说当时有一个人叫李郢，这个人想娶邻居家的漂亮女儿，同时另一家也来提亲，这边女方家就犯了难，最后想了个办法，让两家都准备彩礼，谁能拿出一百万，就把女儿许配给谁。结果这两家很快都把一百万凑齐了，怎么办呢？这家女儿最终决定“诗文决斗”，请各自赋诗一首，“以为优劣”，结果由于李郢写诗是一等一的高手，终于赢得美人归（《唐语林》）。

前面提到唐代女子想方设法窥测未来夫君的相貌和才气，有一个故事说的是李林甫家里有六个女儿，由于李家很有权势，想求婚的人排长队。李林甫在自己平常办公的房间隔墙上开了一个小窗，但凡有年轻的士子来家中说事的时候，他就让自己的女儿们悄悄躲在窗户后面看，看中哪个选哪个，所以人们给这扇窗户取名“选婿窗”。虽说是包办婚姻，但起码能让女孩子自己先定个大方向。

可以说，唐代女性相对来说还是有一点自主权的。就连宫女也勇于追求自由，甚至发生过一次著名事件——唐中宗时期曾有三千宫女集体逃亡。对此有人可能不解，宫中生活不缺吃不缺穿，不是挺好嘛。但是人是需要精神生活的，高墙之内的生活十分寂寞无聊，尤其是感情生活方面有巨大的空白。试想后宫佳丽三千，能得到皇帝宠爱的少之又少，而且宫内充满了钩心斗角，千万别忘了武则天就是宫斗的胜利者。现在荧屏上那么多有关宫斗的影视剧，虽然基本上都是虚构，但那份钩心斗角确实不假。唐中宗曾有一次大发善心，准许宫女们在正月十五晚上出外游玩赏灯，要知道，平时宫中一到夜间就紧闭宫门实行宵禁，结果居然有三千人趁机跑了。唐代鼎盛时期，长安宫女也不过万余人，这下子等于将近三分之一的人跑了，官方给的说法是“淫奔”（《新唐书·庶人韦氏传》）。一个两个在外面有相好的跑了，这我相信，可这是三千人啊！皇帝是临时起意让宫女外出赏灯，并没有计划和准备的时间，事实上她们就是抓住机会逃跑了。

我这里有一张陕西师范大学博物馆馆藏墓志的照片，很有意思，大家一看就知道宫女究竟受不受重视。先看看这个

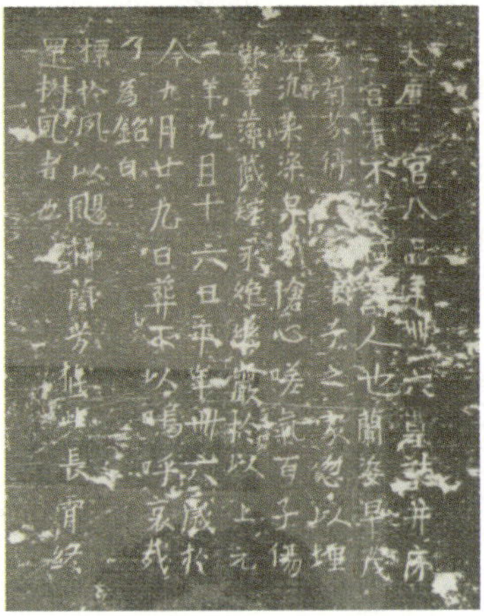

← 陕西师范大学博物馆馆藏墓志

墓志上的一笔狗爬字，再看看时间、年龄，部分字体和旁边还不一样，而且连名字都没有。一言以蔽之：找几个半文盲批量制作墓志，死一个就用一块，年龄、时间一填就算完事儿。这就是宫女的命运，对官府来说她们的人生不过是填空而已，没有半点尊严可言。为此学者程章灿专门写了一篇文章叫《“填写”出来的人生——由〈亡宫墓志〉谈唐代宫女的命运》（《中国典籍与文化》1996年第1期），就是根据这样的一批墓志来研究唐代宫女的落寞人生。

唐代的宫女们毕竟还算幸运的，她们还有自由可以投奔。可想而知，出逃之后她们无法归家，因为官府一定会到其家中蹲守，作为一个没有身份、不敢透露来路的女子，看来还是有足够的社会空间接纳她们，这是唐代社会自由度的一种体现。难以想象宋代以后的社会还能有这样的宽容度，在女性被思想、习俗、礼教严格控制的时代里，再无自由可以投奔，所以才会出现明朝嘉靖年间的“壬寅宫变”，备受折磨的宫女们选择的是勒死嘉靖皇帝，最终功败垂成。

唐代还出现了中国的丘比特，就是月老。有关月老的传说源自唐代，有一篇叫《定婚店》的文章记载说，有一个叫韦固的人，年轻的时候曾经遇到过一位仙人，这位仙人坐在月下，手里拿一本书，上面的字都看不懂。韦固请教人家是何方神圣，仙人回答说：“我负责掌管天下的婚牍，也就是说天下的婚书都归我管。”韦固听了很高兴，他来这个地方正是为了向某家的女儿求婚的，就想让仙人看看是否能得偿所愿。月老告诉他：从书上看，他的媳妇今年才三岁，不是这家姑娘，而且他马上就可以在菜市场上见到未来的媳妇，是被一个老妇人抱着的小女孩。结果他真的见到这么一个小女孩，长得非常丑，他心里失望得不得了，甚至动了雇人行凶的歪念。杀手行凶的时候，一刀砍中了这个女孩的眉心，但是没砍死。若干年以后，韦固终于娶媳妇结婚了，他发现这个新媳妇眉心老贴着一个装饰用的花钿，连洗澡都不揭。问起的时候，她说：我三岁的时候，让一个狂人无缘无故地袭击了，一刀砍中我这里。韦固问：抱你的是不是一个老太太？媳妇回答：对啊，那是我的乳母。韦固心想：果然是命中注定的姻缘，谁也跑不了。据说月老手里有一根红绳，只要把红绳系在夫妻两人的脚上，“虽仇敌之家，贵贱悬隔，天涯从宦，吴楚异乡，此绳一系终不可逭”。

月老图

下面，我们来谈谈唐代婚姻的程序。自先秦以来，中国婚姻讲究所谓“六礼”。包括“纳采”，即请媒人说媒；“问名”，把双方的名字、生辰八字都集中在一起；“纳吉”，算一算，看两人合不合；“纳征”，男方向女方家送聘礼，双方约定婚事；“请期”，男方询问女方家里什么时候结婚合适，选个黄道吉日；到了正式的婚礼那天，就是“亲迎”。这就是唐代婚姻的“六礼”，无论是贵宦也好，民间也好，都是按照这个程序来的。

唐代对于婚约有着严格的法律规定，在唐人看来婚姻是很神圣的，不能随便反悔，婚约应受法律保护。《唐律疏议》中规定，已经立了婚书，或者私下已经约定的，如果反悔的话，要打六十杖。那么怎样就算定了婚约呢？《唐律疏议》规定了三种形式：第一种，有明文的互报的婚书，这是一种确凿无疑的婚约；第二种，即便没有婚书，如果有证据表明已经订立私约的，也算；第三种，女方已经接受聘财的，说明已经接受了婚约。在这三种情况之下，法律认定男女双方的婚约关系已经成立，若要反悔的话，是要受处罚的，确保了婚姻的严肃性。

此外，民间对于婚书的格式也有具体的要求，并不是随随便便想怎么写就怎么写的。唐代虽然是盛世，但是受过教育的人毕竟还是少数，如果有一个比较规范的婚书格式，只需要往里面填写人的名字就行了，对大众来说的确是件好事。拿敦煌出土的《婚事程式各件》当中记载的《通婚书》来说，首先有男方给女方的婚书，有对方的回信，等等，双方都有固定的格式。我们主要来看《通婚书》的后半段，前面都是客气话，后面才是关键，“某自第几男”，我家里的第几个孩子；“年已成立，未有昏媾。承贤第某女，令淑有闻，四德兼备，愿结高援”，我家这个孩子还没结婚，听说你家有个特别好的女孩，想结姻亲；“谨同媒人某氏某乙，敢以礼请脱。若不遗，伫听嘉命。某自”，我们特地带着媒人来请示，愿意不愿意您给回个话，我们在这等着。这是男方给女方的。

那么女方也要按照格式写《答婚书》，《答婚书》和《通婚书》一样，前面也是一大堆客气话，后面才是关键。“某自第几某女。年尚初笄”，我们知道初笄是十五岁左右，“未阚礼则，承贤第某男未有伉俪，愿存姻好，愿托高援，谨回姻媒人某氏，敢不敬从，某自”，我们家的女儿十五岁了，到了结婚年龄还没有婚配，听说你家的孩子不错，我跟媒人回话我们愿意。就这样，回头在婚书上填上名字就可以了，和现在填制式合同一样，非常方便。

亲迎之礼是婚礼的重头戏，程序众多，热闹非凡。结婚当天，新郎要带领自己的亲族骑马驾车浩浩荡荡去到女方家，而女方要把大门一关，故意为难一番，新郎要在新娘家外面高声朗诵“催妆诗”，催促新娘：赶紧吧，你的妆化快一点吧，别让我们再等着啦！这跟现在结婚不是一样的吗？

有一首唐代的《云安公主下降奉诏作催妆诗》，所谓“下降”就是嫁给驸马，最后一句话是：“借问妆成未，东方欲晓霞。”这妆化的时间也太长了，天马上就亮了，赶紧出来吧。还有一首有趣的催妆诗，唐朝有一个人叫陈峤，这个人当过官，八十岁还强娶别人家的女儿，一个老家伙娶这么年轻的媳妇，大家都想讽刺讽刺他。结婚这天，一帮子同僚们就让他做一首催妆诗，而且“咸有生荑之讽”，“生荑”就是枯木逢春的意思。结果人家写的最后两句话是“彭祖尚闻年八百，陈郎犹是小孩儿”，你们还想讽刺我年龄大，我八十岁怎么了，彭祖还八百岁呢，我只相当于他十分之一，所以我还是个小孩子呢。

当时还出现了一个习俗，叫作“障车”。新郎来的时候不是带着车队吗？女方家的人要把车队拦下来，索取钱财来助兴，如果新郎够有才气，还要让他当场赋文一篇，这叫作“障车文”。这种习俗其实今天依然延续，只是叫法不同而已，唐代也一样，有的人甚至还索要障车钱，比彩礼还要高，双方闹到最后就翻脸了，以至于形成了当时社会的一个不安定因素。所以唐玄宗、德宗时期多次下诏，制止“障车”这种风气，但也没什么效果。

我们再来看一下敦煌文书的《下女夫词》，这个很有意思，说的是男方的迎亲车队到了女方家以后，女方家里的女性亲属要拦着，然后双方有这么一番问答，语调都比较轻松、诙谐，营造出一种热闹的氛围。男方这边一般是男傧相出面，女方那边就是嫂子等女性亲眷，双方你来我往，都有固定的套话。

男傧相一来就高声喊："贼来须打，客来须看，报道姑嫂，出来相看。"

女的出来了，还明知故问："门门相对，户户相当，通问刺史，是何祗当？"男方这边回答："心游方外，意遂姮娥。日为西至，更兰至此。人先马乏，暂欲停流（留），幸愿姑嫂，请垂接引！"意思是说我们走乏了休息休息。女方再问："更深月朗，星斗齐明，不审何方贵客，侵夜得至门庭？"你们大半夜跑到我们这来是干什么的呀？

男方回答："凤凰故来至此，合得百鸟参迎。姑嫂若无疑□（这个字辨认不清楚了），火急反身却回。"我们是凤凰啊，你们要好好迎接，不然的话我们可就走了。

女方："本是何方君子，何处英才？精神磊朗，因何到来？"你们是干什么的？为什么到这里来？

男方："本是长安君子，进士出身。选得刺史，故至高门。"

女方："既是高门君子，贵胜英流，不审来意，有何所求？"你们既然是这么有名望的人，到我们家究竟想干啥呢？

男方："闻君高语，故来相头（投），窈窕淑女，君子好逑！"

直到最后一句才把来意说明白，早说不就完了！这就是双方你来我往的互相逗趣。

这里顺便说一下，中国古代结婚是在晚上进行，所以叫"昏礼"，原来是没有女字边的，就是黄昏的意思。为什么这个时候结婚呢？因为古人认为黄昏时分是“阴阳交时也”，即白天和黑夜交替的时候，阴阳交合，符合婚礼之意。不像现在，我们中国很多地方的婚宴都要赶在中午十二点以前开席，其实这是违背古礼的。

在当时的婚礼中还有很多程序。比如“下婿”，女婿向女方的父母来拜阁，我要把你们女儿娶走，先来拜一拜你们，娘家的女性亲属都到场，每人手里拿一根棍子打新郎，轻打也就罢了，有的竟然下手重到将新郎给打晕过去。其实就是给新郎一个下马威，意思是别欺负我们家女儿，你看我们娘家人多彪悍。再比如“转席”，是说把新娘迎进门的时候，脚是不能踩到地上的，前面要有人拿一块毡毯，新娘子走一步他就把毡毯往前挪一点，这样一步一步走过去，寓意是前程似锦。还有“坐鞍”，就是在门口摆一个马鞍，新郎新娘要么跨过去，要么干脆在上面坐一下，寓意是平平安安。

进了洞房以后，少不了还要闹洞房，闹洞房是中国人的悠久传统。唐人闹洞房比现代人要文雅多了。唐代的新娘子往往是用一把扇子遮着脸，扇子发展到后来就成了我们常说的盖头。闹洞房的这些人会起哄让新郎赋诗一首，叫作“却扇诗”，得让新娘听得心花怒放了，才把扇子拿掉，夫妻两人这才算是正式见面。据《资治通鉴》记载，唐中宗曾经干过一件很离谱的事，他给一个叫窦从一的大臣说媒。唐中宗这个人举止轻浮，他实际上是准备要拿窦从一开涮。窦从一是个鳏夫，一听皇帝要给他说媒，那当然高兴啦，但他并不知道自己要娶谁。更没想到的是，他这边刚点头同意，那边结婚仪式就开始了，一大堆人马盛装而出，搞得热闹无比。皇帝还亲自闹洞房，非起哄来首却扇诗，等把诗念完了，这位新娘子把扇子一放下来，窦从一顿时傻眼了，原来新娘子又老又丑，竟然是韦皇后的奶妈，后来被封了个“莒国夫人”。婚礼已经进行到这个环节，窦从一再后悔也是来不及了。

唐人所说的扇子，指的是团扇，那时候没有折扇。折扇是日本人发明的，后来传入了中国。下图中就是《簪花仕女图》中团扇的造型。

→《簪花仕女图》

热闹的婚礼结束之后，新娘子的苦日子就开始了。进了婆家的门，新媳妇就要承担起整个家庭生活的重任，除了平日里一日三餐、洒扫庭除、缝缝补补、饲养家禽、纺线织布，更不用说有了孩子之后还要相夫教子，所以说中国古代的女性，尤其是基层社会的女性，实际上负担比男性要沉重。男性的任务是比较单一的，就是田间的劳作和徭役，女性则千头万绪，就连刚嫁过去的新娘子都战战兢兢。王建有一组诗叫《新嫁娘三首》：

邻家人未识，床上坐堆堆。

郎来傍门户，满口索钱财。

锦幛两边横，遮掩侍娘行。
遣郎铺簟席，相并拜亲情。

三日入厨下，洗手作羹汤。
未谙姑食性，先遣小姑尝。

新娘子刚一嫁过去就要开始做饭，而且因为心里没底，生怕公公婆婆吃得不满意，所以还要把小姑子叫来先尝一尝，看看合不合婆婆的口味。那种惶恐不安的心态跃然纸上。

下面我们来谈谈婚后的家庭生活，唐代法令承认一夫多妻制，但是对于妻妾的地位有着严格的区分。妻就是妻，妾就是妾，两者之间不可替代，不能说妻死了，妾就可以转正。甚至规定“以妻为妾，以婢为妻者，徒二年”（《唐律疏议》卷十三），你要是把两者身份互换的话，是要判你徒刑的，这在法律上有着严格的规定。“若以妻为妾，以婢为妻，违别议约，便亏夫妇之正道”（《唐律疏议》卷十三），此事违背礼法，歪风邪气绝不可助长，所以坚决不能让两者的地位发生互换。唐代曾出现过一种现象，有的男子特别爱自己的妾，而且他的妻子也已经去世了，按我们的想法：既然妻子已经去世，那把妾扶成妻是自然而然的事，但是当时的法律不允许这样做，所以男子干脆终生不再娶妻，始终和自己的妾一起生活，从而忠贞于两人间的爱情。这恰恰也反映了妻妾之间悬殊的差别。

唐人把妻子叫作“内子”，而对妾则有各种各样的称呼，比如“妇”“姬”“外宅”“侧室”等等。这里面还有区别，“妇”也好，“姬”也好，起码还可以住在男方家里，所谓“外宅”是连家门都不让进，在外面随便买或租个房子让你住下，就好比《红楼梦》里那个尤二姐。贵族官僚当中蓄养姬妾的现象是非常普遍的，有的甚至多达上百人。

不像妻是明媒正娶的，妾的来源很复杂，有买来的，有收纳客女而来的，也有强权夺来的。妾没有人身保障，可以随时被买卖，在家庭生活中的境遇大多非常凄惨。为什么呢？要知道唐朝妇女性格豪放，多“悍妇”。所谓“悍妇”，是隋唐文化独有的现象，是那个时代的一种带有贬义的称呼。按照现代观念来看，她们中除了一部分的确是不讲理的泼妇之外，其实大部分不过是努力维护自己的婚姻和家庭的女性。但是时代的局限性我们不可回避，所以在本书中暂且沿用“悍妇”这个词汇。唐代绝对称得上是中国“悍妇”史上的一个高峰，所以妾的日子过得比较艰难。

说到“悍妇”，隋代的独孤皇后算是天字第一号“悍妇”，在她的管制之下，隋文帝虽然有很多妃子，但他谁都不敢亲近。有一次，隋文帝宠幸了一个宫女尉迟氏，独孤皇后听到这个消息，第二天趁着皇帝去上朝，直接进入寝殿，把这个尉迟氏给杀了。皇帝下了朝回来找尉迟氏，有人回答说被杀了，问谁杀的，说是皇后。隋文帝杨坚是历史上著名的怕老婆，他还真不敢把独孤氏怎么着，于是在愤懑之下，他做出了中国帝王史上空前绝后的举动——离家出走了。当时是在山里的行宫仁寿宫里，他骑上一匹马，一跑几十里，害得大臣都连夜跑出去找。这还了得！从没听过这种事——皇帝出走了，还不知道去哪儿了。虽说最后大家费尽周折总算把他找回来了，但这个故事从此就成了独孤皇后强悍的一个标签。

还有唐朝著名的一则故事——妒不畏死，说的就是一个“悍妇”为了不让自己的老公娶妾，甚至可以以死相争。据说唐太宗时期有一个兵部尚书叫任瑰，皇帝给他赐了两个宫女，结果带回去之后，他的妻子彪悍得不得了，把这两个女孩子折磨得头发都掉光了。皇帝听说了非常愤怒：你居然敢这样对待我赏赐的宫女!于是专门派人赐毒酒给这个任氏，跟她说：你听清楚,任瑰是三品官，按理说他应该有妾，没有反倒是不正常，你如果以后发誓不再嫉妒，你就可以不喝这个酒；如果你非要管这个事的话，“饮之立死”，那你就马上把它喝下去。结果任氏当场说了这样一番话：“妾与瑰结发夫妻，俱出微贱，更相辅翼，遂致荣官。瑰今多内嬖，诚不如死。”（《朝野佥载》）我们俩本来是贫贱夫妻，一起白手起家，才有了现在的地位，现在他要娶这么多妾，行，我死！任氏竟然就把酒喝了。这毒酒是真毒酒吗？不是，唐太宗也不至于给她真毒酒，只是让她喝下去之后睡着了。唐太宗对任瑰说：完了，我也没办法，你这媳妇厉害，我都害怕。当然，还有一种说法说这不是任瑰而是房玄龄的故事，说法不一，但是内容基本是一致的。连皇帝的旨意都敢违背，这就是唐朝妇女豪放性格的体现。

有关“悍妇”的故事都无比生动，咱们再来看一位。唐贞观年间，有一个姓阮的县令的老婆阎氏也极其厉害。一次，这个县令在客厅里饮酒会客，也没做什么，只是让一个女奴来唱歌，阎氏便“跣足袒臂，拔刀至席”，披散着头发，光着脚，袒露着胳膊，拿着刀就冲过来了，把所有的客人都吓跑了。女奴是狼狈而逃，阮县令则吓得钻到床底下，战战兢兢不敢出来。当地的刺史听说这个事之后，在每年给官员做考核的时候写下了这样的评价：“妇强夫弱，内刚外柔。一妻不能禁止，百姓如何整肃？妻既礼教不修，夫又精神何在？考下。”（《朝野佥载》）唐朝官员考核分上中下三等，每等中又分上中下，一共是九等。“考下”，这指的是最下等。你这官不行呀！连老婆都管不了，我还能指望你管一个县的民众吗？阮县令为此把官都丢了，你看这女人强势到何种程度。

还有一个叫李福的人，老婆裴氏也是不愿意自己的丈夫亲近其他女性，李福只能在私下偷偷做点手脚。古人尤其是女性头发很长，洗澡时间蛮长的，李福就对自己的随从说：如果夫人去洗澡，你们要赶紧报告我。有一次，他听说夫人去洗澡了，连忙把自己的女奴叫来，结果很快就有人把消息报告了夫人，但人家没说是李福召唤女奴，而是说主人肚子疼，正在自己的卧室里躺着，这也是李福对外宣称的。没想到的是，“悍妇”虽悍，但也很在乎自己的丈夫，听说丈夫有病，于是披头散发地就赶过来了。李福听说夫人来了，又不敢说实情，只能就势装病，结果老婆想了一个急救办法——用童子尿送药，古人讲究这个。李福没办法，还真把这罐尿给喝下去了。第二天，同事们听说他病了都来看望，他把这事跟自己同事一讲，最后说“一事无成，固其分”“所苦者，虚咽一瓯溺耳”（《太平广记》引《玉泉子》）。我不但啥事也没干成，还为此白白地喝了一罐尿，窝囊啊！

唐代的“悍妇”数量比任何朝代都要多得多。晚唐的时候，有一个大臣叫王铎，为防备黄巢，他曾经被派去南方镇守一座城。他是带着自己的妾去的，夫人听说后非常恼怒，没过几天也从自家出发，赶去他的所在地。结果我们的王铎就面临了这样一个有趣的局面，一方面军情来报，说黄巢来了；另一方面家人来报，说夫人来了。王铎跟自己的幕僚们商议：前有黄巢，后有夫人，这可咋办？谋臣们竟然主张“不如降黄巢”（《北梦琐言》），咱干脆投降黄巢吧。王铎大笑。换句话说，夫人比黄巢还要可怕。

再来说说休妻。唐代休妻有所谓七出之原则。什么叫七出呢？其实就是七项条件，“无子、淫佚、不事舅姑、口舌、盗窃、妒忌、恶疾”，只要满足了其中一项，就可以休妻。无子不用说了；淫佚是指作风不好；不事舅姑，唐人所说的“舅姑”就是公婆；口舌，口舌生是非；盗窃、妒忌，这都不用说了；还有恶疾，就是得了像麻风病这样的重大疾病。妇人只要犯了这七出之罪当中的任何一项，在法理上都可以被丈夫休掉。

这里我们顺便说一下，虽说唐代妇女豪放，“悍妇”多多，但是说到底，唐朝仍然是夫权社会，所以说休妻的主动权在丈夫手里。不过法律对妇女也有保护，规定在三种情况下不得休妻，号称“三不去”：第一，“持舅姑之丧”，就是此时公婆刚好去世，媳妇正在服丧期间，不得休妻；第二，“娶时贫贱而后富贵”，就是说你娶人家的时候还很穷，后来发家了，就瞧不上人家了，想把人家休掉，不能这样，你这是陈世美，当然唐代还没有陈世美这人；第三，“有所受无所归”，就是说你娶的时候人家的娘家人都在，如果她家人都已经去世了，你这时候要休妻的话，她就无家可归了，这种情况下也不能休妻。当然，现实生活中不按这个规定办的大有人在。此外，唐代法律还规定“义绝则离”，就是说如果觉得感情已经完全没有了，女方也可以提出离婚，这点跟后世还是不太一样（《唐律疏议》卷十四）。

唐朝的再婚现象也很普遍，尤其是贵族上层当中再婚者是屡见不鲜。根据统计，高祖到唐高宗期间，正史有名的公主一共是212位，其中只结一次婚的104位，再婚的25位，三婚的2位，情况不明的39位，早薨、夭折的29位，终生未嫁的1位，出家的12位。从这组数字中，我们看得出来，结一次婚的还是占多数的，再婚的也不少，甚至还有三婚的。公主再婚主要集中在唐前期，尤其是风气最为开放的唐玄宗时期，就有多达9位。唐代宗以后，一直到唐朝灭亡，不再见公主再婚之事。唐宣宗以后，公主再婚这个事从法理上就断绝了，据说是唐宣宗明文禁止的，“夫妇，教化之端。其公主、县主有子而寡，不得复嫁”。

虽然离婚、再婚为当时法律所允许，但是我们从出土的墓志来看，在唐代民间，妇女的守节观念相当强，从一而终的非常多。而且还存在一个现象，唐代的寡妇当中，宗教信仰特别普遍，特别虔诚，这是支撑她们从一而终的精神支柱。

下面我们再谈一种特殊的婚姻——冥婚。冥婚是指男女死者生前可能并不认识，但是死后把他们配为夫妻。先秦的时候，冥婚就曾经存在过，中国古人总觉得人要是没结婚就死了，一生很不完整，很可怜。历史上非常著名的那位称象的曹冲就是冥婚。曹冲是少年夭折，他死的时候曹操非常伤心，曹丕还劝他，《三国志》记载：“文帝宽喻太祖”，文帝就是曹丕，太祖就是曹操。曹操回答得很明白：“此我之不幸，而汝曹之幸也。”他的死对我来说是不幸，对你们这些小子来说是你们的幸福。啥意思？曹冲多聪明，我多喜欢他啊!如果曹冲能长大成人，我这位子肯定要传给曹冲，是轮不到你曹丕的。曹操为了表达自己的哀思，特地给曹冲聘了一门冥婚，把当时的一个甄氏亡女嫁给了自己死去的儿子，并合葬在一起，这就是冥婚。

唐代皇子也有冥婚的，比如中宗之子李重润、肃宗之子李倓等。《旧唐书·懿德太子传》中记载了懿德太子的冥婚，当时中宗即位之后将懿德太子陪葬乾陵，就曾找了一个已经去世的女子裴氏作为冥婚，并把他们合葬在一起。从墓志上来看，唐前期民间冥婚现象是十分常见的，但是“安史之乱”以后，搞不清楚是什么原因，冥婚现象开始大为减少。

婚姻与家庭我们就讲到这里。

阅读思考

从婚姻和家庭的制度方面，如何看待唐代的妇女地位？

参考文献

1.张国刚.中国家庭史[M].广州：广东人民出版社，2007.

2.李斌城.隋唐五代社会生活史[M].北京：中国社会科学出版社，1998.

3.李正宇.《下女夫词》研究[J].敦煌研究，1987(2).

4.张艳云.从敦煌的婚书程式看唐代许婚制度[J].敦煌研究，2002(6).

第十讲

隋唐人的礼仪

中国素有“礼仪之邦”之称，礼仪是中国古人生活当中重要的一部分，我们的中华文明在礼仪方面是最明显的一个体现。中国古人特别重视制礼作乐，比方说孔子，他一生最在乎的事情就是礼乐制度，儒家思想就是礼乐思想。为什么要有礼仪呢？在《礼记》当中有这样一句话，“使人以有礼知自别于禽兽”，这话说得很有意思。没有礼仪的是禽兽，有礼仪且懂礼仪的才是人。

隋唐时期高度重视礼仪。隋代仁寿二年（602）的时候，就由大臣杨素主持修定《五礼》，唐贞观初年由宰相房玄龄领衔制定了《贞观礼》。到了高宗显庆年间，由长孙无忌领衔制定了《显庆礼》。后来又出现了一部重要之作，就是开元年间修定的《大唐开元礼》。为什么这么说呢？因为它集前代之大成，对后世也有重大的影响，而且这本书我们现在还能够看得到，是研究唐代礼仪不可或缺的一部重要资料。

简单来说，中国古代的礼仪分为五大类：其一是“吉礼”，这是五礼之冠，主要讲究对天地人神的祭祀。它包括祭天的，有祭天神、祭昊天上帝、祭日月星辰；祭地的，有祭社稷、祭五帝、祭五岳、祭山林川泽；还有祭人神、祭人鬼的，包括祭先王先祖等。这就是所谓的“吉礼”。

← 唐代的圜丘遗址

刚才说到“吉礼”里面包括祭天，上页图中就是跟祭天有直接关系的一处遗址，它位于今天陕西省西安市陕西师范大学雁塔校区南门外,这是20世纪90年代对它进行考古发掘时的现场照片。这是唐代的天坛。

我们知道现在的北京城有个天坛，不过隋唐时候没有天坛这个称呼，唐代的天坛俗称圜丘。这是隋代修的，到了唐代继续沿用，实际上跟北京的天坛是一回事。根据《唐会要》的记载，它一共有四层，每层高八尺一寸，最底部直径二十丈，最顶部直径五丈，有十二条陛道。我们可以看到这个圜丘很白，原因是唐代圜丘每过若干年，都要刷一层白垩土做装饰，所以显得比较白。

其二是“嘉礼”，嘉礼指的是和合人际关系、沟通联络感情的礼仪，换句话说，就是构建有古代特色的和谐社会。嘉礼包括的主要内容有饮食之礼、婚礼、冠礼、宾射之礼、飨燕之礼、脤膰之礼（指的是用生肉或者熟肉来祭神），等等。还包括贺庆之礼，比方说别人家生孩子了或者是其他喜事，你去登门庆贺的时候也要有一套礼仪。

其三是“宾礼”，宾礼是接待宾客之礼。古人接待宾客也是件大事，怎样做到不失礼也有一套很讲究的东西。

其四是“军礼”（军旅之礼），师旅操练征伐也有一套自己的礼仪。

其五是“凶礼”，顾名思义，一听这个名字就知道肯定不是好事，它主要指的是吊唁、哀悼这方面的礼仪。古人的葬礼就包括在这个凶礼里面。

以上就是吉、凶、军、宾、嘉这所谓的“五礼”，不过，这些政治上的重大礼仪典章制度并不是本书的重点。

我们要说的是与人们的日常生活息息相关的各种礼节，这些礼节包括皇帝与大臣之间的礼节、大臣与大臣之间的礼节，也包括官与民以及民与民之间的礼节。比如“蹈舞礼”，大家看古装影视剧时都有一个印象，好像大臣见了皇帝都是三拜九叩这样一个礼节，这也不假。但是，唐代还有一种礼节叫作“蹈舞”，就是说大臣见了皇帝要跳舞，与少数民族的锅庄舞有点像，这是唐代一种非常尊贵的礼仪，只限于臣民对皇帝。这个风俗很有可能来自北魏鲜卑族，在朝会大典、宣扬露布（特指檄文、捷报等紧急文书）以及畋猎、撰写诏令、接受诏书、获得天子嘉奖、拜谒皇帝、赦免死罪等场合，有关人等均要行“蹈舞礼”。

有的大臣在外边当官时间长了，还真不会跳，事先都得练，如果跳得不好看还要受罚。在唐高宗和武则天时期，曾经有一个大臣就因为忘记“蹈舞礼”而受到了惩罚。据说此人名叫韩思彦，由于在外边当官的时间非常长，结果回到朝中他拜完了之后忘了舞蹈。更为关键的一点是他在皇帝面前念叨了外戚弄权的事，要知道外戚弄权这个矛头是直指着武则天去的，所以武则天非常厌恶这个人，最后就找了个借口整他。什么借口呢？你不跳舞我就要惩罚你。结果这位老先生先被发配到山东泰安，随后又被发配到今天的越南南河省当了个朱鸢县的县丞，后来又被迁到广西的贺州当司马，最后死在了那里。

有些年纪大的大臣，皇帝允许可以不跳舞，可是皇帝要看你不顺眼的话，你多大年龄也得给我跳。比方说，隋朝有个重臣叫苏威，这个人在当时权势非常大，号称“四贵”之一。但是这个人很没骨气，隋末隋炀帝在江都被叛军给杀了，他先后投降瓦岗军和王世充，所以李世民很瞧不起他。李世民平定洛阳的时候，苏威来请见李世民，那时候李世民还不是皇帝，只是秦王，苏威就说：我既老且病，不能下拜蹈舞。李世民本来就看他不顺眼，见此就让人把他数落了一顿。你贵为隋朝的宰相，可是国家发生动乱，你却不能救国，致使生灵涂炭，连皇帝也被杀了。听说你见李密和王世充的时候，都曾经蹈舞过，怎么见我就不想跳了，既然这样那你就别来了。这是让他退出政坛的意思啊。苏威听后很是惶恐，后来到了长安又几次想求见李渊和李世民都不被允许，最后在家里郁郁而终。

此外，还有一些其他的礼节。比如“趋步礼”，臣子见了皇帝或是部下见了上级，你还四平八稳一步一摇地走是不行的，要赶紧一路小跑过来。上朝的时候大臣见皇帝要趋步，大臣受到御史的弹劾也必须从朝堂的队伍当中趋步走出，部下见上级要趋步，儿子见父亲要趋步，卑者见尊者要趋步。举一个例子，唐高宗和武则天时期，有一个弄权的大臣叫李义府，外号叫李猫，意指虽面带微笑但是心狠手辣。这个人曾经想霸占一个很漂亮的女子淳于氏，淳于氏因为犯事被收在大理寺的监狱里，李义府授意大理寺丞毕正义把她放出来，然后要将她纳为妾室，结果遭到了弹劾。为了避免事情败露，李义府竟然设计逼迫毕正义悬梁自尽了。皇上听说这个事后想放李义府一马，因为他是红人啊。可御史王义方不干，御史的职责原本就是弹劾官员，而且这个人很耿直，他的母亲也是个很刚强的女子，王义方曾征求他母亲的意见：我要弹劾皇帝和皇后眼中的红人，很可能给咱家带来灾祸，您看怎么办？他母亲就说：豁出去咱这一家老小的性命，弹劾，我支持你！结果王义方就在朝堂之上高声启奏要弹劾李义府。按规定，凡是受到御史点名要弹劾的官员，必须要从朝臣当中赶快出来。李义府很牛，王义方连着点了他三次名，人家站在那里一直没动，后来他发现皇帝坐在那儿不吭声，一看知道这回这形势不对劲了，这才趋步走出。王义方便开始念弹劾的奏文，暂时才算是把他的嚣张气焰给压制住了。

皇帝有时候为了表达自己对某位大臣的优待，也会特地下令免去“趋步礼”。据说李世民的儿子魏王李泰特别胖，体重绝对在二百斤以上，所以唐太宗就给他免除了“趋步礼”，特别允许他乘坐小舆上朝。小舆就是几人抬着的类似于小轿子的古代交通工具。还有唐后期的唐宣宗，据说特别善解人意，对大臣很好，每次有官员按照趋步礼，一路小跑跑到皇帝面前来奏事，宣宗都会让他停下来，把气喘匀了再说，这都体现了皇帝对大臣的优待。

当然，有些权高震主者也会享有此特权。比如隋末唐初的隋恭帝最后把皇位让给了李渊，隋恭帝对李渊就是这样；晚唐唐昭宗、唐哀帝对朱温也是如此，这是迫不得已的。

我们经常说要站有站相坐有坐相，站立的时候也有相关的礼仪，如“叉手礼”，臣下对皇帝、晚辈对长辈、老百姓对官员常行此礼，就连站着的时候手往哪儿放都是有讲究的。当过老师的人都知道，站在讲台上，你这浑身上下所有的零部件当中，最难处理的就是这手，要不怎么说人慌张的时候叫手足无措呢！

据《事林广记》记载，行叉手礼时，左手要把紧右手的拇指，左手小指指向右手腕，右手四指要直，左手大拇指要朝上，正如以右手掩其胸，但是还不能离胸口太近，要有点距离。叉手礼远看有点像拱手，但又不是完全的拱手，它有它的讲究，这是晚辈对长辈、下级对上级的很恭敬的一种仪态，这种仪态（礼仪）有可能源于佛教。下页图中是著名的《韩熙载夜宴图》，图中有一位男子，很明显，相对于主角们来说他是一个很年轻的人，所以他很恭敬地站在了旁边，他的双手呈现的就是一个典型的叉手礼。

除此之外，还有“顿首礼”“稽首礼”等。“顿首礼”是惹了事之后请罪的礼仪，双膝跪下、拱手于地、头向下拜，“顿首”说白了就是头得磕地。当年，独孤皇后为了让自己的女儿不被周宣帝杀掉，曾经在自己的女婿周宣帝面前跪行此礼，把头都磕出血了。“稽首礼”与“顿首礼”实际上很相像，主要的区别是前者头顿在地上停留的时间比较长，而且主要用在臣民见君主的时候。

→《韩熙载夜宴图》局部

前面讲衣食住行的时候，我曾经说过，唐人坐的方式以席地而坐为主，所以座席对唐人以及唐以前的人来说是常用的一个物件，由此诞生了一种礼仪叫作“避席之礼”。所谓“避席”，就是赶紧从座位上起来，站到席子旁边，这是一种在很庄重的场合用来表示尊敬对方时所行的礼。《艺文类聚》卷七十七中曾经提到“大仙下降，避席为恭”，意思是说迎接神仙要避席，以此表示自己对对方极庄重的尊敬。

除了这些礼仪之外，日常生活中还会经常用到的，有“拱手礼”“鞠躬礼”“拜礼”“罗拜礼”。“拱手礼”，我们一直沿用到民国时期，影视剧里经常能够见到。“鞠躬礼”，隋唐时候的人是经常鞠躬的，今天的中国人腰杆变硬了，现在主要是日本和韩国人鞠躬。我有个同学在日本生活十多年了，每次见面说话的时候，他不由自主地就会“嗨嗨”地鞠躬，已经形成习惯了。“拜礼”大家都知道，就不用解释了。“罗拜礼”指的是多人对一人行礼，大家围成半圆向其行礼。据《旧唐书·突厥传》记载，唐太宗曾经在渭水岸边，与突厥的颉利可汗举行会晤。当时颉利可汗率军入侵，形势很是危急，唐太宗只带了几个人便跑去跟人家谈判，不仅胆量过人，而且以理服人，使得那些突厥将帅们最后纷纷下马，围成个半圆对唐太宗行“罗拜礼”。

当时还有一些颇具时代特色和民族特色的礼节，比如“嫠（lí）面之礼”“割耳礼”。“嫠面”是用刀划自己的脸，“割耳”是把自己的耳朵割下来，这在我们现在看来可真是有点血腥了。这样做究竟是为什么呢？匈奴、突厥这些北方草原游牧民族都有“嫠面”这样的礼节，是用在丧礼上的。比方说部落酋长死了，部下们为了表示自己的哀痛，都要用刀子把自己的脸划得一道一道的，血流得越多就越证明你哀悼得情真意切。当年，唐太宗那个不争气的太子承乾就是这么干的，承乾爱慕突厥文化，他曾经躺在地上装作突厥可汗死了，然后让部下环马奔临，然后还要“嫠面”，玩够了之后他坐起来连呼有趣。

隋唐时期草原游牧民族文化对汉族的影响非常大，表达悲痛之情的时候，经常有人拿刀划自己的脸。至于“割耳”，则是表达自己强烈的诉求。比如，我家里有人被冤枉下了死牢，我要告状，为了引起你的重视，我把我的一个耳朵割下来放在盘子里，连同状纸一块递交。当然，这种手段过于血腥，实在不为汉族人所接受，这些礼节后来便逐渐消失了。

皇帝经常会有一些优待臣下的礼节。比如“肩舆上殿”，类似于明清时期进了紫禁城可以骑马，肩舆类似于后世的轿子，或是四川地区的滑竿，年老的重臣可以乘坐肩舆、步辇上殿。说到步辇，下图是著名的《步辇图》，这是唐太宗乘坐步辇的一个场景。画中的主角是唐太宗，抬着步辇的是宫女们。

→《步辇图》

再比如"步迎赐坐"，皇帝为了表示对你的尊重，亲自走到大殿外去迎接你，然后还赐坐。还有"临轩迎送"，指的是皇帝一直把臣子送到大殿的屋檐下，这已经是非常隆重的礼节了。

唐玄宗时期曾经特别优待安禄山，要知道安禄山这个人特别会做表面功夫，很会拍马屁，唐玄宗真是被他迷惑了，但对他也不是完全没有防备。据说安禄山每次来朝的时候，皇帝都让他坐在大殿的西侧，而且给他在后面布置一个帐子叫金鸡帐，这个实际上是有讲究的，金鸡在古代有辟邪的功能。有人不服，说从来没有在正殿上让人臣坐下来，皇上你对这个安禄山宠得有点太厉害了！结果皇上回答说：这个胡人（安禄山）长得有异相。什么是异相呢？据说安禄山看起来有龙的外貌，不过这个龙不是什么好龙，是猪龙。所以唐玄宗说此人有奇相，我让他坐在金鸡帐下，是用金鸡压住他。唐玄宗对安禄山就是这样既防备又宠爱，这是一种很矛盾的心态。

有的大臣受到皇帝的宠幸，就难免会恃宠而骄，干出点违背礼仪的事情。唐太宗这个人爱好书法，搜集了好多二王（王羲之、王献之父子）的笔迹，擅长写一手叫“飞白书”（陕西昭陵博物馆所藏尉迟敬德墓志上的字体即“飞白书”）的书体，写完了就赐给群臣。皇帝赐字，这下乱了，群臣都纷纷上去抢，最过分的是有一个大臣叫刘洎，这个家伙为了抢这幅字，竟然登上了御床，御床就是我们所说的龙椅。身为人臣居然敢登到龙椅上，这是严重违背礼仪的事情。结果有人就弹劾他：“洎登御床，罪当死，请付法。”结果唐太宗竟然一句“昔闻婕妤辞辇，今见常侍登床”，哈哈一笑完事（《旧唐书·刘洎传》）。常侍当然指的是刘洎，婕妤辞辇是个典故，汉成帝曾经有一位妃子班婕妤（班恬），她是班固的祖姑，据说长得非常漂亮，而且作得一手好诗词。有一天，汉成帝在后庭游玩的时候，让班婕妤跟他坐在一辆车上，可班婕妤说了一番话：“观古图画贤圣之君皆有名臣在侧，三代末主乃有嬖女，今欲同辇，得无近似之乎？”（《汉书·外戚列传》）意思是说，以前的三皇五帝身旁都是些名臣贤士，只有夏、商、周三代末主，夏桀、商纣王、周幽王之类的才让妃子陪在身边，你今天要跟我坐一个车，你不觉得有点类似于他们吗？这是违背礼仪的，汉成帝就此作罢。

← 陕西昭陵博物馆馆藏尉迟敬德墓志

唐太宗时期，曾经有一个洺州刺史叫程名振，这个人据说善于用兵，皇帝听说后就把他叫来，经过了解发现此人果然很能干，于是给他拜了新的官职。程名振在外当官时间长，对朝廷的礼典生疏了，结果忘记了拜谢，唐太宗一下子就恼了：你这山东粗汉，我给你授官你竟敢不拜，到底想怎样？程名振举止自若，很是从容：我是疏野之臣，皇帝从来没有亲自接见过我，我光想着怎么应对皇帝的话了，所以忘了拜谢。这样一来，唐太宗非但不生气反而很高兴：我身边这些大臣尤其像房玄龄，你别看他跟在我身边二十多年了，我只要一发脾气他就吓得面无人色。可是这位小程同志看到我发脾气，人家神情淡定，对答如流，由此可见还真是一个人才。最后程名振官拜右骁卫将军。有时候礼仪方面有所亏欠的时候，不见得完全是坏事，关键看对方是谁，搁在唐太宗你就没问题，换了商纣王恐怕你就有大问题。

官员之间也有礼仪。《通典》记载，几品官拜几品官，部属之间怎样拜官长，县里的官员怎样拜县令，州里的官员怎样拜刺史，都有各种各样的规定。尤其有意思的一点是，在《通典》卷一〇八中还特别提出："凡致敬者，若非连属应敬之官相见，或贵或贱悬隔，或有长幼亲戚者任随私礼。"大家要知道，在中国古代的官场上，有些官员之间往往还有亲戚关系，亲戚见了面是按官场的礼仪来，还是按家族的礼仪来？这里就存在礼法上的矛盾。有时候会出现这种现象，小辈可能官大，长辈可能官还小，这种情况下怎么办？《通典》告诉你"任随私礼"，也就是说可以采用家族中的礼仪。

官员之间的区别也是非常明显的，低官遇高官、民见官，都必须回避，否则就要受罚。《唐六典》中规定："诸官人在路相遇者，四品已下遇正一品，东宫官四品已下遇三师，诸司郎中遇丞相，皆下马。"看见高官都要下马；行路时的原则是贱避贵，身份低贱的要避身份高贵的；少避老，轻避重，轻装的人要躲避重装的人；还有去避来。也有个别豪贵的家奴仗势不避的。天宝十年（751）曾经发生过一个著名的事件，杨国忠家奴夜游长安，在西市门口与广平公主夫妇相遇，为了争路竟然用鞭子打到了公主的衣服上，驸马前去扶公主的时候，竟然被杨家的家奴用鞭子抽。公主告御状，唐玄宗竟然来了个各打五十大板，杨家家奴杖杀（杀掉），驸马免官。按照当时的礼法规定这就是以下犯上，责任应当全部在家奴身上，但是唐玄宗竟然把驸马的官给免了。如此毫无道理的判决说明了什么呢？这说明杨国忠杨家当时的势力已经大到何等地步。类似的事件在晚唐僖宗的时候还曾经发生过一次，天威军将领杨守立和凤翔节度使李昌符，因为在路上相遇互不避让，结果两个人打了起来，最后演变成在长安城内，皇帝的眼皮子底下发兵展开巷战，皇帝派人劝说还无效。可见当时唐朝的中央权威已经急剧衰落，没人把皇帝的话当回事。

这里说一个与行路之礼有关系的很有趣的故事。贾岛是唐代中期一位著名的诗人，这位一旦作起诗来便如痴如醉，什么也顾不上。有一天他骑着一头驴，而且《唐才子传》形容这头驴是“蹇驴”，什么叫蹇驴？驴本来就是劣乘，腿还是瘸的。他坐在驴上先赋了一句“秋风吹渭水”，然后骑着驴一边走一边想，又想到一句“落叶满长安”，正自鸣得意，“咣当”一头撞到大臣刘栖楚的队伍里去了。史书记载刘栖楚这个人脾气很火爆，当下给他一个下马威，把他关了一宿。可放出来后贾岛还是不改本色，仍然是坐在他那头驴上摇头晃脑，想着他那些诗句，想了两句“鸟宿池边树，僧推月下门”，然后就犹豫了，是“僧推月下门”好呢，还是“僧敲月下门”好？他一边走一边还做手势，究竟是“推”还是“敲”呢？正推敲着呢，又撞到人家大官的车队里去了，这回是撞到韩愈了。大家知道韩愈是个爱才之人，韩愈就问他：你这怎么回事啊，干什么呢？贾岛就跟他说了自己的困惑，结果韩愈居然站在那里帮着想，想了一会儿韩愈说“敲”字更好，因为这首诗描写的是月夜静谧的场景，一个“敲”字让这片静谧中忽然有了响声，更能反衬静谧的深沉。两人就这么一边研究着一边往回走，后来成了莫逆之交，从此成就了一段文坛佳话。这就是我们经常用到的“推敲”一词的由来。

有关民间的礼仪，我们可以用王梵志的诗来总结一下，诗中讲的是民间的宴会礼仪。

主人相屈至，客莫先入门。
若是尊人处，临时自打门。

亲家会宾客，在席有尊卑。
诸人未下筋，不得在前椅。
……

诗中提到，你应邀到别人家去做客，主人在门口迎接你，主人不进门你一定不要先进门，让主人先走。席间座位有尊卑关系，你看清楚再坐下，坐的时候不要拿后背朝着人，这样不礼貌。另外，主人和其他尊客在宴席上没有动筷子的时候，你不要先动，要让长辈、主人先动筷子。尊客敬酒，你要躬身去迎接，尊客给你食物，你千万别推辞，说那玩意儿我不爱吃，不要多言；尤其是如果你写得一手好诗文，不要在这里炫耀你的文采；不要多喝酒以免失态；尊客如果有亲属来了，你要主动到门外去远迎；一屋子的客人不论贵贱，你都要一视同仁，不能看人下菜。

刚才说了宴席间不要炫耀你的文采，咱们举一个例子，一首诗文引发的“惨案”。一次宴会上，元稹和白居易都在，宴会的主人是宰相裴度，裴度要求大家作诗。大家知道，唐人经常在宴会上连句作诗。当然了，那时候最有名的文人就是元稹和白居易，但当时有一个叫杨汝士的人在场，此人在诗文方面也很有功底，杨汝士作了这么两句："昔日兰亭无艳质，此时金谷有高人。"接下来就传到白居易，可咱们白居易一时之间竟然对不上来，为了掩饰自己的尴尬，他把大家连句的这张纸撕掉了，往旁边一扔，念了一句："笙歌鼎沸，勿作冷淡生活。"这是一句俗语，意思就是说大家正值酒酣耳热，这么热闹的时候，不要搞这个冷场子的东西。他的好友元稹坐在旁边，回过头来对白居易说："乐天所谓能全其名者也。"意思是白乐天还是你行，你很会维护自己的名誉啊。元稹是看出来了，白居易接不上了，所以用这种办法来掩饰，于是讽刺了他一句。据《唐摭言》记载，这个宴会结束以后，杨汝士非常得意，好家伙，人都说元白诗文天下第一，今儿让我把他们俩给镇住了！他回去后跟自己的弟子说："我今日压倒元白。"今天宴会上我的文才压倒了元稹和白居易！看来他没有读过王梵志的诗，还在这儿炫耀，马上就会有麻烦了。后来杨汝士的弟弟杨殷士参加科举考试，据说是考试过程当中有舞弊行为，结果皇帝把这个案子交给了手下一批大臣去调查，调查组成员当中就有元稹，结果就把杨殷士这个案子给坐实了。这事做得对不对暂且不论，反正我们可以肯定跟那次宴席上的不愉快应该是有点关系的。

阅读思考

试分析唐人日常礼节背后的时代精神。

参考文献

李斌城.隋唐五代社会生活史[M].北京：中国社会科学出版社，1998.

第十一讲

隋唐人的医疗

生老病死是人生必经的四个阶段。医疗对于人来说，无论哪朝哪代都是非常重大的事情。今天我们来看一看隋唐人的医疗状况。隋唐时期，总的来说医疗水平比起前代已经取得了长足的进步。首先，前所未有地出现了全国性的官方医疗机构，而且建立了医学校，培养医学生，涌现出以孙思邈、巢元方、甄权、王焘等为代表的一批医学大师。此时的医学理论，坦白地说比起《黄帝内经》时代，没有什么大的突破。中国的医学理论获得突破，是金代和元代时期的事情。但是，隋唐时期医疗经验方面的积累非常丰厚，是这个时代医学发展的一个主要特征。

我们先来看一看，唐代究竟有哪些疾病。要知道，各个时代都有自己主要的疾病种类，每个时代并不一样。我们所说的主要疾病种类不是常见病的意思，而是致死率排在前十名的疾病。举一个简单的例子，20世纪50年代的时候，在中国的主要疾病种类当中，肺结核等传染病是第一位的。那么六十多年过去了，现在又是什么状况呢？大家都知道，近几年中国人的主要疾病种类中致死率比较高的，要数心脑血管疾病、癌症这些了。为什么会有这么大的变化？原因就是生活条件不一样，环境不一样，因此疾病种类也随之发生变化了。

一千多年前的唐代，当然也有它自己的疾病种类，肯定跟现在不同。要研究这个问题有一个短板，唐朝没有有关死亡原因的统计资料，所以我们只能另辟蹊径去揣测它。我找到了一个办法。敦煌文书当中有两百多卷本手抄的《新菩萨经》和《劝善经》，是佛经，而且是国人自己造的，不是从印度传来的，被称为“疑伪经”。在这些经文当中，能体现出唐人对于某些疾病的恐惧。其时间跨度从武则天时期一直到北宋，而且这些写本的种类比较丰富，有四种版本。由此，我揣测其中提到的疾病都是当时的人比较恐惧的，所以才会这样反复地提及，就好比现在的人一说起癌症都很害怕，也就越发关注。

一个时代的人经常念叨的疾病，往往很有可能就是当时最主要的疾病。刚才提到《新菩萨经》《劝善经》，《新菩萨经》有三种版本，现根据S.622号文书录文如下：

> 大小念百万□阿弥陀佛，五百身中不入恶道，菩萨说今年八月九日太山崩，须九百亿□，亦须九千亿牛。第一患死，第二卒死，第三生产死，第四不持斋死，第五肠肚热死，第六自绞死。今年禾豆熟恐无人收，度今年即好，信者写一通免身，写二通免合家，写三通免一村。若闻不写即灭门。若有转读此经者，皆度苦难，不信即身灭。经从西凉州县来，在彼城东门口，四□雷鸣，雨下一石如斗，破两片遂见此经。转示众生得福无量。长安四年五月十五日。

《新菩萨经》这个经文是由宰相贾耽颁下诸州，然后让每个人都要念经、抄经，你若不抄的话以后就要死于这些疾病，你若抄了的话，抄一遍自己平安，抄两遍全家平安，抄三遍全村平安，这就等于古代版的连锁信。经文里面提到的疾病包括疟病死、天行病死、卒病死、肿病死、生产死、患腹死、血痈死、风黄病死、水痢死、患眼死，等等。我把几种版本中提到的疾病种类排列成表：

内容	新菩萨经			劝善经
	甲本	乙本	丙本	
病名	第一患死 第二卒死 第三生产死 第四不持斋死 第五肚肠热死 第六自绞死	第一病死 第二卒死 第三赤眼死 第四肿死 第五生产死 第六患腹死	第一疟病死 第二天行病死 第三卒病死 第四肿病死 第五生产死 第六患腹死 第七血痈死 第八风黄病死 第九水痢死 第十患眼死	第一疟病死 第二天行病死 第三赤白痢死 第四赤眼病死 第五女人生产死 第六水痢（病死） 第七风病死
写本编号	S.622	S.3091 S.3442 北8286 Φ215	S.407、S.414、 S.470、S.521、 S.1066、S.1592、 S.1689、S.2320、 S.2649、S.3126、 S.3417、S.3790、 S.4479、S.4747、 S.5020、S.5060、 S.5256、S.5303、 S.5654、S.5929、 北8282、北8283、 北8284、北8285、 P.2668、P.2953、 P.3117、P.3857、 Дx00299、 Дx01251+01464、 Дx01609+02035、 Дx01708+02399、 Дx02057、 Дx02586A、 Дx02774+02796B、 Дx10339	S.417、S.912、 S.1185、S.1349、 S.2853、S.2882、 S.3485、S.3792、 S.3687、S.3871、 S.4739、S.4923、 S.5113、S.6265、 北8287、 北8288、 北8289、 P.2608、P.2650、 P.3036、P.3624、 P.3498、 Дx00327+00360 +01452+0297、 Дx01246、 Дx01786、 Дx05463

在这个表里，可以看到《新菩萨经》有甲本、乙本、丙本三种版本，《劝善经》则只有一种版本，最底下那些是这些文档的编号。据此我们可以总结，唐人最害怕的疾病主要有：

疟病：唐代的传染病当中，最常见的是疟疾。

天行病：天行病包含多种，实际上就是春秋时期常见的一些传染病的总称，叫天行。

卒病：就是心脑血管疾病。

肿病：肿病实际上也是多种病的一个通称，因为好多病都能引起水肿，例如慢性肾炎、尿毒症、糖尿病、肝硬化、血栓性静脉炎、上腔静脉阻塞综合症、下腔静脉阻塞综合症、血管神经性水肿、妊娠、丝虫病引起的象皮腿、荨麻疹、瘫痪肢体局部毛细血管通透性增加引起的水肿、红斑狼疮，等等，同时不排除“疔肿”“痈肿”等炎性水肿。

生产：就是妇人产子。在古代，妇人生孩子形同鬼门关里走一趟，致死率相当高，所以也被列入此表。《汉书》卷九七《外戚传》：“妇人免乳大故，十死一生。”颜师古注曰：“免乳为产子也。大故，大事也。”南朝刘宋人陈延之《小品方》云：“夫（生产）死生皆有三日也，故使妇人产，下地坐草，法如就死也；既得生产，谓之免难也。亲属将猪肝来庆者，以猪肝补养五内伤绝也，非庆其儿也。”

赤白痢：就是咱们说的中毒性痢疾。《诸病源候论》卷十七《痢病诸候》说道：“凡痢皆由荣卫不足，肠胃虚弱，冷热之气，乘虚入客于肠间，肠虚则泄，故为痢也。然其痢而赤白者，是热乘于血，血渗肠内则赤也；冷气入肠，搏于肠间，津液凝滞则白也；冷热相交，故赤白相杂。重者，状如脓涕而血杂之；轻者，白脓上有赤脉薄血，状如鱼脂脑，世谓之鱼脑痢也。”可见赤白痢由粪便中夹杂血、脓而得名。

患腹：这也是一种腹腔疾病，属消化系统疾病。

血痈：其含义很丰富，有可能是皮肤上的溃烂痈疽，也有可能是其他疾病。

风黄病：可能是属于肝胆方面的疾病。黄就是黄疸。

水痢：也是一种痢疾。

赤眼：这个是最费我思量的。当初研究的时候我始终不明白，赤眼就是红眼病嘛，这红眼病最多让你看起来像失恋一样，怎么可能致死呢？后来我翻阅了大量资料，才知道高血压、糖尿病等好多疾病发展到晚期的时候，都会引起眼球充血，这个跟急性结膜炎那种红眼不是一回事，所以古人所说的赤眼死，很有可能指的就是这种严重疾病晚期的症状，致死率也是相当高的。

下面我们说一说唐代的官医。前面提到唐代第一次出现了全国性的官方医疗机构，当时中央有自己的医疗机构，主要是三大系统：一个是太医署，一个是殿中省尚药局，一个是药藏局。其中尚药局为皇帝服务，药藏局为太子服务，太医署则负责全国的医政和医学教育，服务的对象除了官员之外，还有一些特定的人群，比如禁军、宫女，在遭遇大规模瘟疫的情况之下，太医署的官医，经常被皇帝派出去为老百姓进行巡疗。

地方医疗机构主要设医博士和医学生，有时候也叫作医学博士，或者医药博士。据《旧唐书·职官志》记载，京兆、河南、太原等府分别要设医药博士一人，助教一人，学生二十；大都督府设医药博士一人，助教一人，学生十五人；然后向下依次按照地方州县不同的等级，配备有不同人数的医博士、助教和医学生。其中医学生一方面学习医疗技术，一方面还要陪着医博士巡疗，在这个过程当中锻炼、实践自己的医疗技术。

虽然有了全国性的官方医疗机构，我们切不可以为，这些就能够满足全民的需求。我们中国人总是下意识地认为，凡是官方的就代表着权威，但是在医疗领域这一点并不成立。据研究，我认为官医在人口当中所占的比重相当小，根本无法满足老百姓看病的需求。以唐代鼎盛时期的开元、天宝年间为例，当时长安城大约有居民100万，平均每千人拥有太医署医师0.33人。按照开元二十七年敕，十万户以上州设医学生20人，十万户以下设12人，再加上医学博士、助教各1人，则十万户以上共计拥有医师22人，十万户以下拥有14人。唐代一户大约有4～5口，如是则地方州县大约每千人拥有医师0.05人，这远比长安城更可怜。为了让大家直观地意识到这个数字代表的含义，我们拿现代的数据来对比一下。以下是《中国卫生年鉴》2003年版本里提到的1999年的一组数字：1999年，中国每千人拥有医师1.7人，俄罗斯为4.2人，法国为3.0人，美国为2.7人，澳大利亚为2.5人。从这组数字看得出来，我国与世界发达国家相比还有一定的距离，换句话说，我们还不是一个医疗发达国家。而且这还是在现代医疗技术和通信交通条件下产生的数据，古代没有这些现代化手段，医师的数量原本应该更多一点才能满足全民的需求，可是你看这些数字相差多大。所以从医生和人口比例这个角度来说，官医无法满足大众的需求，老百姓靠的主要还是民间那些游方郎中，现在叫赤脚医生。

咱们举一个例子。武则天时期有一个大臣叫魏光乘，这个家伙为人刻薄，很爱给同僚们起外号。比方说兵部尚书姚元崇（就是著名的姚崇），这个人身材高大，走路还特别急，魏光乘就给人家送了个外号“赶蛇鹳鹊”，意思是沼泽地里那些长腿的鸟，在寻食的时候特别急。还有一个黄门侍郎卢怀慎，此人走路好低头看着地面，他给人家起个外号叫“观鼠猫儿”，意思是正在找老鼠的猫。有个殿中监叫姜皎，这个人长得是黑且胖，他给人家起了个极为不雅的外号，叫“饱椹母猪”，意思是吃桑葚果吃饱了的母猪，大家知道桑葚是紫黑色的，那母猪吃桑葚，不是涂得满脸都是嘛，这外号直指人家又黑又胖。他还给一个拾遗叫蔡孚的起外号“小州医博士诈谙药性”，这个人平常可能爱研究点医药，魏光乘讽刺他假装懂医药，就像一个小州医博士一样。不过，他既然拿这个做比喻，就可以看得出来，小州（地方州县）的医博士大概学术声誉没那么高，所以才能拿来起外号。

关于民间医人，我只能用四个字来形容——良莠不齐。民间确有高人，像孙思邈、巢元方、甄权、王焘、孟诜等人，都是名垂青史的著名的医学家。但是民间医人中大多数的水平都不敢恭维，导致当时的民众对医人阶层整体来说缺乏信心，想碰到像孙思邈这样的名医，那是可遇而不可求的。

孙思邈：我们明确地知道孙思邈去世于唐永淳元年（682），但此人生年不详，他究竟活了多大岁数，到现在还争论不休。有说活了一百的，有说活了一百零几的，最多的还有说活到了一百四十多的，因为人的自然极限寿命应该是一百二十岁左右，所以一百四十多这个数字不大可信。孙思邈的家乡是今天的陕西省铜川市耀州区，自小非常聪明，精研老庄、佛经。据说他小时候见过独孤信，被其夸赞为“圣童”。独孤信是什么人呢？独孤信的女儿嫁给了李虎的儿子李昞，然后生了个儿子是李渊，李渊生了李世民，李世民生了李治，一直到李治的时候他才去世，可见这个人的年龄跨度之大。孙思邈曾经在太白山隐居，由于学养深厚，为当时的文化界名流所推崇，许多名人都曾经来找过他，向他请教学问；他岁数大、见识广，史官修史也来找他；唐太宗、唐高宗都曾邀请他出山，授予他官职，但是都遭到了拒绝。他主要的著作有《千金方》《千金翼方》，自注《老子》《庄子》，还有《福禄论》《摄生真录》《枕中素书》《会三教论》等。其中最受推崇的就是《千金方》和《千金翼方》，被尊为我国传统医药的宝典。明代以后，国人还送给他一个称号叫作“药王”。孙思邈长期隐居之处是今天的陕西耀州区药王山,也是因此而得名。

陕西省铜川市耀州区的药王山

巢元方：此人生卒年不详，我们知道他是隋代的御医，大业年间是他职业生涯的顶峰。他曾于大业六年（610）奉诏编撰了《诸病源候论》，现在这本书还能够看得到，搞中医的人都要看。全书共50卷，分了67个门，载列症候1739条，包括内科、外科、妇科、儿科、五官科、口齿科和骨科等，当然那时候没有这样的称呼，这是后人总结的。它论述病因和症候涉及预防、导引、按摩、外科手术等很多方面，是中国第一部病因症候学专著。后世医家像孙思邈、王焘等人都受到他的重大影响。

甄权：此人是河南扶沟县人，生于541年，卒于643年，享年103岁，要说唐代这批医学家还都算长寿。甄权年轻的时候为了给自己的母亲治病，和弟弟甄立言一起精研医术，自学成才，成了一代名医。隋代，他曾经在秘书省担任正字，后来辞官，唐太宗在他晚年的时候曾亲自登门看望，请教养生之道。甄权一生医术精妙，尤其在针灸方面有一手绝活。据说有个大臣突然之间肩膀出问题了，不能弯弓搭箭，恐怕是得了我们所说的肩周炎之类的疾病。甄权来给他看病，让他把弓拿住把箭搭好，冲着箭垛子，这时甄权一针下去，大臣立刻就可以射箭了，传说中甄权的医术就这么精妙，世人都把他视为奇才。他撰写有《脉经》《针方》《明堂人形图》等。中国古人把人体结构图叫作"明堂图"，他这个《明堂人形图》影响很大，孙思邈后来画人体结构的时候，主要就是依照他的图。

王焘：王焘是山西太原人，生于670年，卒于755年，享年85岁。这寿命在当时来说也算是相当可以。王焘出身官宦世家，他的祖父王珪是唐初著名宰相，还曾经当过太子建成的老师，他的父亲王敬直是南平公主的驸马。王焘曾经被贬官到南方，南方地区比起北方地区来说，经济、文化都很落后，尤其是缺医少药。王焘出于拯救苍生的目的，利用自己当年在弘文馆任职时积累的医药资料撰写了一部皇皇巨著《外台秘要》，又叫《外台秘要方》。《外台秘要》收录了方剂六千九百多首，每一门均以《诸病源候论》为引，然后广引方剂，每一个药方都注明出处。大家注意，王焘这样做真的太好了，中国古代是天下文章一大抄，你抄我，我抄你，谁也不注明出处，王焘很实在，他抄谁的书，就把出处注在底下。要知道，王焘所处的时代能够看到的很多医书，我们现在是看不到的，王焘把它抄下来，又注明这是抄自哪一本书，就能让后人了解，原来这就是已经不可见的某书当中的内容。王焘共抄录了大概有六十多种医书的内容，其中包括唐代的医书，也包括唐以前的医书，这样就给后人的研究带来了很大的便利，很多散佚医书就是仰仗《外台秘要》，才让我们今天能够多多少少看到一点文字，所以《外台秘要》也备受后世医家的推崇。

孟诜：河南汝州人，生于621年，卒于713年，算算他活了92岁。他的主要成就是写了一本《食疗本草》，原名叫《补养方》，这是中国第一部食疗专著。他提出一个重要的概念，到现在很多医学家还在秉持，那就是“药治不如食治”，意思是有病与其靠药来治，不如靠食物来治。他还提出食治可以预防某些疾病，这是很有道理的，符合现在的营养学之道。他详尽地罗列了数百种食物的药性和功效，有些是抄自其他医书，有些则是他自己的观察与总结，比方说关于荞麦、绿豆、菠菜、白苣、胡荽（就是香菜），还有关于鲈鱼、鲑鱼、石首鱼等这些食材疗效的描述，弥补了以往之空白。书中还收录了一些外来的食品，而且总结了这些外来食品在食治方面的功效，比如波斯石蜜，唐人说的石蜜指的是蔗糖，前面讲食品的时候我提到过，季羡林先生有本书叫《糖史》，你们如果对这个问题有兴趣的话可以看一看。

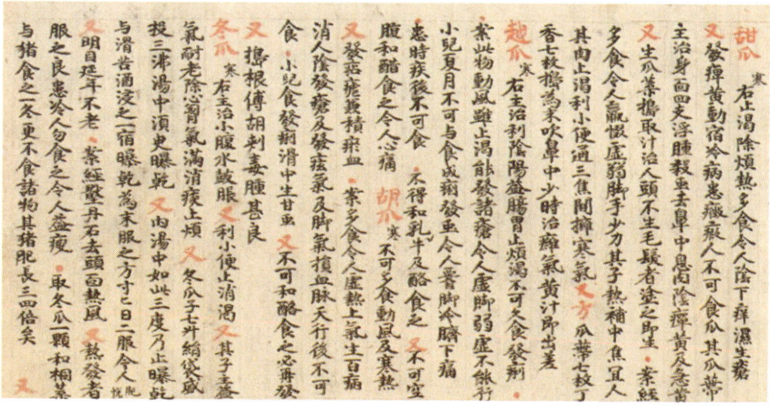

敦煌出土的《食疗本草》残卷

上页的图片就是取自《食疗本草》残卷，大家可以看到，每一个品名、每一种食物都用红字标出来，底下用黑字先标明它性寒或性热等，然后再说明能够治什么病。其中有甜瓜、越瓜、胡瓜、冬瓜等，看起来截取的这一部分是专门讲瓜类的。

但是，正如我前面所说的，庸医还是占了多数。从汉代以来，就一直有一句民谚叫作“有病不治常得中医”，意思是说有病咱就硬扛着，不看医生，也不吃药，相当于得到了中等疗效的医治。在《隋书·经籍志》当中提到过：“有疾不治，恒得中医。”宋代苏辙的《栾城后集》中也提到过：“良医不可必得，而愚医举目皆是，愚医类能杀人而不服药者未必死。”所以他总结说“有病不服药，常得中医”。元代马端临的《文献通考》中也说过：“今称医者多庸人，治之失理，以生为死者甚重，激者至云‘有病不治，常得中医’。”言下之意是说，庸医太多，有时候你去看病，反倒把自己给整死了，这种情况下，咱还不如干脆不去看医生，也等于得到了中等的医治。

唐代还出现了一个很有趣的现象——福医。说白了，福医就是一种庸医，但奇怪的是，这种庸医很有福气，这个福气体现在连他自己都搞不明白，他就是能把你给治好，所以你不要管他医术怎样，就去沾一点他的福气就好了。比如唐代西市有一家卖饮子的，这家就是福医。饮子是一种熬出来的汤药，经过澄清之后拿出来卖，据说这个东西好得很，包治百病。世上有包治百病的药吗？没有，其实就是一种心理安慰的作用，但是大家就相信这个。唐代有个大宦官叫田令孜，他有一次得病，让仆人去买这个药，这个仆人拿着小瓶子带着钱，把饮子买了之后，走在路上不小心把瓶子打了，药没了他怕主人责怪，也不敢回去复命。这小子想了个办法，他跑到一家染房，到人家的染池中打了一瓶水，那个染液颜色黑黢黢的像药一样，他就把这个拿回去复命。结果他主人一喝，居然给好了，还说这药就是管用。由此可见，这纯粹是心理作用。但是这家卖饮子的却备受推崇："此盖福医也。"这就是福医，福医可以不懂医术、医药，但是他有运气，人们就去仰仗他。我曾总结说，这是古代医人水平参差不齐、患者求医问药时押宝心理的体现。由于对医人水平没有把握，所以就把这个寄托在运气上头，疗效和水平这两个原本不可分割的东西被分割开了，这实在是古人一种无奈之下的选择。

民间医人还是有很多缺陷的，比如医巫并行。唐代的医人盛行巫术疗法，医生本身就是巫师。孙思邈就曾说过，当今天下有五种医治方法，针灸、禁咒、符印、导引、汤药。这五种方法当中，禁咒和符印都属于巫术疗法。要知道，孙思邈是个道家人物，他自然是推崇医巫并行的。这里我举一个孙思邈著作当中记载的符咒为例。家里如若有人得了疟疾，就要写这么一个东西，挑动灶王爷跟这个致病的疟鬼展开一场斗争：

一切天地山水城隍
日月五星皆敬灶君
今有一疟鬼小儿
骂灶君作黑面奴
若当不信
看文书
急急如律令

他是在人家灶君面前告黑状，说有个疟鬼小儿骂你是黑面奴，不信你看急急如律令，挑动灶君去灭那个疟鬼小儿。

另外，民间医人技术上分科细致但罕有通达，互相之间保密。比如《千金翼方》上说，有的医生偏重于针法，有的偏重于灸法，有的偏重于汤药，有的偏重于禁咒等，但是由于竞争激烈，相互之间闭塞，缺乏交流。民国时期的名医伍连德曾说过，中国传统医药的保密风气太浓了，“数千年来吾国之通病，偶有所得，秘而不宣，则日久渐就湮灭”。当时甚至出现过这样的现象，有的医生擅自在别的医生开的药方里加毒药，为的是嫁祸于此人。竞争骇人听闻到这种地步，实在是一个十分令人扼腕叹息的现象。

唐朝的民间医人还有个缺陷就是贪财。因为民间医人是技术阶层，为士大夫所不齿，所以在官场上他们是没有出路的，只好把所有的希望寄托在钱财上，所以他们大多特别贪财。葛洪说过：“医多承袭世业，有名无实，但养虚声，以图财利。”张籍《赠任道人》这首诗也写道：“长安多病无生计，药铺医人乱索钱。”孙思邈也曾记载说，由于他幼年多病，家里为给他看病把钱都花光了。

下面我们说说唐代的药材。唐代药材丰富，政府曾经编纂了一部药材百科全书《新修本草》，加以归纳总结。《新修本草》这本书很重要，有人说它是“世界上第一部药典”，这已经成为医史学界多数人的共识。但我反对这种说法。作为一部药典，需要具备三个特征：第一，政府、议会颁布制定（也可能是行业公会）；第二，规范化；第三，法定性。文艺复兴以来西医有《佛罗伦萨处方集》(1498年)和《纽伦堡药典》(1545年)，这些药典大大促进了西医用药的规范化，提高了疗效，现代各国均有具备法定性质的药典。也正因为如此，药典成了西医的重要组成部分和象征。但是我们考证《新修本草》，发现在以上三项之中只有第一项吻合，其余均不相符，它的出现主要是丰富了人们对于药材的认识，并没有对全社会的制药、售药加以法律约束，所以说《新修本草》不具备药典的基本要素。将《新修本草》称为“世界上第一部药典”，毫无疑问是因为看到西方有药典，所以回过头来在中国历史中找寻相似的东西，用以证明我们比西方早，用来增加民族自豪感和中医的“科学规范化”色彩。

唐代药材交易特别活跃，长安东西市都有药行，有大量的靠药材致富的商人。丝绸之路上药材也是重要的贸易种类，而且外来药材在这个时候特别丰富。唐代有一个人叫李珣，他曾经写了一本《海药本草》，就是专门记载外来药物的一本专著。唐人把外来的很多东西，要么冠以一个“胡”字，要么冠以一个“海”字，就像我们今天说有些舶来品，都冠以一个“洋”字。而且特别有意思的是李珣本人就是个“舶来品”，原来李珣是波斯人后裔，但是已经汉化了。《海药本草》里记载了各种外来的香药，比方说檀香、沉香、丁香、豆蔻，还包括我们今天做菜常用的胡椒，胡椒在那个时代也属于香药。左图中是法门寺地宫出土的唐代银香囊，表面有鎏金，唐代妇女经常在里面装上一点香药佩戴在身上，这样走到哪儿香味儿就跟到哪儿，类似于今天香水的作用。

→法门寺地宫出土的唐代银香囊

唐朝与印度、波斯、

新罗、日本之间都有着非常频繁广泛的医药贸易往来。日本正仓院收藏有日本遣唐使带回的及后来鉴真和尚带去的唐代药材六十余种。右图中就是唐代的雄黄。

← 日本正仓院所藏唐代药材雄黄

再来看另一种正仓院所藏的唐代的药材——五色龙齿（见下图）。要知道，中国古人经常用一些骨头入药，尤其是地里挖出来的骨头，古人称之为龙骨。还记得甲骨文是怎么发现的吗？甲骨文就是清朝人王懿荣在药铺里抓药材时很偶然发现的，它也属于一种龙骨。这个龙骨说白了其实就是远古动物的化石或者是古人祭祀用的一些龟甲骨片，我们中国古人把这些东西作为药

← 日本正仓院所藏唐代药材五色龙齿

材来使用。上页下图中这个东西是一枚远古大象的臼齿化石，不知道唐人是在哪儿把它挖出来的，还美其名曰“五色龙齿”，这是很珍贵的药材。

最后我给大家免费赠送一个秘方，叫作《近效则天大圣皇后炼益母草留颜方》，这是出自《外台秘要》里的。据说武则天这个人属于唐朝妇女当中特别会打扮保养的那种，她到了80岁的时候，看起来还像四五十岁，她的秘方就是《炼益母草留颜方》。《外台秘要》里说这个药方是用来洗手洗脸用的，它针对皮肤有黑斑、褶皱以及干燥脱皮这些情况，据说能够把皮肤的浮皮洗掉，洗完之后，脸、手都特别白，以至于年四五十岁的妇人“如十五女子”。看看这疗效，现在的化妆品最多说“今年二十、明年十八”，人家唐朝这个秘方你用了之后，就直接返老还童了。制作方法如下：五月五日收益母草，注意采收的时候，根上不能有土，否则就没有效果了。然后要用一个炉子来炼这些草，炼成灰之后再筛它。然后用水把它搅和在一起，再把它团成鸡蛋大小，晒干后把它放在一个黄土泥做的小炉子中间，上下都放上炭来烤它，而且要烤很多遍。关键的一点是火不能太大，“切不得猛火”，如果把药烧成了糍粑黄——大家可以想见就是烧成硬块而且发黄了——这一炉就算是失败了，一定要烤得色白质细。然后再把它放到白瓷器当中，用玉棰去碾它，碾完了又要筛，这之后才算成品，可以用来洗手洗脸。美容效果听起来的确很诱人，但这制作过程也委实太麻烦。

我们关于唐代医疗的情况，就做以上这样一个大致的介绍。

阅读思考

唐代民间医学与官方医学的地位相比，哪个才是主流？

参考文献

1.于赓哲.唐代疾病、医疗史初探[M].北京：中国社会科学出版社，2011.

2.韩昇.正仓院[M].上海：上海人民出版社，2007.

第十二讲

隋唐人的丧葬习俗

上一讲，我们了解了隋唐人的医疗，正如生老病死是人类不可避免的阶段，丧葬习俗对于我们搞历史研究的人来说是非常重要的，对于研究一个民族的文化属性和文化特点，丧葬从来都是一个考察的重点。所谓丧葬习俗，它指的是与死亡有关的多种文化的一种复合体，包括一个民族的生死观，包括它的葬仪、葬式以及其他与丧葬有关的文化现象。

网络上有人说考古部门好像老跟古人的坟墓过不去，甚至有人说“考古是合法的盗墓”，这是误解。

首先，考古学是研究如何寻找和获取古代人类社会的实物遗存，以及如何依据这些遗存来研究人类历史的一门学科。因此它所挖掘的不仅包括古墓，也包括其他遗址，比如城镇、村落、市场等，只是由于古墓特别吸引眼球，所以新闻媒体喜欢报道有关古墓挖掘的新闻，给大家造成一个考古工作者天天在挖墓的错觉。

其次，墓葬最能反映一个时代、一个民族的文化特征，所以古墓是了解古代社会的一把钥匙，世界各国的考古都非常重视对墓葬的研究。我们今天对传统文化能有如此的了解，考古工作功不可没。盗墓贼的目的是财宝，对墓葬是破坏。而考古工作者其实根本不在意财宝，他们更重视墓葬的整体状况，比如遗址的地层、墓葬的结构、随葬品的摆放顺序等，是一种整体化的研究。

再次，现在我国的考古工作者已经放弃了主动开挖古墓，一般是在两种情况下进行抢救性挖掘：第一，基建。最近30年以来，中国的大规模基建如火如荼地展开，一般考古工作者都要在基建开始之前进行考古勘查，查明地下是否有墓葬和文物，如果有就要进行抢救性挖掘，否则墓葬将会毁于挖掘机之下，这样古墓得不到保存，文化信息也会彻底丧失。第二，盗墓。盗墓的历史源远流长，已经说不清是何时出现的了，可以肯定的是先秦就有了。现在仍有些不法分子在进行这个勾当，他们盗墓往往不管不顾，直奔随葬财宝，对墓室进行破坏不说，他们留下的盗洞对墓葬也是一个极大的隐患，若是雨水或地下水进入的话，墓葬里的有机物、壁画等就会被破坏殆尽了，所以要进行抢救性发掘。

我们知道，秦汉隋唐的地面建筑现在已经所剩无几了。大家想一想，还有什么能够集中地反映古代的文化？又有什么能够显现一个古代民族的属性？要想研究这些东西就只有依靠墓葬，中国古人有一种厚葬的习俗，墓葬里的文物也很多，通过文物可以对一个时代进行研究。可以这么说，一个民族的文化和属性，集中地反映在它的丧葬习俗方面。

当然，我们的篇幅有限，在这里不能够讲得非常全面，因此在葬仪、葬式这方面只能从略，我们重点要讲的是隋唐时期的生死观念，以及与丧葬有关的其他文化现象。

首先，我们谈一谈生死观念。所谓生死观念，也就是说人们怎样面对死亡。唐代是一个宗教信仰风气浓厚的时代，我们知道唐代的国教是道教，但是唐代上至王公贵族下到平民百姓，最崇信的宗教是佛教，与此同时还有祆教、景教、摩尼教等，唐中后期伊斯兰教的进入，更加丰富了宗教种类。任何宗教都得首先解决的一个前提就是生死问题，尤其是对死亡的解释做得好，你这个宗教才有生命力。我们可以看到，中国土产的宗教道教的传播力度始终不如佛教，也不如后起的伊斯兰教、基督教。为什么呢？就是因为咱们的道教有一个重大的问题没有解决，就是死亡问题，它总是告诉大家你信了我这个东西可以长生或是成仙，可是谁见过有人成仙？谁又见过有人长生不老？你解决不好这个问题，你的生命力自然不如其他宗教。

唐代有很多信仰宗教的人，在这样的氛围下，对待生死问题，有些信仰虔诚的人就会持有一种豁达的态度。比方说《唐才子传》里记载的卢照邻，这个人受佛教的影响很深，当然他跟道士也有往来，他和孙思邈的关系就很好。卢照邻身体一直不好，而且家里很穷，后来虽然一些达官贵人资助他置办了一些田产，但疾病仍然困扰着他，他还曾向孙思邈求医问药，但都没有效果。于是他对生死就看得很开了，不但预先给自己造了一座墓，甚至有时还会躺到里面去感受一下死后的滋味究竟如何，我估计里面还是蛮凉快的。

《旧唐书》还记载了一个大臣叫傅奕，此人当过太史令，是学老庄的，换句话说是道家，道家不见得是道教徒，但是道家对生死就很豁达。因为我们知道老庄当中，尤其是庄子，一直主张死亡不是什么坏事，在妻子死的时候，庄子居然“鼓盆而歌”，敲着盆唱歌。傅奕也是这种态度，他曾经给自己写墓志铭：“傅奕，青山白云人也。因酒醉死，呜呼哀哉。”多么干净利落。

这还不算什么，还有更洒脱的，有个叫司空图的诗人，他曾经给自己预制坟茔、棺椁，甚至还把客人请到他的墓穴当中摆宴喝酒，结果“客有难者”，什么意思？就是客人中有责难他的人，说你怎么能够把我们引到这坟里头来喝酒呢，多不吉利！司空图的回答是：你的心胸能不能开阔点呢？生和死有何区别，我们到这里来游一遭，跟在外面喝酒又有什么不同呢（《唐才子传》）？他的豁达实属少有。

还有白居易，大家知道他是个虔诚的佛教徒，他也曾经给自己撰写过墓志铭，叫作《醉吟先生墓志铭》：“乐天乐天，生天地中，七十有五年，其生也浮云然，其死也委蜕然，来何因，去何缘，吾性不动，吾行屡迁，已焉已焉，吾安往而不可，又何足厌恋乎其间。”其文字间对生死的见解非常洒脱。不像有的人，如清朝的慈禧太后，特别忌讳别人在她面前说“死”字，谁说一个“死”字，她就要处罚谁。而那些豁达的人，当然都是因为有信仰在支撑着他们。

下面这幅画充分体现出唐人一种豁达的生死观，这是榆林窟（距离莫高窟不远的一处佛教遗址）壁画中的一幅唐代的老人入墓图。这幅图画的是有一位老人去世了，家人正在给老人送葬。很有意思的是，它画的老人不是死人，而是一个活生生的人，老爷子坐在坟的门口，正与家人们诀别，家人们在悲泣，但是老爷子很从容，像是一副“我出去旅游一下”的态度，这就是唐人生死观的一种体现：不要这么悲伤。死和生有何区别呢？不过是从这个世界到那个世界去而已。

→榆林窟的一处唐代壁画老人入墓图

但是，话说回来，咱们中国人的宗教信仰自古以来就有个特点——功利性。就是说我们的宗教信仰首要的目的是求得现世的好处，而不是为了约束自己的行为。既然如此，那么贪生怕死就是人之常情，所以尽管我刚才前面列举了那么多豁达之士，但是人们更多的还是对人世的依恋和不舍。很多隋唐人跟今人一样，也对死亡怀有极大的恐惧，比方说在隋唐的墓志当中，我们发现一般会用很多委婉的词汇来代替死亡这个字眼，比如捐寿、朝露逝、弃世、弃养、不禄、告尽等，这种现象能够体现出人们对于死亡的恐惧，所以说我们也不能对唐人的生死观做单一的评断。

咱们中国古代的丧葬习俗中，还有一个显著的特点就是随葬品众多，多厚葬。厚葬在中国历朝历代都有，这也就是为什么咱们中国历史上涌现出那么多盗墓贼的原因，正是丰厚的随葬品滋生了盗墓贼，以至于现在还催生出一系列的网络畅销盗墓小说，这都与厚葬习俗有着直接的关系。

唐代，薄葬与厚葬是一个矛盾的两方面，皇帝往往在口头上崇尚薄葬，但是在实际当中却又践行厚葬。据《旧唐书》记载，唐高祖曾经跟大臣封伦（封德彝）之间有一番对话。当时正好路过秦始皇陵，唐高祖问封伦：你看，古代这些帝王都拿国库的钱修很豪华的陵墓，也不知道是为什么？封伦回答说：这个风气的确不好，应该得到遏制，尤其是墓里埋那么多珍宝，对墓主以后也没有好处啊，盗墓贼盯的就是这些东西。高祖觉得很有道理，于是下令以后“悉为薄葬”。但这也只是一纸空文，唐高祖本人死后，他的儿子唐太宗怀着愧疚的心理，给他营建了一座豪华的陵寝。为什么说怀着愧疚的心理呢？要知道唐太宗这一生，有一个挥之不去的梦魇，那就是后世如何评价“玄武门之变”。此间他杀兄逼父，时人颇有非议，所以他当皇帝之后，至少从表面上来说，对唐高祖是极尽孝道。因为当年唐高祖曾经见到过刘邦的长陵，觉得不错，因此唐太宗想遵循唐高祖生前的愿望，照那个模式给他修一座。《资治通鉴》记载说“期限急促，工不能济”，意思是这个陵工程很大，时间又很短，导致工期都不能按时完成。唐高祖只说把陵墓外形修成长陵那样，并没说要有丰厚的随葬品，但唐太宗明显违背了这一点，仅从献陵石刻就可以看出其规格之高。

→唐献陵

下面这幅图片是献陵前的石刻，体型大，造型雄浑，有南北朝遗风。

→唐献陵前的石刻

唐太宗的长孙皇后，死时也曾有薄葬的遗愿：“自古圣贤皆崇俭薄，惟无道之世，大起山陵，劳费天下，为有识者笑。”（《旧唐书·长孙皇后传》）她向唐太宗请求：你要给我修墓的话，最好薄葬，甚至连棺椁都不要用，随葬的明器用木制及陶制的就可以了。唐太宗当时是答应了，但是后来却开始大规模地营建昭陵，把它作为以后他与长孙皇后合葬的陵寝。这昭陵是因山为陵，在半山腰开凿墓室，山下还有众多的地面建筑，地表总面积达到三十万亩，是唐代帝王陵寝当中最大的。唐太宗很明显是阳奉阴违，而且他死后入葬的时候还曾经把王羲之等人的书法作品带进陵墓。现在关于《兰亭集序》的下落有两种说法：一种说法是唐太宗带到地宫里去了，还有一种说法是武则天带到地宫里去了。我觉得前者的说法比较靠谱。

← 唐昭陵九嵕山

这样一来，就出现了一个上行下效的问题。由于皇帝搞厚葬，官吏纷纷效仿，平民百姓只要家有财力者也大搞厚葬。据《旧唐书·李义府传》记载，李义府这个人是高宗和武则天跟前的红人，为人非常阴险狡诈，他安葬他父亲的时候壮观极了，首先他选址在唐代先祖李虎的永康陵旁给其父修陵，而且一下就动用了七个县的官吏和民夫，甚至有一个高陵县的县令就累死在施工现场，送葬时的队伍竟然长达七十里，从唐代建国以来，大臣家中的丧葬还没有如此隆重过。后来民间厚葬的风气也非常浓厚。唐高宗就曾经责备手下的官员：现在社会上这个厚葬之风太厉害了，商贾富人“厚葬越礼”，对这种行为你们要严加管理。为什么特别强调商贾？其一是因为中国自古重农抑商，对商贾逾制历来比较敏感；其二估计是因为商贾财力雄厚，他们要搞厚葬的话当然比一般老百姓动静大得多。但是说实话，这是典型的“只许州官放火不许百姓点灯”啊。到了唐玄宗时期，厚葬已成为全社会的普遍现象，即便家里没有多少钱的人也要竭尽全力操办。咱们中国人自古以来就讲究面子，为了这个面子大办丧事，不惜“既竭家产，多至凋敝”（《旧唐书·玄宗本纪》），有人办上一场丧事就能把家产耗尽。

唐代是一个文化多元的时代，因此在丧葬方面也体现出形式多样的特点。唐代丧葬的形式主要有两种：一种是土葬，一种是火葬。当然，还有其他的比如塔葬、水葬等。如果从百分比的角度来说，土葬肯定是中国最主要的丧葬形式，从帝王将相到平民百姓都是土葬，这也是汉民族的一个传统，正如我们常说的一句话“入土为安”。

唐代，竖井式的墓道与斜坡式的长墓道并存，斜坡式墓道还经常带有天井，游客们常去的永泰公主墓就是这样一种典型的丧葬形式。此外还有砖室墓，就是镶砖的，简单一点的像是土洞墓，有单室的、多室的。

要知道唐代的壁画是很有名的，寺庙甚至官衙内都有壁画，但是现在除了一些石窟，这些地面建筑中的壁画已经很少能看到了。目前我们能看到的唐代壁画大都是在墓葬当中发现的，特别是贵族的墓葬。

说到火葬，我前面说了唐代宗教信仰风气浓厚，佛教徒众多，而佛教徒的丧葬形式主要就是火葬，所以唐代采用火葬的人也蛮多。而像突厥这样的草原游牧民族也是火葬，我们汉族也不免受其影响。

火葬当时主要是流行于岭南地区，为什么呢？我们平常所说的丝绸之路，实际上有两条路线：一个陆上丝绸之路，一个海上丝绸之路。古印度的很多东西是通过海上丝绸之路，来到广州、泉州这些港口城市。我们知道火葬的习俗来自古印度，所以广州地区当时也出现过天竺式的火葬，而且要把骨灰埋到骨灰罐里，这是受到外来文化影响的一个例证。右面这幅图片中就是出土于广东省恩平市一个晚唐墓葬的骨灰罐，又叫魂坛、谷仓、魂魄瓶。

← 广东省恩平市出土的晚唐墓葬中的骨灰罐

隋唐时期，有一些跟丧葬有关的文化现象，下面我们来逐一介绍一下。

第一，是“归葬先茔”。什么叫归葬？顾名思义，“归”就是“回”的意思。我们经常讲一句话“落叶归根”，中国人的家乡观念是很浓厚的，背井离乡的游子一定会想尽办法，要把这把骨头埋回到自己的祖坟里去，这是中国人精神方面的一个要求，甚至是一种心理支撑。那么唐代就出现了这样一种现象，子女要是想尽孝道的话，有一个很重要的表现方式，就是如果父辈客死他乡，子女无论如何也要把他们“归葬先茔”，而且这个过程越曲折、越艰难，路途越遥远，就越能证明你这个孝子的纯孝之心。据《旧唐书》记载，孝子李百药曾经扶着自己父母的灵柩回乡，走了数千里路，路途艰辛，鞋子磨破了就光着脚，整个人都脱形了，熟人见了都不认识他，而且他还为父母守丧好几年，在当时赢得了一致的赞誉。还有比这位做得更彻底的，是大臣刘审礼的儿子刘易从。高宗时期，刘审礼在青海湖附近与吐蕃作战被俘，他的儿子刘易从人在内地，听说了消息就到吐蕃去找他，好不容易赶到那里才知道刘审礼已经死了。这个刘易从大哭一场，情状凄惨，非常令人感动，以至于吐蕃人都被打动了，特许他把他父亲的棺椁给带回去。于是刘易从就千里迢迢地从青藏高原上护送着父亲的灵柩，也是光着脚一直走到彭城（今徐州）。你看人家这份孝心，所以当时全天下都传扬他的孝子美名。

第二，“死葬北邙”。这也是隋唐时期一种独特的丧葬现象，其实就是大家都扎堆儿到北邙山那个地方去建坟。北邙山是洛阳以北的一道山岭，没有泰山、华山那种奇险的样子，山势很低，但是绵延很长。据说那里风水特别好，连籍贯不是那儿的人也要往那儿埋，汉代以来就已经出现了很多的坟墓，魏晋南北朝、隋唐时期几乎成了丧葬胜地。当时有句话叫 “北邙无卧牛之地”，就是说整个北邙山上坟头一个连一个，一个压一个，以至于一头牛想在山上卧下来都没有地方。考古工作者在北邙山上发现一个现象，由于那里的坟经常是后世的坟不小心就会打到前人的坟上，那里的人也不避开，往往就把前人的棺材挪到一边去，把自家人的棺材放在中间完事，所以北邙山那个地方文物特别多，唐三彩就是集中在那里出土的。顺便说一下，这里也因此出现了一支盗墓者的队伍，洛阳铲就是这样应运而生的。

唐人王建有一首诗《北邙行》：

北邙山头少闲土，尽是洛阳人旧墓。

洛阳人家归葬多，堆著黄金无买处。

天涯悠悠葬日促，冈坂崎岖不停毂。

高张素幕绕铭旌，夜唱挽歌山下宿。
洛阳城北复城东，魂车祖马长相逢。
车辙广若长安路，蒿草少于松柏树。
涧底盘陀石渐稀，尽向坟前作羊虎。
谁家石碑文字灭，后人重取书年月。
朝朝车马送葬回，还起大宅与高台。

你看诗里描述的壮观场景：整个山上山下全是送葬的队伍，人们唱着挽歌，幡旗飘扬，甚至把山上踩出了一条大路，其宽度堪比长安城里的道路。山上松柏遍布，这是因为每个坟头都要种一棵松树或是柏树。山下的石头都被拿光了，我们知道古人坟前往往要摆上石象生，就是诗中所说“尽向坟前作羊虎”；而且还出现了一个现象：你家立的这个碑，过不了多久就被别人拿去，人家给你把字儿一抹，写上他家人的名字，就到了这种地步，因为石料太稀缺了嘛。当时这个北邙山的山头几乎没有空地，空地拿黄金都买不来，后世甚至出现一句话“生居苏杭死葬北邙”，意思是活着的时候在苏杭住着是最好的，死了能埋到北邙山是最好的。

←北魏宣武帝景陵及古墓博物馆

上面这幅图片就是位于北邙山的北魏宣武帝景陵以及现代修的古墓博物馆（现名“古代艺术博物馆”）。景陵的地宫现在已经开放，所谓古墓博物馆就是当地把十几座具有典型特点的古墓集中迁到这个地方，修建一座博物馆。

第三，烧纸钱。在丧葬仪式中使用纸钱是中国的传统风俗。但是纸钱究竟是何时产生的呢？陆锡兴在《唐宋时期的纸钱风俗》（《文史知识》2010年第4期）一文中对此有论证：“纸钱的产生时间，前人认为大致在两个时期：一是魏晋南北朝说。唐封演《封氏闻见记·纸钱》云：‘纸乃后汉蔡伦所造，其纸钱魏晋以来始有其事。’次之东晋说，《法苑珠林》云‘纸钱起于殷长史’（宋戴埴《鼠璞》引文）。殷长史即殷仲文，是东晋著名文学家，曾为刘裕镇军长史。更有南齐东昏侯以纸钱代束帛之说。‘南齐废帝东昏侯好鬼神之术，剪纸为钱以代束帛’（宋叶寘著《爱日斋丛钞》引《杜诗辨证》载《文宗备问》）。另一种为唐代说，‘纸钱始于开元二十六年王玙为祠祭使’（瞿宣颖《中国社会史料丛钞》，商务印书馆1937年版，上海书店1985年影印本，631页）。前一种说法与纸张之产生有关。纸的使用的确为冥钱提供了一种新的材料，从理论上来说有可能性。不过对于冥钱这种风俗的产物，不全是物质条件决定的。后一种说法是依据王玙事，显然理解错了原文的意义，事实证明纸钱出现的年代不晚于南北朝后期。1914年斯坦因第三次中亚考古中，首次在新疆吐鲁番古墓发现纸钱，20世纪50年代以来的考古发掘中也多次发现。吐鲁番阿斯塔纳521、522号墓是同时代的高昌墓葬，522号墓出土建昌二年（556）的墓志，那么521号墓的年代相近，其墓内的纸钱为现见最早的实物（新疆维吾尔自治区博物馆、西北大学历史系考古专业《1973年吐鲁番阿斯塔纳古墓群发掘简报》，《文物》

1975年第7期）。麴氏高昌前期相当于南朝梁陈之间。由此推测，所谓南齐东昏侯剪纸为钱之事是有可能的。吐鲁番唐代墓葬中纸钱更多，发现纸钱的墓葬，有贞观、永徽、龙朔、咸亨至开元等不同纪年，时间从盛唐到中唐（新疆维吾尔自治区博物馆《吐鲁番县阿斯塔纳——哈拉和卓古墓群发掘简报》，《文物》1973年第10期）。在同时期的文献中经常有纸钱的记载，可以与实物相印证。

“诗人王梵志生活在隋唐之交，皈依佛门因称‘梵志’。他的诗中常提到纸钱，如《有钱惜不吃》：‘有钱惜不吃，身死由妻儿。只得纸钱送，欠少元不知。’生于隋开皇年间的唐临，在《冥报记·李山龙》中记武德年间之事，虽说是小说，却反映了初唐的纸钱风俗。中唐时期纸钱风俗已经风靡民间，盛极一时。封演《封氏闻见记·纸钱》一节对纸钱有完整的描写：‘今代送葬为凿纸钱，积钱为山，盛加雕饰，舁以引柩。按，古者享祀鬼神有圭璧币帛，事毕则埋之，后代既宝钱货，遂以钱送死。《汉书》称‘盗发孝文园瘗钱’是也。率易从简，更用纸钱。纸乃后汉蔡伦所造，其纸钱魏晋以来始有其事。今自王公逮于匹庶，通行之矣。凡鬼神之物，取其象似，亦犹涂车刍灵之类。古埋帛，今纸钱则皆烧之，所以示不知神之所为也。’基本上反映了当时社会使用纸钱的情况。”

综上可知，丧葬用纸钱的风俗始于魏晋南北朝，唐代更加盛行。而且以前的纸钱只是以纸为钱，唐代则开始将其焚烧以“送”给死者，昭告鬼神。这一风俗延续至今。

第四，招魂。招魂葬主要针对横死而尸身不存者，有的人死在外边，尸体也找不到了，在这种情况之下家人用招魂的方式加以埋葬。据《旧唐书·李孝基传》记载，唐初宗室李孝基被刘武周所杀害，唐高祖为之发哀，废朝三日，等到窦氏之死：窦氏为李旦之德妃，李隆基生母。有户婢韦团儿，为武则天所宠信，欲获得更大权势，遂勾引已经退位为皇嗣的李旦，遭拒，怀恨在心，于是向武则天诬告李旦之妃窦氏与皇嗣妃刘氏挟蛊道，意欲以巫术谋害武则天，窦、刘二妃被武则天召入宫中，杀死于嘉豫殿，尸骨无存。时年李隆基九岁

平定了刘武周之后，再去找李孝基的尸体，已经找不到了，于是唐高祖下令“招魂而葬之”。而招魂所葬之物多为死者生前用品，尤其是生前穿过的衣服。据《旧唐书·睿宗昭成顺圣皇后窦氏传》记载，窦氏是睿宗的妃子，她的儿子就是大名鼎鼎的李隆基。她生前并不是皇后，是追封的，她不太招武则天的待见，武则天在同一天里把她和肃明皇后两位都给杀了，当时睿宗什么话都不敢说。等到睿宗后来当了皇帝，就想厚葬这两个妃子，但是谁都说不清她们被杀后埋在哪儿了。没办法的情况之下，睿宗下令招魂安葬。这里顺便说一下，李隆基之所以对自己的奶奶武则天历来没好感，估计母亲的惨死是一个重要的原因。

第五，丁忧。唐朝官员在父母死后要离职守丧三年，被称为丁忧。这可绝不是轻松的三年，这三年的日子只有过得非常苦，才能彰显孝心。孝子要庐墓守丧，意思是在坟墓旁边搭一个草棚子住在里头，披麻戴孝，摒弃酒肉、房事、娱乐，专门来哀悼先人。你哀悼得越厉害，就越能得到世人的称赞，有的人到最后整个人都已经脱形，以至于至亲好友都不认识他了，这样大家才会说这是真正的孝子。甚至有的孝子突破三年的规定，可以十年、二十年乃至三十年守丧，一直到死。要我说这个就有点过了，毕竟社会还是要进步，日子还是要往下过的。

当然，有些身居要职的大臣，要是一离开就是三年，让皇帝可怎么办呢？在这种情况下，还有一种制度，是说皇帝可以特别下诏，虽然是守丧，我允许你穿孝服，但是你必须得回来给我上朝，这叫作“夺情起复”。

以上就是唐代丧葬文化的大致状况。

阅读思考

请总结唐代丧葬文化的主要特点。

参考文献

1.饶新一，梁治荣.恩平先民千年前兴火葬.羊城晚报，2007-08-27.

2.李斌城.隋唐五代社会生活史[M].北京：中国社会科学出版社，1998.

第十三讲

隋唐人的节日

我们首先来做一个隋唐节日的概述。隋唐时期，应该说人们是很懂得享受生活的，节日非常多，而且各具其时代特色。什么特色呢？一方面受传统文化影响很大，另一方面受宗教影响很大，而且宗教的影响还是多元化的，有佛教、有道教，还有中国人原始的泛神信仰。泛神信仰说白了就是万物皆有灵的观念，像土地神、山神，这些原本都是属于泛神信仰的范畴。

节日是隋唐人重要的社交时刻，同时也是举办各种文娱活动的时间。下面我们把隋唐时期的主要节日，按照时间顺序来一一加以描述。注意，是主要节日，而不是所有节日，很多地方性的节日我们没有足够的篇幅来容纳。

第一，元旦，又叫元正。这可不是我们今天所说的“元旦”，“元旦”这个词在古代原本指的是大年初一。到了民国的时候，才把元旦这一天确立为阳历的一月一号，但是还不叫“元旦”,叫“新年”。中华人民共和国建立以后才把这一天正式叫作“元旦”。

在唐代，正月初一当然是大节日了，举国欢庆。朝廷要举行很隆重的朝贺大典，百官、宗室乃至外国使节都要参加，官民都放假，而且人们会在元旦这一天举办一系列活动，比如宴饮、亲友聚会，还有一项重要活动——放爆竹，到了五代时又出现了写春联的风俗。我们现在也放爆竹，今天的爆竹是用火药和纸做成的，而唐代虽然已经有了火药，但是那种以火药为原材料的爆竹是比较晚才出现的，具体是什么时候现在已不可考，但至少可以追溯到南朝。梁代有个人叫宗懔，在他写的《荆楚岁时记》中记载了南方地区有放爆竹的习惯，他引用了《神异经》的记载，说西方山中有一个半人半神的家伙，名字叫作“山臊”，他身长只有一尺多，谁碰到他都会大病一场，比如寒热（有可能指的是疟疾）。据说是为了防止“山臊”害人，人们就把竹子扔到火里去烧，我们知道竹节内部是空的，在火上一烤，里面的空气就会膨胀，竹子会发出噼噼啪啪的声音，就能把他吓走，这才有了放“爆竹”的风俗，发展到后来，就是我们今天的炮仗。《神异经》相传是汉代的东方朔所作，实际上是假托，现在的学者认为这本书应该是出自魏晋时期，也就是说，比宗懔的《荆楚岁时记》早不了多久。

春节期间的另外一项重要风俗是贴门神。《荆楚岁时记》记载说，当时老百姓每到过年的时候，都要在门上贴两块桃木板，而且上面还要画两个神仙。中国古人历来认为桃木跟其他木头不一样，有辟邪的功效，这两个神仙左边的叫神荼，右边的叫郁垒。我提醒大家注意，现在一说起门神，百分之九十的人都会说是尉迟敬德和秦琼，唐代还没有这个说法，虽然这两位凌烟阁功臣在唐代已经很有名气，但那个时候的门神就是神荼和郁垒。这两位的历史可谓悠久，汉代王充的《论衡》曾经引用过《山海经》当中的一段话交代神荼和郁垒的来历，现代版本的《山海经》里头并没有这一段，它是这样说的：“沧海之中，有度朔之山，上有大桃木，其屈蟠三千里，其枝闲东北曰鬼门，万鬼所出入也。上有二神人：一曰神荼，一曰郁垒，主阅领万鬼。”意思是，在沧海之中有一座山叫度朔之山，这个山上有一个门，这个门可不得了，是万鬼出入的门，而负责掌管这个门的两个神人就是神荼和郁垒。这样你就能明白，为什么要在桃木板上画他们了，有他们在家门口坐镇，小鬼就不敢进来了。

下页上面这组图片是河南方城县东关村汉墓出土的画像石，上面的人物就是门神神荼和郁垒。这其实就是两扇石门，门上面还有铺首，铺首底下这两位就是神荼和郁垒，可以看到他们都是武士的形象。

河南方城县东关村汉墓出土的画像石

接下来这幅图片是我国发行的一套北京奥运会纪念邮票当中的一张，这张邮票的前景是北京天坛祈年殿，请注意它的背景，就是图中画红圈的人物造型，正是我们刚刚看到的汉代画像石上的郁垒。

北京奥运会纪念邮票之一

下图中这个则是现代的门神了，大家经常可以见到。左边这位是尉迟恭（字敬德），右边这位拿锏的自然就是秦琼秦叔宝。虽然这两位是唐人，但是他们作为门神的历史，大概是在元代以后。

我们再来说说写春联的风俗。春联仍然跟门上那两块桃木板有关系。中国的文人喜欢到处题字，自家门上的两块桃木板他们自然也不放过，经常有人在这桃木板上写字，久而久之就发展出一种左右对仗的文体。据记载，这个写春

元代以后的门神形象

联的肇始者是五代十国时期后蜀的国主孟昶，有一次他让手下的学士们在桃木板上题字，结果没有一个人的合他的心意，最后他决定亲自来写，他写了这样两句："新年纳余庆，嘉节号长春。"这两句就是中国春联的开端。

我们来看一下唐代《张燕公集》当中的一首诗，这首诗把唐代过新年的种种风俗都囊括进去了，诗的名字叫作《岳州守岁》：

夜风吹醉舞，庭户对酣歌。
愁逐前年少，欢迎今岁多。
桃枝堪辟邪，爆竹好惊眠。
歌舞留今夕，犹言惜旧年。

第二，人日。正月初一是元旦，正月初七是人日，陕西农村现在还有这种说法。正月初七这一天，讲究说是"人过年"，各家各户鞭炮放得特别响，特别密集，实际上这就是古代"人日"风俗的一个遗存。什么是"人日"呢？据《太平御览》记载，北齐高祖高欢其实也不大明白"人日"的由来，曾经有一次在正月初七这一天，他问手下大臣们什么是"人日"，有一个叫魏收的大臣回答说，传说创造天地的时候第一天创造了鸡，第二天、第三天……最后一天，也就是第七天创造了人，所以第七天是人日。隋唐时期，正月初七这一天除了要剪纸、剪彩，并将其赠送给亲朋好友之外，还有一个风俗就是登高望远，这就是人日。

第三，上元节。上元节是农历正月十五这一天。大家都知道，现在的正月十五是元宵节，这跟唐代的正月十五仍然有相同之处，比如赏花灯等习俗。"上元节"这个名称来自道教，原本是道教节日，在隋唐时期发展成了世俗的节日。

我前面讲唐代城市的时候，曾经提到过，唐代城市晚上是实行宵禁的，唐人没有公共夜生活。但是上元节这一天例外，隋唐的上元节流行赏灯，前后三天暂停宵禁，万人空巷，男女杂游，也是谈情说爱的好时候，到处热闹非凡。《隋书》卷六二《柳彧传》记载说："窃见京邑，爰及外州，每以正月望夜，充街塞陌，聚戏朋游。鸣鼓聒天，燎炬照地，人戴兽面，男为女服，倡优杂技，诡状异形。以秽嫚为欢娱，用鄙亵为笑乐，内外共观，曾不相避。高棚跨路，广幕陵云，袨服靓装，车马填噎。肴醑肆陈，丝竹繁会，竭赀破产，竞此一时。尽室并孥，无问贵贱，男女混杂，缁素不分。秽行因此而生，盗贼由斯而起。浸以成俗，实有由来，因循敝风，曾无先觉。非益于化，实损于民，请颁行天下，并即禁断。"也就是说，隋代所有城市在上元节这一天都有狂欢活动，不但通宵达旦，而且火光照彻夜空，人们还戴上野兽面具，甚至男人穿着女装，嬉笑欢娱，在正统的士大夫柳彧等人看来简直是伤风败俗。更何况当时上元节的风俗里还颇有奢靡之风，人们争相举办宴会和歌舞表演，有人甚至为此破产，因此柳彧坚决要求取缔这种民俗。

但是民俗这种东西不是一纸禁令就可以消灭的，到了唐代，奢靡之风似乎是有所收敛，当然，这可能与唐前期社会整体提倡节俭有关，但民间赏灯的风气并没有什么明显的消减，甚至于还曾经出过一件大事。据《旧唐书》记载，唐中宗时期，有一年正月望夜，也就是正月十五，皇上特许宫女们出宫赏灯，结果几千名宫女出宫之后全跑光了。为何会出现宫女大逃亡呢？说白了就是忍受不了宫中那种寂寞的日子，宫女在宫中可能在物质生活方面是比别人要丰富一点，但是在精神生活方面是非常苦闷的，宫女也好，后妃也好，都是这样。上元之夜发生这样的宫女大逃亡，一点儿都不奇怪。

第四，社日，又叫作春社或是秋社。自汉代以来就有这样的节日，一般是立春或立秋之后的第五个戊日，名为春社或秋社。这是农村的节日，在这一天村民要举行祭祀，春社祭祀祈求的是风调雨顺，秋社则是感谢神明、欢庆丰收。祭祀仪式结束以后，村民们要举行宴会，要喝酒，还要分食祭祀仪式上使用的祭肉。据说社日饮酒还有个特殊的功效，可以治疗耳聋，当然这都是传说。我们来看一下唐代王驾《社日村居》这首诗：

鹅湖山下稻粱肥，豚栅鸡栖对掩扉。

桑柘影斜春社散，家家扶得醉人归。

诗中描绘了一幅和谐富足的田园景象，尤其是最后一句，说的是社日祭祀活动结束之后，每家都至少有一个醉汉，得让家人扶着回去，很是生动。

第五，寒食节。现在我们基本不过这个节日，但它在中国古代是个非常重要的节日。冬至以后的第105天就是寒食节，隋唐时期寒食节的风俗是放假踏青，包括奴婢也会得到假日。当然了，既然叫寒食节，就有一个要求：这一天只吃熟食，不生火。寒食节应该是源自上古的禁火和改火风俗。我们知道上古时期都是钻木取火，取火不容易，因此那时候的人习惯于把火种长期保留，到了一定时间，再把旧火种熄灭，重新取一个新火种。这在我们今人看来是难以理解的，火还有个新旧啊？但是古人认为火具有神性，一年前采的火跟现在新采的肯定是不一样的，用新火代替旧火就叫作改火。至少在汉代的时候，禁火这个风俗已经跟介子推的故事联系起来了。介子推是春秋时期的名人、义士，跟随晋国公子重耳流亡，路上没粮了，他甚至还曾经割股给重耳充饥，但是重耳回去之后封赏的时候，竟然把他给忘了，于是他带着自己的老母亲到山中去隐居。晋文公（重耳）很内疚，想让他出山来受赏，他又不出来，晋文公就想了个馊主意，一把火把绵山给点着了，原想以此把他给逼出来，没想到却把介子推母子俩给烧死了。人们为了纪念介子推，就约定在这一天不生火。但这其实是古老的节日跟后来的历史传说结合起来的产物，在介子推之前就已经有寒食的习俗，人们只是把这个习俗附会到他头上而已。

事实上，寒食节时天气乍暖还寒，再加上除了贵族以外普通百姓也没有冷藏保管食物的条件，所以这个习俗应该说是对人们健康的一个损害。比如汉代桓谭的《新论》当中记载说，太原当地的老百姓就是这样“不火食五日”，连着五天吃冷食，即便是病人也吃不到热饭，而且大家还都不敢违背这个风俗，这都是为了介子推的缘故。曹操为此曾经专门下令禁止寒食节，他发布了《明罚令》：“闻太原上党、西河、雁门冬至后百有五日皆绝火寒食，云为介子推。子胥沉江，吴人未有绝水之事，至于推独为寒食，岂不悖乎！且北方沍寒之地，老少羸弱，将有不堪之患。令到，人不得寒食，若犯者，家长半岁刑，主使百日刑，令长夺一月俸。”他直接将禁止寒食风俗归入了地方官政绩审核体系里。但即便如此，寒食这个风俗也并没有被完全禁绝，隋唐时人们仍然要在这一天禁火。

第六，清明节。清明节跟寒食节离得非常近，是寒食节后一两天，所以在隋唐时期，这两个节日往往是一块过的。清明节的主要内容，实际上是和寒食节连着的，几天都在郊外踏青、游春、扫墓，而且此时正值春暖花开的大好季节，唐人还经常举办一些丰富多彩的娱乐活动，比方说荡秋千、斗鸡、放风筝、蹴鞠，等等。

第七，上巳节。上巳节渊源非常久远，它是上古时期祓（fú）禊（xì）风俗的一个遗存，所谓祓禊,就是古人为了驱除邪恶和不祥，在水边进行祭祀和沐浴，时间是每年农历三月三日。隋唐时期的上巳节跟上古一样，也是在水边举行，所以就出现了一个有趣的现象。在其他的节日像是清明节，大家出去踏春，东西南北到处都行，但这个上巳节就不一样了，人们都要去水边。一个城市的水域毕竟是有限的，尤其是北方城市，比如隋唐时期的长安城里，最大的水域就是城东南角方向的曲江池，大家会在那里举行上巳节的种种活动。再比如在洛阳的洛水、伊水岸边，人们也会举行各种活动。这样一来，往往多年不见的人会在这一天遇上，上巳节由此发展成了一个重要的社交时刻。在唐代刘驾的《上巳日》这首诗里，我们可以看到曲江池两岸风景秀丽、游人如织，多年不见、多日不见的人，在这个地方都能够遇得到，景象非常热闹。

上巳曲江滨，喧于市朝路。

相寻不见者，此地皆相遇。

杜甫有首名诗叫《丽人行》，其实说的就是上巳日这天的盛况。

三月三日天气新，长安水边多丽人。

态浓意远淑且真，肌理细腻骨肉匀。

第八，端午节。每年的五月五日是端午节，流行吃粽子、赛龙舟、门上挂艾草，这个跟我们今天颇为相似。端午节的由来也十分久远，最常见的说法是为了纪念伟大的诗人屈原，但是实际上早在屈原之前，赛龙舟这种风俗就已经存在了。闻一多先生的《端午考》认为，端午节这个风俗是来源于春秋时期的吴越地区以龙为图腾的部落的祭祀典礼，赛龙舟是祭祀仪式上一种半宗教半娱乐性的活动。到了战国以后，它又被赋予了纪念屈原的新内容。

第九，七夕节，又称乞巧节。唐代有个文人叫陈鸿写了一个《长恨传》，估计很多人没听说过，《长恨传》和《长恨歌》是同一天写的，陈鸿和白居易两个人是好朋友，两人有一天在仙游寺游览的时候，发思古之幽情，于是约好一个写《长恨传》，一个写《长恨歌》，都以唐玄宗和杨贵妃的故事为素材。当然，事实证明《长恨歌》写得更好，成为了千古名篇，而《长恨传》的名气就比它小一点。《长恨传》里面记载过七夕节的风俗："秋七月，牵牛织女相见之夕，秦人风俗，夜张锦绣、陈饮食，树花燔香于庭，号为乞巧。"它记载的是秦地的风俗，七月七日晚上，家家户户在庭院当中铺设饮食，然后还要树花燔香，向上苍祈祷赐给自己一点本领、功夫，这就是"乞巧"。唐代徐坚所编类书《初学记》引晋代周处的《风土记》中是这样记载的，说七月七日这天要打扫庭院，之后大家把瓜果梨桃这些东西都布置好，然后要在这个地方等牵牛和织女两位星神相会。天空中如果出现一道白光，正是人家夫妻相聚的时候，你就赶紧祈祷，可以祈祷富贵，可以祈祷长寿。如果是没有儿子的，也可以求子，但是有个规矩，只许祈祷一样，不许多要。这就是《风土记》的记载。

七夕节在唐代主要是妇女尤其是未婚女子的节日。这一天，女孩子们在月下相聚，大家对着月亮比赛穿针，看谁穿得快，胜者谓之"得巧"，穿得快的人说明你手巧。大家知道，女红是三从四德的一部分，你这个做得好，未来婚姻生活就会幸福。古时候的女性都非常婉约，喜欢上谁不可能明说，所以是用这种方式显示自己的心灵手巧，同时表达希望自己能够更巧的愿望。其实在乞巧这种活动里是暗含着女孩子对未来婚姻的一种美好期盼。

第十，盂兰盆节，又称为中元节。这两个节日名称，一个是佛教的，一个是道教的，但是它们的日期是同一天——七月十五日。首先我们来看一下盂兰盆节的由来，盂兰盆节是佛教节日，它源自著名的佛教故事《目连救母》。据《盂兰盆经》记载，目连是佛的弟子，他的母亲生前作恶，所以入了地狱。目连去地狱救他的母亲，发现身处饿鬼当中。他给母亲喂饭，饭在嘴里还没来得及吃，就变成了火炭，母亲饿得受不了。无奈之下，目连就向佛祖求救。佛祖跟他说，凭你一人之力是救不了你母亲的，非得十方高僧一起努力、一起祈祷才行，但是在此之前，你必须准备百味五果放到盂兰盆中，供养这十方的大德高僧。目连这样做了之后，果然把自己的母亲从地狱当中超拔出来了。于是目连就建议以后佛家弟子行孝，都应该用盂兰盆去供养大德高僧，佛祖欣然应允，由此就诞生了盂兰盆节。在这一天，不仅要举行隆重的法事，而且伴随有非常热闹的歌舞百戏表演，这是佛教的盂兰盆节。

那么道教的节日为什么也是这一天呢？因为道教认为这一天是地官下降，如果举行一些法事，是可以使饿鬼囚徒得以解脱的，所以信道教的人，在这一天也要举行祭祀活动。我们可以发现，佛教的七月十五日跟道教的七月十五日，这两个节日听起来内容有点儿类似，都涉及饿鬼囚徒地狱，应该说肯定是相互有影响，而且是佛教影响了道教。下面这幅图片是日本的现代盂兰盆节的庆祝场景。

盂兰盆节在唐代是重大的节日，全国放假，皇帝还要宴请群臣。可是今天这一个节日我们中国人已经不过了，而在日本不但要过，而且是仅次于新年的重大节日。这一天日本人都要放假，而且讲究要回老家庆祝，据说盂兰盆节当天日本的铁路繁忙得就跟中国的春运一样，各地都会举行盛大的游行庆典。下页图中就是游行的场面。咱们唐代的很多文化习俗，今天在日本文化当中都还有遗存，比如茶道、插花、节日，等等。

← 日本的现代盂兰盆节的庆祝场景

第十一，中秋节。中秋节是每年的农历八月十五，流行赏月，这跟我们现在一样，但是隋唐时期可没有月饼这一说，吃月饼的风俗是宋元以后才产生的，这一点大家一定要搞清楚。

第十二，重阳节。重阳节也非常重要，每年九月九日，政府放假，举行宴会，其间，官员们还要以赛诗为乐。因为这时已经是秋天了，民众会在这一天举办登高的活动，饮酒、赋诗、赏菊，而且至少从晋代开始已经出现了这样一个风俗，就是登高的时候人们要把茱萸插在发髻上，据说有避邪气、预防冬季寒气的功效。有王维的诗作《九月九日忆山东兄弟》为证：

独在异乡为异客，每逢佳节倍思亲。

遥知兄弟登高处，遍插茱萸少一人。

少谁呢？少他自己。这就是重阳节风俗的体现。

第十三，除夕。除夕当然是岁末的最后一天了，按照先秦以来的风俗，这一天要举行驱傩的仪式。驱傩是上古流传下来的一种消除不祥、驱除恶鬼的祭祀仪式，这一天全家要团聚宴饮，并且守夜，而且讲究点上灯火之后要彻夜不熄，今天有的老人过年时还保留着这种习惯。

以上就是隋唐节日的概貌。

阅读思考

请总结唐代节日中的宗教因素。

参考文献

1.闻一多.神话与诗[M].天津：天津古籍出版社，2008.

2.李斌城.隋唐五代社会生活史[M].北京：中国社会科学出版社，1998.

第十四讲

隋唐人的宗教生活

应该这么说，隋唐时期是一个宗教信仰气氛非常浓厚的时代。那时候绝大多数的人或多或少都有宗教信仰。佛教，很盛行；道教，尤其盛行。大家知道，道教是李唐的国教，他们尊奉老子为自己的先祖。除此之外，摩尼教、祆教、伊斯兰教、基督教也进入了中国。大多数情况之下，唐朝统治者对宗教采取的是宽容的态度。也有不宽容的，比方说，唐武宗就曾经搞过毁佛。在唐代，全社会上下日常生活都与宗教密切相关。宗教对唐代的政治、社会、经济、文化、艺术都产生了深远而巨大的影响。

← 左图：新疆出土的摩尼教经画

← 右图：大秦景教流行中国碑

我们先来了解一下除了佛教、道教之外的那几种宗教。上面右图中是大秦景教流行中国碑，大秦景教就是基督教。这是记载基督教进入中国的一块碑刻。

基督教进入中国的时间是唐太宗贞观年间。传入中国的景教其实是基督教中的异端聂斯脱里派，也就是东方亚述教会。景教起源于今日叙利亚，是叙利亚教士君士坦丁堡牧首聂斯脱里于公元428年至431年间创立的，于贞观年间由教士阿罗本传入中国，当时唐太宗还特别派遣宰相房玄龄在郊外迎接他。景教在唐朝曾兴盛一时，全国各州都建立有寺（教堂），而且景教徒还从事各种慈善事业。不过这个教派的信仰者中汉人很少。

《经行记》是中国最早记载伊斯兰教的一本书，它的作者是杜佑的族侄杜环。他本人到过阿拉伯，回来之后写了这本书。在书里，他这样描述阿拉伯地区以及伊斯兰教："其大食王号暮门，都此处。其士女瑰伟长大，衣裳鲜洁，容止闲丽。女子出门，必拥蔽其面。无问贵贱，一日五时礼天。食肉作斋，以杀生为功德。系银带，佩银刀。断饮酒，禁音乐。人相争者，不至殴击。又有礼堂，容数万人。每七日，王出礼拜，登高座为众说法，曰：'人生甚难，天道不易。奸非劫窃，细行谩言，安己危人，欺贫虐贱，有一于此，罪莫大焉。凡有征战，为敌所戮，必得生天，杀其敌人，获福无量。'率土禀化，从之如流。"其中讲到了伊斯兰教的礼拜、禁酒、妇女装束以及道义，这就是中国最早描述伊斯兰教的文字。伊斯兰教进入中国的最早路线以海路为主，所以泉州、广州等地有很多伊斯兰教徒。

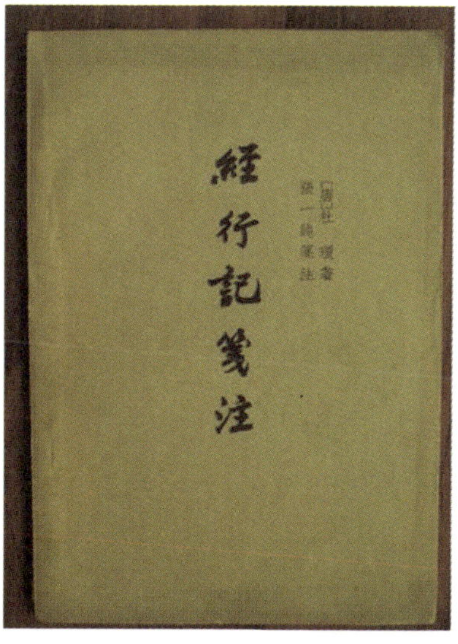

→ 中华书局1963年出版的《经行记笺注》

祆教，还有个称呼叫作拜火教。他们以火为图腾，主张光明与黑暗二元世界观。在下图中这个棺椁上就绘制着这两位神人，他们是人头、鸟身，中间护卫着一盆圣火。这就是祆教的图案。

太原出土的隋代虞弘墓石椁上面的祆教圣火图

由于篇幅有限，因此我们关注的重点不是君王和宫廷的宗教生活，而是士大夫和平民的宗教生活。鉴于资料的缺乏，有关前面提到的那几种宗教在唐朝的具体情况，我们掌握得不是很详细，所以本讲以佛教、道教生活为主。

我们知道，中国的士大夫阶层，既是官人，也是文人。他们是官僚队伍的主要组成部分，也是文化的承载者。所以，他们的信仰和理念是一个时代的风向标。隋唐时期的士大夫们，多数都有自己的宗教信仰，他们的宗教生活应该说是丰富多彩的。至于平民百姓，虽然财力不济，但是在虔诚程度上，比起士大夫来说是有过之而无不及的。

我们来看看隋唐时期官僚士大夫和平民佛教生活的主要内容：

第一，立寺修庙。

重修庙宇，再塑金身，这是中国佛教徒自古以来的一项重要活动，是功德。隋唐的官僚士大夫常常出资去捐建寺庙，有的人甚至把自家的房子让出来，这叫作“舍宅为

→五台山唐代佛光寺的宁公遇坐像

寺”。凡是出资的人都有一个共同的称呼，叫作“供养人”。寺庙也会投桃报李，对供养人有一项特别的优待：我把你的形象，要么通过塑像，要么通过壁画的方式，留在这个佛堂当中，让你跟佛祖在一起。比如前面已经看到过的这张照片，照片中的就是五台山唐代佛光寺里的女供养人宁公遇的坐像，旁边则是它的发现者林徽因。这尊坐像被安置在佛堂的角落里，与佛祖静静地相守。

下面这个是莫高窟第62号窟的一幅壁画，这是一个隋代的洞窟。画中是几个供养人的画像，看起来像是一个家庭当中的几个妇女，彼此之间关系不详。我们可以看到，在画像旁边还专门有题记，分别写着她们的姓名。

→莫高窟第62号窟壁画

第二，斋僧，又称饭僧。

所谓斋僧就是用饭菜来招待僧徒。这也是一种功德，目的在于报恩、追善等。唐代，这种请僧人吃饭的行为是非常普遍的，规模也堪称宏大，据说有的大富之家一次斋僧可达万人以上，本地的和尚都不够用，要请外地的和尚来凑数。没有财力的平民百姓，要想请一两个僧人吃饭聊表寸心，也是可以的。佛祖是不会嫌你穷的，只看你心意如何。

← 莫高窟第236号窟唐代壁画《斋僧图》

上图是莫高窟第236号窟唐代的一幅壁画，叫作《斋僧图》。壁画中长廊下坐着很多僧人，一个妇女正在烹制饭菜，中间还有一个男子双手托盘，正在给僧人们送饭送菜。这就是斋僧的场景。这里我们得特别提一下酒肉的问题。大家都知道，现在的和尚是不能吃肉、不能喝酒的，但是在佛教的原始教义当中，其实并没有对酒肉的特别限制，化缘的时候，大多是有什么吃什么。佛教传入中国以后，有一段时间，中国的僧人也并没有断绝过酒肉。那么，吃素这个风俗是从什么时候开始的呢？应该是从南朝梁武帝时期开始的。我们知道梁武帝笃信佛教，他曾经专门下达过一个《断酒肉文》，劝僧众们断绝酒肉，认为这是杀生犯戒。但是僧人们当中有不同的意见，认为佛经中并没有这样的规定。于是，梁武帝又推行了一个《梵网经》菩萨戒法，里面专门提到断绝酒肉的问题，终于找到了一个法理上的依据。自此以后，中国的僧众开始逐渐摒弃酒肉。到了隋唐，绝大多数的僧人都能够做到吃素，很多信佛的民众也能够做到这一点。

第三，写经造像，持斋念佛，坐禅。

写经造像，这是全民都参与的行为。我们讲唐代疾病的时候，曾经提到过写连环信，把我这个经书写一遍，你自己就不得病；写两遍，全家不得病；写三遍，全村不得病。这些信众没事就要抄写经书，甚至有人拿一根针在身上刺出血来，用血来写经，以表达自己的虔诚。一般的信众每天都要读经多遍，有的坚持数十年之久，没有一天停止过。像塑像、写经、绘制佛画、刻制经幢这些，也是信仰生活当中常见的行为。

→ 洛阳唐代履道坊遗址出土的白居易经幢

我们知道，历史上白居易也是信佛信得很虔诚的一个人物。左图中是一个与白居易有关的文物，是在洛阳唐代履道坊遗址出土的白居易经幢。据史籍记载，履道坊是白居易晚年的住宅所在地。这件残破的经幢的结尾有这么一句话“开国男白居易造”，由此证明这是白居易当年造的。

隋代民间写经的风气非常浓厚。据《隋书·经籍志》记载，隋文帝这个人，跟佛教有不解之缘，从小把他带大的是一位尼姑，所以他自己虔心向佛，也鼓励民众信佛。“上有所好，下必甚焉”。在他的鼓励之下，隋代佛教信仰的气氛非常浓厚，民间传抄佛经也非常普遍，以至于到了怎样一种程度呢？请看《隋书·经籍志》中的记载：“开皇元年，（隋）高祖晋诏天下，任听出家，仍令计口出钱，营造经像。而京师及并州、相州、洛州等诸大都邑之处，并官写一切经，置于寺内；而又别写，藏于秘阁。天下之人，从风而靡，竞相景慕，民间佛经，多于六经数十百倍。”大家知道，六经是国家之正典，是儒学之经典，可是民间佛经的数字竟然比这个多几十倍、上百倍，就可见当时信佛的风气之重。

还有一些信徒通过自己的行为来表达自己的虔诚，这在《大唐三藏大遍觉法师塔铭并序》里就有相关的记载。这位三藏法师是何许人？唐僧，玄奘是也。玄奘法师下葬的时候，门人把他的棺柩停到慈恩寺翻经堂，结果来奔丧的人每天都成千上万。四月十四日举行葬礼，埋于浐河以东，这一天五百里以内赶来奔丧的民众多达百余万。其中有些信徒甚至虔诚到了一种极端的地步。韩愈在《论佛骨表》当中描述了他那个时代从法门寺迎佛骨时的景象：老百姓“百十为群，解衣散钱，自朝至暮，转相仿效，惟恐后时，老少奔波，弃其业次。若不即加禁遏，更历诸寺，必有断臂脔身以为供养者”（脔，就是切肉块的意思）。民众当中有人为了表达自己的虔诚，把胳膊砍下来举在手中，还有的人在自己身上割肉。这些都属于宗教苦行的行为，他们用这种苦行来表达自己内心的虔诚。今天我们看来当然是不可取的。

这里我们要说一下，士大夫和平民信仰的佛教教派各有侧重。隋唐时期佛教的门派是非常多的，主要的有华严宗、天台宗、净土宗、法相宗、律宗、禅宗、密宗等。士大夫与民众的财力不一样、文化水平不一样，所以他们各自信奉的教派有所不同。士大夫最青睐的是禅宗当中的南宗。南宗的创始人是著名的慧能和尚。禅宗的主要特点是抛却烦琐的戒律，倡导心即是佛，讲究自我的领悟。尤其是南宗倡导的“顿悟成佛”，“顿悟”这个词颇符合士大夫的口味。中国的士大夫自古以来就有种对玄学的追求和向往，对气、心这些事情格外看重。平民由于文化水平和财力有限，所以他们信仰的主要教派是净土宗。这是因为净土宗是所有的门派当中修行方式最为简单的一种。它讲究的是只要你口诵阿弥陀佛，你就可以来生到西方极乐世界。这就是净土宗的主张。

宗教这个东西就是这样，义理越深奥，仪式越复杂，生命力越弱。一定要简单易行，信众才能越来越多，才有生命力。所以净土宗有生命力，禅宗有生命力。而玄奘法师创造的法相宗，生命力就远不如这些教派。我们知道，玄奘法师就是嫌唐朝当时的宗教信仰不够纯正，所以才要往西天去取经，取回来之后自己再进行翻译，从而创造了法相宗。就哲理而言，它的确非常严密，从学术角度来讲，也是非常高深，但问题是这种高深变成了象牙塔，高高在上，脱离了群众，所以法相宗的生命力就不如净土宗。这是一个历史的普遍规律。

下页中的壁画是莫高窟第112号窟的唐代西方净土变。画中的形象相信大家都不会觉得陌生，这就是著名的反弹琵琶。

接下来，我们专门谈一下士大夫与佛教文化之间的关

← 莫高窟第112号窟的唐代西方净土变壁画

系。由于士大夫深受佛教文化的影响，所以佛教通过他们也影响了整个中国文化。士大夫与佛教之间的关系非常紧密，主要体现在以下几点：

第一，隋唐时期，在皇帝和士大夫的推行之下，出现了三教并列、三教同归的趋向。所谓三教，即儒、释、道这三家。这三家以前都有互相攻击的行为。皇帝想把它们撮合在一起，希望三家能够和平相处，最好能够做到融合。严格来讲，隋唐时期是做到了三教同归这一点，到了宋代以后还出现了所谓的三教合流，你中有我，我中有你。

第二，魏晋以来，佛寺成了重要的文化载体。当时的高僧大德几乎都是一些学术大师，再加上佛教从印度和西域带来了许多的异域文化，所以吸引了大批的士大夫。魏晋隋唐时期，我们可以看到，士大夫与高僧大德之间的交往非常紧密，迎来送往，互相唱和，留下了许许多多的诗文。这些诗都有自己的名头。比方说，送僧诗、迎僧诗、游寺诗、题寺壁诗、赞僧诗，要是僧人去世，还有哭僧诗，等等。

这里有一个故事，叫作“三绝”。据《太平广记》记载，有一天，唐代著名大画家吴道子和大将军裴旻、书法家张旭，三个人在天宫寺偶遇。偶遇之后，三个人决定各自表演一段自己擅长的才艺。于是，裴将军跳了一段惊天地、泣鬼神的剑器舞；草圣张旭就着这个热乎劲，在一面墙壁上狂书了一通草书；吴道子则在另一面墙壁上画了一幅画。据说当时围观者众多，大家纷纷都说这三个人的三项技能在当时都是绝技，一天之间把这三个都看到了，今天的运气实在太好了。

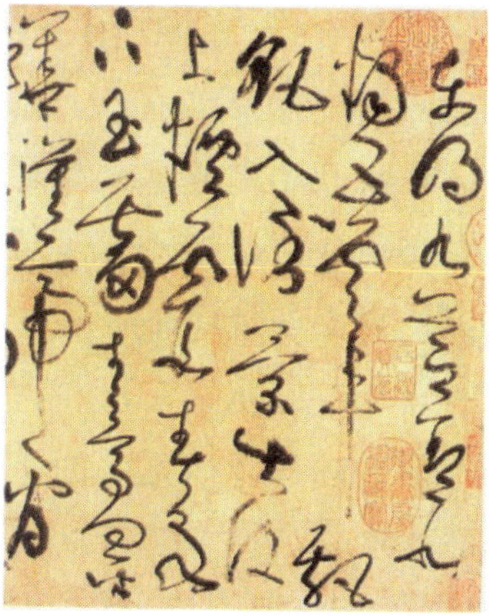

→左图：张旭草书《古诗四帖》的局部

→右图：吴道子《天王送子图》的局部摹本

上面这两幅图当然不是“三绝”的内容，今天我们已经找不到故事中天宫寺墙上所写所画。左边这幅图片是张旭草书《古诗四帖》的局部，右边则是后人所临摹的吴道子《天王送子图》的局部。《天王送子图》的原画已经佚失，现在留下来的都是摹本。画中是一个中国士大夫官僚的形象，实际上这位是净饭王，也就是释迦牟尼的父亲，他抱的这个小孩就是释迦牟尼，后面是释迦牟尼的母亲。我们知道，吴道子的画很漂亮，尤其他画的服饰是一绝，有“吴带当风”的美誉。

我们再来说说韩愈与佛教之间的故事。韩愈这个人很有意思，首先，他不信佛，他是一个反佛者。在韩愈的一生中有一件著名的事情，就是唐宪宗迎奉法门寺佛骨时，他上了《论佛骨表》，里边言辞犀利，得罪了皇帝，皇帝一怒之下把他贬到潮州去当刺史。结果到了潮州，韩愈又遇到了一个很令他尴尬的局面。我们知道，今天的潮州有着自己丰富多彩的地方文化，而且经济发展得也不错。但在当时，潮州非常落后，可以说识字的人都没几个。在那里，韩愈的精神生活十分苦闷，想找个人聊天都很难，最终倒是找到一个人，是个和尚。说实话，各地佛寺中的僧人，某种程度上说都是数得上的知识分子。韩愈一生反佛，没想到最后能跟他沟通的却只有一个和尚。他写了一封书信叫《与孟尚书书》，在这里他是这样辩解的：现在社会上流传我开始信佛了，那是胡说，我没有信佛。我的确跟一个和尚在往来，是什么缘故呢？我在潮州实在找不到人跟我聊天，后来听说一个寺庙里有一个老僧，法号叫大颠。这个人有文化，聪明，所以我把他请到了州府。虽然有时候聊得也不那么顺畅，但是总的来说，他跟我还是能沟通的，我因此与他往来。但若要由此以为我与佛教徒和解了，那是完全的误解。事实上，韩愈一生都坚持自己的看法，一直到去世前，还在与僧徒们对抗。韩愈晚年有服硫黄，硫黄多引发神经炎，皮肤溃烂，虽然服丹药不见得必然引发神经炎，但白居易有“退之服硫黄，一病讫不痊”的诗句，足见韩愈死于此因，所以症状应该比较明显，汉唐所谓疽类常类此。据《唐语林》记载：“韩愈病将卒，召群僧曰：‘吾不药，今将病死矣。汝详视吾手足肢体，无诳人云韩愈癞死也。’”佛教中得麻风（癞）常被视为报应，他大约担心僧人将之视为癞病，以证所谓报应也，即强调自己并非死于麻风，以堵住僧人的嘴。此事足可见韩愈虽经大颠之事，与佛教徒还是斗争到死。

第三，正如刚才所说，佛寺是隋唐时期除了官学和私学以外重要的教育场所。你要求学除了可以到官学，也可以到私学，还有第三条路可供你选择，那就是佛寺，佛寺里边也可以学习文化。有关这个问题，有兴趣的可以去看看著名历史学家严耕望先生的《唐人习业山林寺院之风尚》，收在《严耕望史学论文选集》当中。

第四，隋唐时期居士文化盛行。所谓居士，就是在家修行，仍然是俗人。这个自魏晋以来就已经有了。当时，士大夫信奉佛教的人很多，有一些虔诚者选择了出家，连梁武帝都曾出过家。不过也有些人虽然信佛，可是他又实在舍不得尘世间的享乐和自己的家人，于是他走了一条中间路线，就是在家修行。唐代的居士非常多，著名的比如王维，自称“摩诘居士”，白居易自称“香山居士”。他们都是用自己的字或号来命名的。

下面这幅壁画是莫高窟第103号窟的唐代维摩诘经变画。画中的这个人物对中国居士文化的产生具有重要的影响，他就是佛经当中记载的维摩诘。维摩诘，相传为古代印

→ 莫高窟第103号窟的唐代维摩诘经变画

度的一位富翁兼知识分子，据说此人非常聪明，口才相当了得，辩论起来口若悬河，没人能说得过他。传说佛祖派了文殊菩萨去跟他辩论，结果双方的辩论精彩到什么地步呢？天花乱坠。现在说“天花乱坠”指的是这个人能忽悠人，说得天花乱坠。而在那时候，“天花乱坠”指的就是说得好、说得精彩。维摩诘就是一个在家修行的居士，他给中国士大夫树立了一个榜样。你看，在家修行也是可以的，达到维摩诘的境界也能得到佛祖的认可。因此，维摩诘对中国应该说影响巨大。

这里顺便说一下著名的唐代寺庙——少林寺。之所以要谈它，是因为这座寺庙到现在依旧大名鼎鼎，尤其是1982年李连杰主演的电影《少林寺》上映之后，嵩山少林寺成了旅游热点，有关它的话题似乎永无休止。有一个特别盛行的传说（也是电影脚本的基础）——在唐王朝与盘踞洛阳的军阀王世充的战斗中，少林寺曾有十三棍僧挺身而出，挽救了被王世充军队追击的李世民，即所谓“十三棍僧救唐王”。虽然这仅仅是个传说而已，可少林寺僧众的确参与了这场战争，但不是拯救李世民，而是擒获了王世充的侄子王仁则，这个王仁则曾奉王世充之命逼死隋朝宗室皇泰主，并曾霸占少林寺地产。根据立于开元十六年（728）七月十五日的《皇唐嵩岳少林寺碑》记载，武德四年（621），秦王李世民攻打洛阳，少林寺僧志操、昙宗等十三人助战，擒拿了王仁则，并将其献给了秦王，碑文曰：“僧志操、昙宗等，审灵眷之所往，辨讴歌之有属，率众以拒伪师，抗表以明大顺，执充侄仁则以归本朝。”碑文还记载说李世民对此非常感谢，胜利后特地遣使到少林寺以示答谢：“太宗嘉其义烈，频降玺书宣慰，既奉优教，兼承宠锡，赐地卅顷，水碾一具，即柏谷庄是也。”并允许少林寺留置僧兵，以充自卫，少林寺僧习武风气得以延续至今。

《皇唐嵩岳少林寺碑》拓片

说完了佛教，我们再来了解一下隋唐人的道教生活。坦白地讲，虽然道教是李唐的国教，从法定的角度来说地位要高于佛教，可是，就真实的情况而言，唐人信佛的程度要高于信道的程度。究其原因，前面我也给大家提到过，道教没能很好地解决所谓生死问题。道教讲究成仙、长生，可是你得有成仙、长生成功的先例，如果拿不出来的话，就会影响到一般民众的信仰。由于道教是国教，在唐代的宫廷里就设有道观，唐代的公主出家入道，当道姑的很多。这里边原因很多，但是有一个原因说起来比较有意思，女孩子天性都爱美，舍不得一头青丝。公主们心里一盘算，都是出家，当尼姑得出宫断发，当道姑的话宫廷里就有道观，生活方便，再加上头发也可以保留，所以她们都愿意当道姑。

当时官僚士大夫当中信仰道教的人很多，有人甚至为此弃官隐居。众所周知，西安南郊的终南山自古以来就是隐居的圣地。渭南地区的华山，更是道教之圣山，到那里去修行隐居的人也有很多。而平常老百姓在家里设醮修斋，举办道教法事也很常见，抄写道经就跟抄写佛经一样，是很普遍的行为。

我们中国古人，对宗教信仰往往持有一种很现实主义的态度，没有那种信了道教就不能信佛教，信了佛教就不能信道教的唯一性。因此，佛教、道教在一个人身上同时并存的现象非常之普遍。就拿古典名著《西游记》来说吧，太上老君是道教的，而如来佛祖、观世音菩萨又是佛教的。我们中国文化能把多种宗教信仰非常巧妙、有机地糅合在一起，这也是一个相当有趣的现象。

我们这里还要特别谈到一点，就是中医的问题。应该这么说，中医的思想来源于道家。注意，我说的是道家，道家与道教可不是一回事。等到道教正式形成以后（有关形成的时间，有人认为是汉代，有人认为是魏晋时期），中医与其之间的关系仍然相伴相随，非常紧密。甚至可以说，没有道教就没有中医，没有中医就没有道教。因为道教讲究的很多东西，如养生、炼丹这些都与中医是密切相关的。唐人特别重视养生之道，而道教恰恰就是各种养生思想的大本营。此外，在丧葬活动当中，道士也经常与僧人一起被请来做法事，一边坐着僧人，一边坐着道士，互不干扰，这也是中国人多元信仰的一个体现。

皇室及士大夫官僚则多有服用金丹追求长生成仙者。唐代炼丹、服食丹药的风气非常浓厚，大家在古籍当中经常能够看得到。但是千万不要因为它在古籍当中出现的频次非常高，就认为这是全民行为。要知道，炼丹的材料是很昂贵的，炼丹属于贵族行为，一般的老百姓不具备条件。但是大家也知道，丹药里有大量的重金属元素，长时间服用就会出现重金属中毒，那对身体是极大的损伤。在唐代的历史上，服丹药死的人比比皆是，甚至于皇帝当中都有好几个人是因为服丹药而死的。如唐太宗就是服用了婆罗门僧献的丹药中毒而死的。

西安何家村出土的金银器很有名，那些金器和银器里边存放了一些药材，其中多数是炼丹用的原材料。下图中是西安何家村出土的唐代炼丹的原材料——紫英石和白英石。大家可以看到，在玻璃器皿当中，紫颜色的是紫英石，白色透明的是白英石，这都是炼丹时必需的原材料。

西安何家村出土的唐代炼丹的原材料——紫英石和白英石

《新唐书·李抱真传》中记载了大将李抱真服用丹药的情况，当然这位的行为是比较极端的。有一个道士叫孙季长，此人给李抱真炼丹，说服用了他的丹药可以成仙，李抱真一口气吃了两万丸，我特别佩服李将军的饭量和胆量。结果是李抱真病危，医生好不容易把他抢救过来，这位孙季长又跑来说：您差一点都得道成仙了，干吗要半途而废呢？于是，李抱真又吃了三千丸，终于死掉了。应该说，服丹药是中国文化当中极为荒唐且丑陋的一幕。

因为服食丹药杀人太多，却没有一个真正得道成仙的，于是大家就开始怀疑其功效。到了唐代以后，炼丹这个风气就逐渐地败落下去了。宋代以后，中国的丹药由外丹转向内丹。炉子里炼出来的金丹叫外丹。什么叫内丹呢？说白了就是气沉丹田，是人自己体内练出来的，这叫内丹。

说到这儿我们又得提韩愈了。韩愈这个人有两重性，一开始，他对服丹药的风气进行了强烈的抨击。他写过一个《故太学博士李君墓志铭》，说："余不知服食说自何世起，杀人不可计，而世慕尚之益至，此其惑也。"意思是，我不知道服丹药这个风气是从何年何月开始的，它杀人无数。紧跟着他又说：抛却那些听闻不说，仅列举我亲眼所见的服丹药死了的人，就有六七个。我把他们的事写下来，你们要引以为戒。只见过丹药杀人，从没见过有人服丹药成功的，真是太可悲了！最后他大发感慨："呜呼，可哀也已！可哀也已！"

别看韩愈这会儿骂丹药骂得慷慨激昂，可在他晚年的时候，他自己竟然也出现了服食丹药的行为。白居易专门为此写过一首诗："退之服硫黄，一病讫不痊。"退之是韩愈的字，韩愈就是服食硫黄而死的。五代时有本书叫《清异录》，书中对此记载得更为详细。它说"昌黎公愈晚年颇亲脂粉"，我们知道，韩愈又被称作韩昌黎，他晚年好色，"故事服食"，他想强身健体，因此就开始服丹药。他服的丹药跟别人不大一样，不是那种从炉子里炼出来的，可能是看见从炉子里炼出来的丹药杀人无数。他用他自己的方式，把硫黄搅到粥和饭里去喂鸡，然后他再吃鸡，隔一天就吃一只，刚开始据说还有效，到最后却因此而丧命。当然，现在也有学者反对这一点，说既然他反丹药反得那么厉害，又怎么会自己去服食丹药？这不是自相矛盾吗？有人辩白说白居易诗里那个退之不是韩退之，是另有其人，并提出卫中立、李建、郑居中、白行简均有可能。但卞孝萱《"退之服硫黄"五说考辨》（《东南大学学报(社会科学版)》1999年第

4期）从白韩交游、韩愈卒年、唐代士大夫生活情况、韩愈晚年好声色，以及韩愈曾向友人乞取丹药等多个方面考察，认为“退之”就是“韩愈”。人的思想是有可能发生改变的，这一点也不足为奇。

阅读思考

隋唐人的宗教生活与其他时代有什么显著的区别？

参考文献

1.李斌城.隋唐五代社会生活史[M].北京：中国社会科学出版社，1998.

2.金正耀.唐代道教外丹[J].历史研究，1990(2).

第十五讲

隋唐人的娱乐

隋唐，是个活泼的时代。隋唐人创造了很多的娱乐方式，应该说隋唐人过得是蛮快活的。

我们首先来了解一下隋唐文娱活动的时代特色。其一，唐代处于中国戏曲艺术发展的早期阶段，说唱艺术出现了一个由佛寺走向民间的现象，内容也逐渐世俗化，为民众所喜闻乐见。其二，隋唐时期的文娱活动受到了外来文化的巨大影响。其三，隋唐时期，女性积极参与文娱活动，这跟后世很不一样。宋代以后，中国妇女就开始被束缚起来，文娱活动也不大参与了。大家想一想，包括昆曲、京剧，早期的旦角演员可都是男性。难道就找不到会唱戏的女人吗？其实是压根儿不想让女性抛头露面！除此之外，唐代文娱活动的种类也非常丰富。接下来，我们就来看一看都有哪些娱乐。

首先说一下戏剧艺术。王国维先生曾经有一篇文章叫作《宋元戏剧（曲）考》，他考证中国古代的戏剧史，认为唐代戏剧极不发达，没什么真正的剧目。对此，扬州大学的任半塘先生持相反意见。任老先生还专门为此写了一本皇皇巨著《唐戏弄》，探讨的就是唐代戏剧的问题。他指出唐代戏剧丰富多彩，而且对后世的戏剧有极大的影响。

在此我们一定得说一下源自佛寺的戏剧艺术——“俗讲”。“俗讲”原本是佛寺讲经的一个方式，它是把佛经故事演化为通俗易懂的变文，在三长月里进行演出。三长月指的是正月、五月和九月。其目的是通过表演佛经故事，让世俗大众给佛寺捐香火钱。“俗讲”根据听众性别的不同，区分为“僧讲”和“尼讲”。如果是男性观众，就是僧讲；如果是女性观众，就是尼讲。后来，它渐渐演变成为以通俗故事为讲唱主题的一种艺术形式，而且有剧情发展、有角色扮演、有乐器伴奏，已经具备了后世戏剧的初步形态。上至王公贵族，下至布衣百姓都爱听。当时到佛寺听“俗讲”，就和后来人们跑到戏园子去听梅兰芳的戏一样，成为一种重要的娱乐方式。

据《南部新书》记载：在唐代的长安城，佛寺就是戏场。那时的长安城有哪些著名的戏场呢？慈恩寺戏场、青龙寺戏场、荐福寺戏场、永寿寺戏场，这四个当中有三个今天还在。慈恩寺在大雁塔，青龙寺在西影路，荐福寺在小雁塔。《东观奏记》里记载了一个有趣的故事：唐宣宗时期，万寿公主嫁给了郑颢。一次，她的小叔子病了，皇帝派人前去看望。回来之后，皇帝问这个使节：公主在场不在场？使者回答：不在。又问：去哪儿了？使者回答：慈恩寺看戏场。结果皇帝勃然大怒，把公主找回来臭骂了一顿，你看你，小叔子病了，你还跑到慈恩寺看什么戏场，怪不得人家士大夫都不愿意跟我们李家通婚，太没礼数了！公主吓得够呛。可见那时的戏场，是上至达官贵人、下至贩夫走卒，大家都喜欢去的娱乐场所。

唐代的文娱活动当然绝不仅限于“俗讲”，它也不是什么新的文娱种类，它不过是把唐代当时流行的一些说唱艺术跟佛经的故事结合起来，演变而成的一种表演方式而已。除了“俗讲”之外，唐代的娱乐种类丰富，形式也非常活泼。应该说，中国古代民间艺术在隋唐时期达到了一个高峰。宋代以后的中国民间艺术，因为少了女性的参与，塌了半边天，而失色不少。

唐代把这些文娱活动总其名曰“百戏”。在《唐会要》中是这样说的：“散乐，历代有之，其名不一，非部伍之声。俳优、歌舞、杂奏，总谓之百戏。”唐代也和其他朝代一样，重视制礼作乐，但是官方的音乐是那种很正统的、四平八稳的，那叫“正声雅乐”。相对于“正声雅乐”的，就是民间流行的这些东西，叫作“散乐”，又称“百戏”。所谓“散乐”，就是通俗音乐和舞蹈的总称，虽然难登大雅之堂，但是老百姓喜欢。我们这里不讲“正声雅乐”，专讲“百戏散乐”。

隋唐的散乐，比起前代，应该说有长足的进步，无论种类技巧都有很大的突破。隋文帝建国之初，提倡礼教、注重节俭，加上他这个人比较刻板，不喜靡靡之音，对散乐采取的是排斥态度。开皇九年(589)，灭陈之后，他进一步诏令天下禁绝此类：“郑卫淫声，鱼龙杂戏，乐府之内，尽以除之。”不过，娱乐这个东西就和空气、食物一样，是人不可或缺的，不是想禁就能禁得住的。隋炀帝继位之后，由于他本人就是个耐不住寂寞的人，非常喜欢散乐，所以散乐也由此开始发扬光大。据记载，隋炀帝为了向外国的商人和使节夸耀隋朝的富裕，曾经在首都、东都大办散乐。从皇城端门外到建国门以内，八里长的街道作为舞台，从黄昏开始表演，通宵达旦。光是表演者就好几万人，其中妇女占多数。为了给这些妇女制作表演时穿的衣服，甚至把长安城和洛阳的绢帛、丝绸都用光了。这是何等壮观的景象啊！

唐初，唐太宗动不动就以隋炀帝为戒，对散乐也要禁止。但是，此时民间散乐娱乐之风已经十分浓厚，百姓及百官都没有认真遵守这个禁令。永徽二年(651)，甚至出现了唐高宗御安福门观百戏的现象。皇帝都亲自来看了，这就说明对此官方已默认，从此百戏开始发扬光大。

开元元年(713)，唐玄宗陪着太上皇睿宗专门登上了城楼观看百戏。这场百戏，一举办就是一个月之久，以至于有大臣劝谏，说这是伤风败俗，但是也没有起到什么作用。在唐玄宗整个执政期间，唐朝的国力鼎盛，社会上奢靡之风也颇为盛行，大家都追求安逸享乐，所以散乐非常受欢迎。无论宴会、迎来送往、庆祝、节日，都有散乐来助兴。唐玄宗还亲自在梨园办戏曲学习班，以至于后世把唐玄宗尊奉为戏曲界的祖师爷。我们知道，中国古代每个行业都有自己的行业神，比如，木匠行是鲁班，医药界是扁鹊和孙思邈，梨园行是唐玄宗。唐德宗、宪宗、穆宗、敬宗、文宗、宣宗等，这些皇帝也都是百戏的爱好者。

据《新唐书》记载，唐玄宗这个人素来爱好音乐，据说他为了练羯鼓，打断的鼓棒不知道能装多少个柜子。他的那些兄弟们也特别懂行。有一次一个兄弟听到有人在自家院墙外面吹笛子，就说："吹得不错，不过这人姿势不对，他怎么斜靠在那儿吹。"家里人赶紧跑出去看，果然发现一个后生正斜倚着吹笛子。这随便一听都能听出吹奏人的姿势，你说他对音乐精通到何等地步！唐玄宗耐不住寂寞，在皇宫里面的梨园设了一个讲习班，专门教乐舞，甚至还有宫女来学，从此以后唱戏的人都被称为"梨园子弟"，戏曲界被称为"梨园行"也是从这里来的。

《明皇杂录》还曾经记载过这样一个故事，让人看了之后不禁扼腕叹息。安史叛军从长安撤退以后，唐玄宗回到了长安，去华清宫旧地重游。大家都知道，华清宫是当年他和杨贵妃"夜半无人私语时"的爱情故事发生的地方，那里对他来说有很多很多的回忆。当时沿途的老百姓都来欢迎他，而唐玄宗坐的是步辇，并没有骑马。有人就问：当年您从我们这儿经过的时候，都是骑马飞奔而过，怎么现在不骑了呢？唐玄宗回答说：我老了，经不起鞍马的劳顿。父老乡亲们听了之后，无不悲戚。当地有一个著名的女演员叫谢阿蛮，擅长跳凌波曲，当年曾经入宫给唐玄宗和杨贵妃表演过。这次她给唐玄宗表演完之后，拿出了一个金粟装臂环，递给唐玄宗说："此贵妃所与。"这是当年贵妃赐给我的东西。唐玄宗看了之后涕泪横流，周围的人也无不落泪。一个煌煌帝国的由盛转衰，在这个故事中也有所折射。

下面这幅壁画是莫高窟第156号窟中晚唐时期的《张议潮出巡图》中的百戏场面，红圈以内是张议潮准备出巡的时候，当地的演员正在给他表演歌舞甩水袖的场景。

莫高窟第156号窟中晚唐时期的《张议潮出巡图》

百戏的种类是非常多的，刚才我们做了一个总述，下面我们来具体谈一谈百戏的种类。它主要分为两大类：一是歌舞，二是杂技。

首先，我们来看一下歌舞类。

“大面”：又称“代面”，是一种舞蹈，它模仿的是北齐著名的兰陵王。众所周知，兰陵王这个人长得实在是太过俊美了，以至于在战场上别人都不害怕他，所以他总是佩戴着一个狰狞的面具，冲入敌阵一番拼杀。这个舞蹈就是演员戴着面具模仿兰陵王上阵搏杀，伴奏的乐曲是《兰陵王入阵曲》。

“钵头”：其中有角色的扮演，讲的是一个孝子进山去寻找自己父母的尸体，与老虎进行搏斗的故事。里面加进了歌舞，服装、表情也有了规定，已经初步具备了戏剧的特点。

“踏摇娘”：据说是源自隋代的一个舞蹈。它描述一个女子在家庭里遭受到丈夫的虐待，她一边唱着说着自己的苦情，一边脚还要打着节奏，看起来一摇一摇的，所以叫作

“踏摇娘”。

“窟礧子”：就是傀儡，木偶戏。据说木偶戏起源很早，至少汉代的时候就已经有了，到魏晋时已经很盛行了。木偶戏原来只在丧礼上进行表演，但是从魏晋到隋唐时期发生了一个转变，木偶戏逐渐开始做世俗的表演了。唐代也很盛行木偶戏，最著名的一出叫《尉迟恭突厥斗将》。当时还发生过一个故事，唐太宗这个人对傀儡戏很是反感，曾经有一次，工部尚书段纶告诉他找到了一个工匠叫杨思奇，此人的手艺很是了不得。唐太宗说：那行，你让他做个东西让我看看。结果，段纶让杨思奇做了一个傀儡，也就是木偶戏里的木偶。唐太宗一下子发飙了：我们召集这些工匠，是让他们做一些对国家有用的东西。你可倒好，让他做一个戏剧的道具。你知不知道这叫奇巧淫技！你这个官是怎么当的？要知道，中国古人是很反感奇巧淫技这一类东西的，于是就把段纶给降职了。

“参军戏”：后赵石勒的时候，有一个参军犯了贪污的罪行，于是石勒就让演员穿上参军的衣服，扮演参军受其他演员的嘲弄，由此就诞生了一个新的剧种“参军戏”。这个戏的内容是以滑稽、搞笑为主，一般是两个角色，被戏弄的人叫参军，戏弄的人叫苍鹘。到了晚唐，参军戏还出现了多人演出，剧情也开始变得复杂，除了男角之外，还有女角。应该说，参军戏对宋元时期杂剧的形成有着巨大的影响。甚至现在还有些学者认为，参军戏就是早期的相声。这种推断也不是完全没有道理。我们来看下面这两幅图片(见282页)，左边是西安南何村一个唐墓里出土的参军戏俑，右边则是新疆吐鲁番阿斯塔纳唐墓出土的参军戏俑。两图中戏俑的情状和今天的相声表演相比，一个是逗哏的，一个是捧哏的，很是相像。

左图：西安南何村唐墓出土的参军戏俑

右图：新疆吐鲁番阿斯塔纳唐墓出土的参军戏俑

其次，我们来看杂技类。

“寻橦”：又名戴竿、竿木、顶竿等。这项杂技一直到民国时期在北京的天桥还有表演的，就是一个壮士在底下顶着一根很粗的竹竿，有小孩子或演员吊在上面进行表演。有的竹竿长达百尺，上面装饰着仙岛瀛洲的模型，有少女演员在上面载歌载舞。甚至有文献记载说，有的演员非常厉害，他顶着的竹竿上面竟然放了二十八个小演员，实在是不可思议！

左图：汉代画像砖

右图：莫高窟第156号窟的壁画《河内郡夫人宋氏出行图》

上面左图是山东沂南一个汉代墓葬里出土的画像砖，画中人物正在进行“寻橦”表演。而右图则是莫高窟第156号窟的壁画《河内郡夫人宋氏出行图》，红圈中的就是“寻橦”，看起来的确很惊险，观众也很多。在唐代，这种表演方式从宫廷到民间都非常盛行。

“绳技”：其实就是走钢丝，表演者有好几个人，还伴有乐曲，动作很惊险。据说有的人在绳子上能倒立、劈叉、跳跃，和今天的走钢丝比起来一点也不逊色。但是，据说唐文宗有一次观看绳技时，被惊险的表演给吓着了，从此下令再也不许搞这个演出。

魔术：魔术在中国的历史也很悠久，不过在隋唐时期，表演魔术的主要是从西域过来的胡人。《册府元龟》中就记载了高宗年间的一件事情：高宗显庆元年（656），有一次，高宗在安福门观大酺，意思是老百姓在节假日宴饮，而高宗在城楼上观看。这时候就有胡人想在皇帝面前露一手，要表演幻戏，幻戏说白了就是一种魔术。结果皇帝不但不让表演，而且下诏明令禁止。为什么呢？原来，民间有婆罗门胡表演幻戏，要先拿剑刺肚子、用刀割舌头，利器刺割完之后，一抹又好了，观众没有不觉得神奇的。实际上，这和今天的大卸活人一样，就是一种障眼法而已。但是，要知道古人是迷信的，包括高宗在内的很多人都认为它是妖术，觉得这种表演既残忍，又迷惑、误导百姓。因此皇帝下令，把表演幻戏的人驱逐出境，而且告诫边关的将士“以后若更有此色，并不须遣入朝”，以后这种人想进咱们中国的，全都给我打回去！这件事对中国的魔术事业可以说是一次损伤。

我们再介绍一下唐代其他的文娱活动。

斗鸡：中国的斗鸡源远流长，《庄子》《史记》都曾记载过斗鸡的故事。据《史记》记载，春秋时期的鲁国，有一个贵族季氏，他是鲁国的三巨头之一。季氏曾经与郈氏斗鸡，双方都把它当正经事来办，而且为了能赢，私下都出老千。季氏是在鸡翅膀上抹芥末，这个芥末如果被抹到对方鸡的眼睛上，对方鸡就看不见了。郈氏也不是省油的灯，他给鸡爪子上装铜套，鸡爪子本来就尖，再给它装上铜套，这一下子就能把对方鸡给抓死。结果双方互相指责对方出老千，还由此引发了一场战争。

到了魏晋隋唐，斗鸡也很盛行。大家看下面这幅莫高窟第285号窟北魏壁画《斗鸡图》，画中的两只斗鸡形象非常生动，连脖子上的毛都竖着。怪不得咱们俗话形容一个人好斗总说是“像个斗鸡一样”。

← 莫高窟第285号窟北魏壁画《斗鸡图》

唐玄宗的时候，有一个叫贾昌的人，此人因擅长训练斗鸡而名闻天下。大家知道“呆若木鸡”这个词吧？今天它是一个贬义词，用来形容某人痴呆傻愣。但是，这个词原本的含义可不是这样。据《庄子》记载说，善于斗鸡的人，能把斗鸡训练得处变不惊，泰山崩于前而不变色，敌人的鸡冲上来，它是泰然自若，像一个木头鸡一样没反应，对方的鸡都不敢扑上来，最后都转身逃走了，这就叫“呆若木鸡”。贾昌就有这样的功底，他训练的斗鸡不仅搏斗起来非常凶猛，而且很有组织性、纪律性。据说在大街上，贾昌在前面走，几百只鸡跟在后面排成队列，浩浩荡荡，整齐划一。唐玄宗就曾为此专门召见过他。开元十三年（725年），唐玄宗封禅泰山的时候，甚至还让贾昌带了三百只鸡跟着他走。贾昌的父亲去世以后，唐玄宗命令官府帮着办丧事，办得还很隆重，以至于当时民间有人这样讽刺这个事情："生儿不用识文字，斗鸡走马胜读书。"（《东城老父传》）意思是说贾昌只不过是个养斗鸡的人，皇帝却这样看重他，那以后我们的子弟都不要读书，大家都学斗鸡好啦！

唐玄宗时期，甚至还任命过所谓的"斗鸡供奉"，专门负责斗鸡，这可是正式的官职。宫廷里设有"斗鸡坊""斗鸡楼"，各地州县斗鸡风气非常浓厚，而且围绕斗鸡还形成了赌博业。国人好赌，自古如此。大家都以养一只血统纯正的斗鸡为荣，就跟后来有人养纯种阿拉伯马一样。甚至有人因为斗鸡的价格太过昂贵养不起，却又好面子，干脆养一只假斗鸡来充充门面。尤其是寒食节的时候，城外到处都是斗鸡场。有唐一代，整个宫廷也好，民间也好，都爱好斗鸡。

斗草斗花：这是女性之间流行的游戏。斗花是看谁找到的花最美丽谁就赢。斗草的风气源自于南方荆楚地区，后来传到了北方。唐末五代时期，妇女儿童都爱好这个，原因是这种游戏玩起来轻松、愉快，且原材料随手可得。相信大家小时候可能也玩过，一人一根草，看谁先把对方勒断，断者为输，这就叫斗草。晋代曾发生过这样一件事情，诗人谢灵运在南朝宋代被杀的时候，曾经把自己的胡子施给一间佛寺，用作维摩诘像上的胡须，这间佛寺非常珍重该胡须。但是唐中宗时期，有一个公主特别喜欢斗草，人家斗草是用草，她却用人的发须，要知道人的发须韧性很强，与草相比当然是百战百胜了。不幸的是，她恰恰看中了谢灵运的胡须。她不但把那胡须弄来一缕专门干这事，而且为了不让别人用，她还下令把剩下的全部给毁了！（《太平广记》卷四〇五引《国史纂》）

秋千：这原本是北方少数民族山戎的游戏。春秋时期，齐桓公伐山戎，把这个游戏带回了中原，从此以后开始流行。秋千是唐代妇女儿童颇为喜爱的一种游戏，尤其是在民间非常盛行，寒食节这天大家都会到郊外玩秋千。据说有技艺非常高超的人，艺高人胆大，能把秋千荡到“百尺之高”，看起来很惊险。有的秋千用精美的丝线编成，很是华丽。在唐诗当中有许多描述秋千的诗篇。

“角觝”：又称为“角力”“争交”，还有一个大家非常熟悉的名字——“相扑”。宋代高承的《事物纪原》中记载的“角觝，今相扑也”，说的就是这个。相扑可绝不是日本人的发明。唐懿宗、唐僖宗和唐昭宗时期，甚至在宫廷里设有专门的相扑棚，作为表演场地。军队平日训练时，相扑也是一个用来锻炼体魄的项目。右图是陕西历史博物馆馆藏的金代相扑俑，图中这位力士膀大腰圆，怒目圆睁，而且他竟然穿着一个与今天日本相扑选手一模一样的兜裆布，可见日本人的穿着也应是从我们这里学去的。

← 陕西历史博物馆馆藏的金代相扑俑

围棋：唐人所说的棋，大多数情况下指的是围棋。这是中国的国粹，时至今日仍是我们民族文化的一个瑰宝。虽然它的起源已经不可考，但至少从汉魏时期就有文献记载过围棋。隋唐时，围棋非常盛行，各阶层人士均有参与，而且出现了一大批高水准的围棋名士。这些人身份多样，既有王公大臣，也有普通老百姓，更有文化界名流。围棋向外传播得也很广泛，朝鲜、日本都是我们传过去的。下图是河南安阳出土的隋代张盛墓陪葬的一个明器，其实就是一个围棋盘。这个围棋盘，在中国的文物史上、围棋史上都具有很重要的地位。早期的围棋是17道，隋唐的围棋是19道，而这个围棋盘是我国迄今为止发现的最早的一个19道的围棋盘。它一共有361个交叉点，并且画出了星位，在中央和四角画出了天元和角星，这就与现代围棋盘基本是一致的。

→河南安阳出土的隋代张盛墓陪葬的明器——围棋盘

下页两幅图中分别是唐代的围棋罐和围棋子。唐代围棋子的材质也是多种多样的，普通的有石头的，名贵的也有用玉做的，还有玻璃的，我们现在的围棋子多数是玻璃的。

关于围棋还曾经有一个有趣的故事。唐宣宗大中年间，曾有日本国的一个王子来到中国。这个王子在日本下围棋所向披靡，打遍天下无敌手。他到中国之后，向皇帝提出要和

← 唐代的围棋罐和围棋子

中国的围棋高手过招。这应该是最早的中日围棋擂台赛了。皇帝就派了当时的围棋第一高手顾师言去跟日本国的王子下棋。顾师言这个人据说非常厉害，通常二三十招就能致敌于死地。可日本国的这个王子也蛮厉害，下到三十三手的时候还胜负未决。顾师言知道这场比赛决不能输，所以他苦思冥想，最终想出了一个绝招——“镇神头”。当然最后究竟是怎么下的，由于棋谱没有传下来，我们不得而知。总之这招一出，日本王子一下子傻眼了，无奈之下只好投子认输。后来他还问主管外交的鸿胪寺官员：这位顾待诏（顾师言的职位是翰林待诏）是你们国家围棋手中排名第几的？这位官员倒也会给国家增光，明明是第一手，他说是第三手。王子说：我想见你们的第一手。结果这个官员说：这哪能行，是有次序的。胜了第三手才能见第二手，胜了第二手才能见第一手，你连顾师言都胜不了，如何能见到第一手。最后王子心服口服地说：“小国之一，不如大国之三。信矣！”这个故事传出去之后，有好事者还专门为此画了一幅画叫《顾师言三十三镇神头图》，传诵了很久。（《杜阳杂编》）

唐代，围棋在民间也非常盛行。有一个围棋名手叫王积薪，一次在野外投宿一家小旅店，店主是婆媳两人。到了晚上，他无意中听见这两人的对话。婆婆说：长夜漫漫，无心睡眠，咱们娱乐娱乐吧。儿媳妇说：婆婆您说怎么娱乐呢？婆婆说：咱俩下棋吧。王积薪正想着，黑灯瞎火的，你们俩下什么棋？这时候就听见那老婆婆开始说：我投子在××。儿媳妇对答：我投子在××。王积薪一听，这不得了！两个乡野妇人居然在下盲棋，而且每一招都很精妙，这是两个高手在过招啊。他听得赞叹不已。等到天亮之后，王积薪赶紧拿出纸笔凭着记忆把棋谱打出来。由这个故事十足可见围棋在当时的普及程度。

马球：这也是唐代常见的运动项目，但由于耗资不菲，所以属于贵族运动。在此我要纠正一个常见的错误认识，有很多的报刊文章，甚至包括专业的论文都说“马球是唐代民间喜闻乐见的运动项目”。这是受到了史料话语权的影响，因为我们现在见到的史料，主要是出自士大夫之手，是上层人士。由于他们在史籍当中记载马球的频次比较多，所以大家就错误地认为马球是最普及的运动。要知道马球相当于现代的高尔夫球，耗资不菲。第一，要有马，而且要好马。第二，要有场地，搞一个

→陕西历史博物馆馆藏唐代马球俑

→章怀太子墓《打马球图》

马球场地很不容易，据说在夯土的时候还要掺上油，这样才能符合要求。

据史籍记载，李隆基年轻的时候就擅长打马球。一次，吐蕃使者出使中国，要求跟中国打马球。据说吐蕃使者非常厉害，一连赢了好几局。唐中宗急了，赶紧征集大家的意见，问可还有高手？有人说：临淄王李隆基是个高手，赶快叫他来。果然就把李隆基给请来了。另一则史料记载说，李隆基上阵的时候骑的不是马是驴，结果所向披靡，很快就把吐蕃队给打败了。李隆基这个人真是精力旺盛，无论什么运动、娱乐，处处都有他的身影。

阅读思考

请总结唐代妇女参与文娱活动的状况。

参考文献

1. 向达. 唐代俗讲考[J]. 燕京学报，(16).

2. 李斌城. 隋唐五代社会生活史[M]. 北京：中国社会科学出版社，1998.

3. 潘孝伟. 唐代体育[M]. 西安：西北大学出版社，1995.

第十六讲

外来文化对隋唐人生活的影响

唐代的文化特质之一就是开放包容。所谓包容，我的理解就是从不盲目抗拒外来事物，这是一种基于实力的自信。唐朝对外交往十分频繁，不仅影响了政治和经济，也对普通人的生活产生了巨大的影响。

《新唐书·地理志》记载了唐代对外交通的七条干道："其入四夷之路与关戍走集最要者七：一曰营州入安东道，二曰登州海行入高丽、渤海道，三曰夏州塞外通大同、云中道，四曰中受降城入回鹘道，五曰安西入西域道，六曰安南通天竺道，七曰广州通海夷道。"

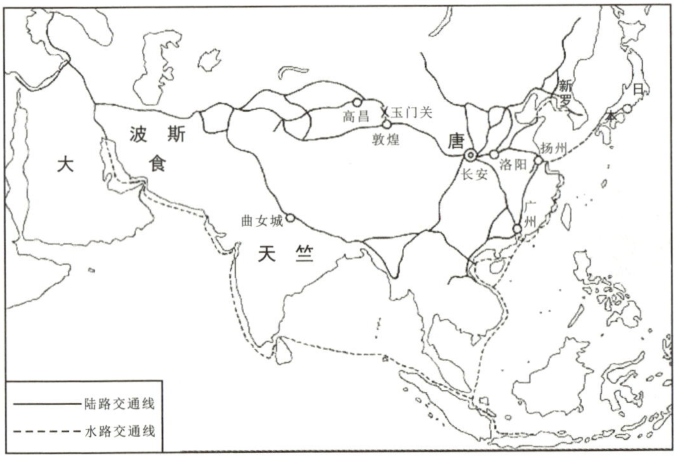

唐代主要交通干道示意图

第一条路线指的是从今天辽宁地区（营州治所在今辽宁朝阳）进入东北及朝鲜半岛。

第二条路线指的是从今山东半岛经海路进入朝鲜半岛以及渤海国。渤海国位于今中国东北地区东部、朝鲜半岛北部以及今俄罗斯滨海边疆区，曾经兴盛一时，号称"海东盛国"。它是粟末靺鞨酋长大祚荣于公元698年在高句丽故地之北建立起来的，原名"震国"，民众主要是靺鞨人。713年震国改为"渤海国"，渤海国一度兴盛，甚至还骚扰袭击过唐朝的山东半岛。762年，唐朝册封其君为"渤海国王"。926年渤海国被契丹灭亡，大部分土地归契丹，少部分土地被再度崛起的高丽吞并。

第三条路线指的是由夏州（治所在今陕西省靖边县北白城子，管理区域包括今陕北及内蒙古南部）前往今内蒙古及蒙古人民共和国的路线。

第四条路线指的是由中受降城（今内蒙古包头南）经乌德犍山（今蒙古人民共和国杭爱山）回鹘牙帐，再到仙娥河（今色楞格河）北岸富贵城，一直到坚昆（今南西伯利亚）的路线。

第五条路线指的是由今天新疆地区前往中亚的路线。这一条路线基本上就相当于我们所说的丝绸之路，《隋书·裴矩传》："发自敦煌，至于西海，凡为三道，各有襟带。北道从伊吾，经蒲类海铁勒部、突厥可汗庭，度北流河水，至拂菻国，达于西海。其中道从高昌、焉耆、龟兹、疏勒，度葱岭，又经钹汗、苏对沙那国、康国、曹国、何国、大小安国、穆国，至波斯，达于西海。其南道从鄯善、于阗、朱俱波、喝盘佗，度葱岭，又经护密、吐火罗、挹怛、忛延、漕国，至北婆罗门，达于西海。其三道诸国，亦各自有路，南北交通。其东女国、南婆罗门国等，并随其所往，诸处得达。故知伊吾、高昌、鄯善，并西域之门户也。总凑敦煌，是其咽喉之地。"

第六条路线指的是通过今天越南地区前往印度的路线。

第七条路线指的是由广州港出发，经海路前往外国的路线，基本上就相当于我们所说的海上丝绸之路。

严耕望《唐代交通图考》说："大抵唐代交通以长安、洛阳大道为枢轴，汴州（今开封）、岐州（今凤翔）为枢轴两端之延伸点。由此两轴端四都市向四方辐射发展，而以全国大都市为区域发展之核心……而广州、交州（今越南河内）则对外海运之港口也。全国大道西达安西

（或至葱岭），东穷辽海，北逾沙碛，南尽海隅，莫不置馆驿，通使命。”

“丝绸之路”的得名是德国地理学家李希霍芬的功劳，1877年，他在《中国》一书中率先使用了这个词。随后，德国历史学家赫尔曼(A. Herrmann)在《中国与叙利亚之间的古代丝绸之路》中将其概念进一步明确化。

丝绸之路存在的时间可能比大家想象的要久得多，臧振《“玉石之路”初探》（《人文杂志》1994年第2期）一文指出，根据对原始社会时期太湖流域良渚文化遗址中发现的大量玉器的分析，认为这些玉器原材料极可能是新疆和田玉，所以说在所谓“丝绸之路”之前，这条商路就已经存在了，他将其称之为“玉石之路”。当时的玉器是祭神的重要器物，是取悦神灵的工具，所以对于那时的人们来说，这条商路十分重要。

张骞凿通西域被视为丝绸之路建立的象征，其实这只是因为张骞之后丝绸之路被赋予了除商贸之外的政治、文化重大意义，并不是说在张骞之前没人走过这条路，这个道理很简单。

按理说丝绸之路上往来的商品中，丝绸不过是其中之一罢了，为何西方学者要以它命名呢？首先是因为丝绸是这条商路上的贸易物之大宗，其次是因为丝绸具有唯一性，它产自于中国，其他国家和地区早先并没有，所以具备很强的象征意义。而且从古罗马时代开始，西方世界就对这种华丽、光滑的衣料惊叹不已，把用它做的衣服看作是身份地位的象征，所以以它命名这条道路是顺理成章的事情。

丝绸之路的实际状况可远不如它的名字那般浪漫唯美，而是充满了艰辛。不仅路途遥远，而且道路时常被盗匪和地方政权截断。夏日炎热暴晒，冬日寒风呼啸，沿途缺少水源。按照玄奘的描述："从此西北入大沙碛，绝无水草。途路弥漫，疆境难测。望大山，寻遗骨，以知所指，以记经途。"（《大唐西域记》卷一）也就是说，在沿途的戈壁、沙漠之中，绝无水草可以补给，沿途是一望无际的单调景色，只有前人留下的人骨或者兽骨可以作为路标。《北史·西域传》记载说："且末西北有流沙数百里，夏日有热风，为行旅之患。风之所至，唯老驼预知之，即嗔而聚立，埋其口鼻于沙中。人每以为候，亦即将毡拥蔽鼻口。其风迅駃，斯须过尽，若不防者，必至危毙。"沙漠风暴最为致命，只有老骆驼可以预知风暴的来临，它们会立即低头，把口鼻埋入沙中，人们看到这个状况就立即知道风暴即将来临，赶紧用毡遮掩口鼻，否则必死无疑。历朝历代的人们就是这样前仆后继，奔走在这条充满危险但同时又有着巨大利益诱惑的商道上。

这里简单说一说我对丝绸之路价值的看法。古代中国是农业社会，农业民族的特点是自然经济、自给自足，所以中国自古以来绝大多数时段采取重农抑商的国策不是偶然的。可以注意到，丝绸之路上输入中国的商品基本上都是轻而贵重之物，例如金银器（中国古代金银器制作技术不如西亚、中亚）、香药、皮毛等，这些都是奢侈品，对中国经济来说它最多就是锦上添花，绝对谈不上是雪中送炭。当然，您可以说丝绸之路输入了那么多新的物种，大大丰富了中国农作物种类，改善了人民生活，这当然是对的，可是问题在于这种外来物种只要输入就会得到广泛种植，用不着在商路上反复输入。

在这种背景下，丝绸之路对于中国的意义究竟何在？其实中国古代一直有"天朝上国"的心态，在中原王朝眼里，外贸的意义不在于互通有无、促进经济发展，而是在于它是朝贡体系的象征。很多正常的商贸活动被认为是一种异域国家对中原王朝的朝贡，而且越是远道而来的“朝贡”意义就越大，这也就是王莽、杨广们都对所谓“重译而来”（道远，找不到汉语翻译，只好通过途经国家或地区的人再度翻译）的外来使者十分感兴趣的原因所在。这些外来使者很多的确是真的使者，但也有一些是商贾冒充的，“天朝上国”通过这种朝贡体制维系天下秩序，并且获得自尊心的极大满足。

但是反对的声音不是没有，《北史·西域传》史臣论曰：“自古开远夷，通绝域，必因宏放之主，皆起好事之臣。张骞凿空于前，班超投笔于后，或结之以重宝，或慑之以利剑，投躯万死之地，以要一旦之功，皆由主尚来远之名，臣徇轻生之节。是知上之所好，下必效焉。西域虽通于魏氏，于时中原始平，天子方以混一为心，未遑及此。其信使往来，得羁縻勿绝之道。及隋炀帝规摹宏侈，掩吞秦、汉，裴矩方进《西域图记》以荡其心，故万乘亲出玉门关，置伊吾、且末镇，而关右暨于流沙，骚然无聊生矣。若使北狄无虞，东夷告捷，必将修轮台之戍，筑乌垒之城，求大秦之明珠，致条支之鸟卵，往来转输，将何以堪其弊哉？古者哲王之制也，方五千里，务安诸夏，不事要荒。岂威不能加，德不能被？盖不以四夷劳中国，不以无用害有用也。是以秦戍五岭，汉事三边，或道殣相望，或户口减半。隋室恃其强盛，亦狼狈于青海。此皆一人失其道，故亿兆罹其苦。载思即叙之义，固辞都护之请，返其千里之马，不求白狼之贡，则七戎九夷，候风重译，虽无辽东之捷，岂及江都之祸乎？”

这段话的大致意思是古来通绝域之事都是那些好大喜功的君主（“宏放之主”可绝对不是好词）和好事之臣所为，比如张骞、班超等。隋炀帝时期更加热衷此事，违背了先贤

"不以四夷劳中国，不以无用害有用"的教导，导致四处远巡、征讨，民不聊生，最终导致国家大乱。《北史》的作者是唐人李延寿，为什么李延寿对包括张骞、班超在内的著名人物语多讥讽呢？唐朝受益于丝绸之路之处多多，为何李延寿却基本上持否定态度呢？首先，李延寿毕竟是一个儒家士大夫，儒家士大夫历来强调珍惜民力、休养生息，对劳师远征、开通绝域的事情历来持保守态度，常加劝阻，例如魏徵、姚崇、狄仁杰、张九龄等都是这个态度。其次，李延寿是唐初人，唐初特别强调汲取隋朝教训，对隋炀帝的所作所为几乎持完全否定的态度。隋炀帝在唐初就是一面靶子，因此他开疆拓土的事迹也就被当作了反面典型。再加上隋唐是在南北朝基础上建立的，"五胡乱华"的教训历历在目，因此李延寿的评价在那时算得上是士大夫的主流思想。

但是士大夫们也无法阻碍人类的交往和贸易的本能。人，说到底是个经济动物，面对利润和琳琅满目的外来商品，无论中外皆会动心，士大夫也不能免俗，他们也享受着那些外来物品与文化。更何况经历南北朝民族大融合，文化已经多元化，人们对外来文化的包容度还是很高的。

下面我们将分两个部分阐释唐代对外交往对平民生活的影响，即往来于丝绸之路上的各色人种、各色物品以及各种文化。

一、往来于丝绸之路的人们

唐朝是一个开放包容的社会，往来的外国人极多，这一点我在第一讲已经讲过了。外国人以三种人为主：使臣、商人、僧侣。除了陆上丝绸之路，他们还通过海上丝绸之路来到中国，那时的广州最多时有多达二十万的外国人，扬州也有成千上万的外国商贾。他们聚族而居，从事外贸，也协助唐朝地方官管理本族人，并且自己的宗教信仰也可以得到尊重，例如广州就有中国最早的清真寺之一。

南方城市里的外国人主要是大食（阿拉伯）、波斯（伊朗）、天竺（印度）以及东南亚的林邑、爪哇、僧伽罗人，北方城市里主要是大食、波斯、天竺、回纥、突厥、粟特、吐火罗人。从北朝开始，中国政府为了管理这些语言不通、聚族而居的外国人，特地设置“萨宝”一职，由这些外国人中的首领人物来担任，负责管理本族人，并与政府合作。

来自外国的女性通常从事服务业，最常见的就是酒肆，她们的异国情调吸引了大批文人墨客。还记得前面提到过的李白那首《少年行》吗？他还有一首《送裴十八图南归嵩山二首》：“何处可为别，长安青绮门。胡姬招素手，延客醉金樽。”她们经常为客人表演歌舞，在当时也是胜景。李白最爱胡姬，他有诗《杂曲歌辞·前有一尊酒行二首》描写胡姬舞姿：“胡姬貌如花，当垆笑春风。笑春风，舞罗衣，君今不醉欲安归。”李白一辈子当不上大官也是自然，像这样整天沉迷于异域风情，在皇帝和正统士大夫眼里那就是不务正业。

唐朝对外战争频繁，因此常有大量的俘虏（其中包括妇女儿童）被带入内地，成为唐人的奴隶。白居易的《缚戎人》描绘了这样的场景：

缚戎人，缚戎人，耳穿面破驱入秦。
天子矜怜不忍杀，诏徙东南吴与越。
黄衣小使录姓名，领出长安乘递行。
身被金创面多瘠，扶病徒行日一驿。
朝餐饥渴费杯盘，夜卧腥臊污床席。
忽逢江水忆交河，垂手齐声呜咽歌。
其中一虏语诸虏，尔苦非多我苦多。
同伴行人因借问，欲说喉中气愤愤。

自云乡管本凉原，大历年中没落蕃。
一落蕃中四十载，遣著皮裘系毛带。
唯许正朝服汉仪，敛衣整巾潜泪垂。
誓心密定归乡计，不使蕃中妻子知。
暗思幸有残筋力，更恐年衰归不得。
昼伏宵行经大漠，云阴月黑风沙恶。
惊藏青冢寒草疏，偷渡黄河夜冰薄。
忽闻汉军鼙鼓声，路傍走出再拜迎。
游骑不听能汉语，将军遂缚作蕃生。
配向东南卑湿地，定无存恤空防备。
念此吞声仰诉天，若为辛苦度残年。
凉原乡井不得见，胡地妻儿虚弃捐。
没蕃被囚思汉土，归汉被劫为蕃虏。
早知如此悔归来，两地宁如一处苦。
缚戎人，戎人之中我苦辛。
自古此冤应未有，汉心汉语吐蕃身。

诗中描述了一群吐蕃人被唐军俘虏后，被发配到吴越地区，路上历经虐待与苦难，思念家乡，泣不成声。而其中有一个人的经历最为凄惨，他本是祖籍河西走廊的汉人，但是“安史之乱”后吐蕃占据了河西走廊，那里的汉人被迫成为了吐蕃的编户齐民。这个人在吐蕃管辖下生活了四十年，外表已经尽然是吐蕃人模样，但是内心却始终思念汉家威仪，日夜盘算逃回唐朝。当时他已经娶了吐蕃人为妻，并且生子。他秘密策划，不让妻儿知晓。最终成功逃出吐蕃辖境，一路艰险无比，甚至要冒险从黄河薄冰面上爬过。到了唐朝辖境，忽然间听到了唐军的声音，于是出来拜迎。奈何唐军游骑不顾他懂汉语，将其作为吐蕃人捆绑起来。他此时大概再怎么分辩，也只会被当作是被俘之后的狡辩和伪饰。风烛残年，抛妻弃子，回到了祖国却又被当作吐蕃人，还有比这个更加痛苦的事情吗？

白居易实在是个善于表达、为民鼓与呼的人。我们不知道诗中所描述的这个人后来下落如何，但愿他能有个好的结局吧。

除了俘虏之外，唐朝还存在严重的人口贩卖问题。我们第一讲就提到了昆仑奴，他们中的很多人就是被辗转贩卖到唐朝为奴的，所以才加个“奴”字。另外，从东南亚和朝鲜半岛贩卖人口的现象也非常严重。

这些外来人口有的充当官家奴婢，也有的充当私人家奴。一般来说游牧民族的俘虏多从事与车马有关的工作，西域来的俘虏要是擅长歌舞的话，也会从事与乐舞有关的行业。有关外来歌舞的问题，我在《隋唐人的娱乐》一讲中已经说过，这里就不再重复了。总之一句话，唐代歌舞艺术的兴盛与外来人口密切相关，这些人当然不见得都是掳来的，其中很多人是自愿来到唐朝从事歌舞表演，因为他们的演出会获得丰厚的报酬。这些人主要是中亚人，但是也有东南亚、南亚人士，甚至还有朝鲜半岛的音乐艺术家。

除了这些人之外，商贾也是丝绸之路上往来人口的一大宗，他们直接促进了丝绸之路的繁华，当然了，他们也从中获得了很多的好处。就像我们前面提到的“穷波斯”的谚语一样，波斯人穷？唐朝人说不可能。波斯当然有穷人，可是问题是来到唐朝的波斯人，要么是使节，要么是商贾，非富即贵，当然会给唐人一个错觉，就是波斯人（其实唐人嘴里的波斯人不见得真的是波斯来的，有时泛指中亚、西亚一带人士，比如从今天叙利亚地区来到唐朝的阿罗本带来的景教，有时就被唐人叫作波斯景教）都是富豪。

在商人中粟特人占了很大的比例，他们是中亚一带昭武九姓人。他们世代经商，最热衷于中间贸易，也是最常见的外国人，所以他们的商品、乐舞、服饰、习俗都对唐朝产生了很大的影响。我们在谈隋唐服饰、饮食、娱乐时都有涉及，就不再重复了。

二、外来物品

对隋唐时期的普通民众来说，外来文化影响最大的就是外来物品，其中包括各种农作物、动物。限于篇幅，不可备述，下面我们选择几种重要的来了解一下：

1．马匹

隋朝时，养马业曾经一度十分兴盛，甚至于隋炀帝还亲自带领军队赶着上千匹母马到青海湖去寻找所谓的“龙种”进行交配，以求进一步改良马种。这当然是道听途说的结果，不可能有什么收获，但是却反映出隋朝政府对养马业的重视。马匹在古代是具备战略意义的动物，正如《新唐书·五行志》所说的那样：“马者，国之武备，天去其备，国将危亡。”能与之相提并论的战略性动物大概也就只有牛了。不仅对于军队很重要，对于一般民众来说，民间对马车、马匹的渴望也是毋庸多言的。

隋朝灭亡时，养马业受到了极大的打击，唐朝政府接管到手的只有三千匹马。经过长时期的整顿与恢复，国家养马业得到了蓬勃发展。唐代当时有八个国家牧场，位于今陕西关中到青海、甘肃地区这条线上。为什么不设到今蒙古大草原上去呢？原因很简单，那时外交形势不允许，先有突厥，后有薛延陀，后来突厥又复国，北方虽然水草丰美，但是对唐朝政府来说可望而不可即。加上在唐代时青海、甘肃地区的自然环境、经济状况都比今天要好，所以马场设在此处很合适。唐朝政府在这里建立了完善的管理制度，还定期派大员巡视，检查马匹数目、健康状况，养马业很快就颇具规模，鼎盛时期马匹多达七十余万匹。这还只是国家掌握的，私人手中也有大量的马匹。

但是好景不长，“安史之乱”爆发，唐朝陇右、河西地区失于吐蕃之手，牧场当然就用不成了。曾有“天才”建议到今天福建境内去养马，可福建那地方自古就不是养马的地方，结果马匹去了很快死了大半。

这样一来唐政府就很尴尬了，北方、西北的草原都无法利用，其余地方都不适合设置牧场，那么马匹来源怎么办？最后还是靠外贸勉强解决了这个问题。“安史之乱”中回纥（后来改称回鹘）人出兵帮助唐朝政府，立有大功，所以变得很骄傲，大有一种作威作福的感觉，不仅欺凌唐朝民众，甚至还欺负政府。曾有回鹘人在唐犯法，被关入监牢，回鹘人竟然集结起来劫狱，唐政府还不敢多言，此时的回鹘人颇有点清朝时期西方人享有“治外法权”的那种感觉。

回鹘人盘剥唐朝的方式之一就是强制性的马匹交易。名为“互市”，实际上是强卖，每年把成千上万匹的马卖给唐朝，刚开始时还按质论价，到后来直接就不讲理了，是好是坏你都得接着，价格还不能低。所以在唐后期的史料中我们经常可以看到皇帝和官员们讨论该怎么支付马价，这已经是一个让唐人非常头疼的问题了。不过话说回来，回鹘马倒也大大缓解了唐朝社会上下对马匹的渴望。

爱德华•谢弗《唐代的外来文明》认为唐朝原本使用的马匹是草原野马和阿拉伯马的混血品种，“但是阿拉伯马的种系在唐朝处在不利的境地，蒙古矮种马就在毗邻唐朝的地区，所以阿拉伯马很难保持与蒙古矮种马相抗衡的地位。到了唐朝灭亡之后，西方骏马的种系就开始渐次消亡，而随着元、明时代蒙古矮种马的大量涌入，到了近代的初期，西方马的种系就完全绝迹了”。

上图：陕西历史博物馆馆藏唐代陶马

下图：现代常见的马

通过上面两幅图片的比较，我们可以明显看到，陕西历史博物馆馆藏唐代陶马的身姿优美，高大健壮；而现代常见的马，属于蒙古马种，体型比较小，优点是耐力持久，皮实。

2．骆驼

在“隋唐人的交通”一讲中，我们谈到了骆驼，骆驼也是外来物种。它是丝路之舟，可以不吃不喝穿越戈壁大漠，所以自古以来骆驼就是长途贸易不可或缺的驮兽。汉朝时中国就已经使用大夏双峰驼来从事远途军事运输。唐代远途贸易日渐频繁，对骆驼的需求量很大，因此从国外引进了很多的骆驼新品种，回鹘、吐蕃、突骑施、于阗等地都曾是唐朝骆驼的来源地。骆驼在当时的北方地区运用极其普遍，并且一直延续到现代。大家都知道老舍的《骆驼祥子》，骆驼在北京等地的使用一直延续到20世纪50年代。唐代不仅用骆驼作为交通工具，而且还用骆驼毛进行纺织。有一种衣料叫作骆驼褐，就是用骆驼毛生产的，出产地是今天的甘肃和内蒙古南部，品质甚好，甚至还向宫廷进贡。唐朝人还吃骆驼肉，见于岑参《酒泉太守席上醉后作》：“琵琶长笛曲相和，羌儿胡雏齐唱歌。浑炙犁牛烹野驼，交河美酒归叵罗。三更醉后军中寝，无奈秦山归梦何。”驼峰在当时属于不可多得的美味。

3．葡萄

葡萄的引进意义重大，因为它不仅是水果，也是重要的酿酒原料，它的引进丰富了中国酒的种类。葡萄是西汉时引进的，《史记·大宛列传》中有记载：“宛左右以蒲陶为酒，富人藏酒至万余石，久者数十岁不败。俗嗜酒，马嗜苜蓿。汉使取其实来，于是天子始种苜蓿、蒲陶肥饶地。及天马多，外国使来众，则离宫别观旁尽种蒲陶、苜蓿极望。”虽然自汉代开始引进，但并未广泛栽培。北魏时，人们得到葡萄竟“转饷亲戚，以为奇味，得者不敢辄食，乃历数家。”（《洛阳伽蓝记》卷四）。北齐李元忠“贡世宗蒲桃一盘，世宗报以百练缣”（《北齐书·李元忠传》）。唐代的《大唐新语》记载了这样一个故事：“高祖尝宴侍臣，果有蒲萄，（陈）叔达为侍中，执而不食。问其故，对曰：‘臣母患口干，求之不得。’高祖曰：‘卿有母遗乎？’遂呜咽流涕。后赐帛百匹，以市甘珍。”唐高祖赏赐群臣吃葡萄，陈叔达不吃，要拿回去孝敬母亲，原因是母亲患有口渴之疾，葡萄刚好对症，平时“求之不得”。唐高祖为之大大感动。这个故事证明了葡萄在当时的昂贵。据《南部新书》记载，唐贞观年间侯君集破高昌国得马乳葡萄种，皇帝下令在禁苑种植，葡萄酒方得普及。从此以后葡萄酒走入寻常百姓家，成为唐代常见的酒种。唐代歌咏葡萄酒的诗篇比比皆是，最耳熟能详的要数王翰的《凉州词》：“葡萄美酒夜光杯，欲饮琵琶马上催。醉卧沙场君莫笑，古来征战几人回？”葡萄酒可以说大大丰富了唐人的生活。

4. 蔗糖

在“隋唐人的食”一讲里，我们谈到过蔗糖是唐代引进中国的，原产于印度。唐以前的中国糖主要是饴糖和蜂蜜，在医书中“蜜”频繁出现，有蜂糖、石蜜、土蜜、木蜜、石饴、岩蜜等，名称的差异实际是源自采撷地点的不同。其中石蜜同时又指蔗糖。蔗糖的成熟炼制技术是从印度引进的，季羡林《糖史》上篇专门论述了这个问题。季羡林老先生精通多国语言，包括梵文和巴利文。他注意到，世界许多国家的“糖”字有相同的读音，英文sugar、法文sucre、德文Zucker等都来自梵文sarkara与巴利文sarkkhara，可见西方国家的蔗糖技术也是来自印度。他甚至认为甘蔗本身就是外来物种，“甘蔗”二字是音译。例如甘蔗在汉代司马相如的笔下写作“藷蔗”，东方朔称之为“肝𪏰”，刘向的《杖铭》则以“都蔗”名之。他根据研究经验认为，既然一样东西有好几个声音相近而写法不同的名字，那么它外来的可能性就很大。在三国《江表传》有“甘蔗饧”三字，可能是一种蔗糖，但是很明显没有大规模流行开来，季羡林认为南北朝时采取的是用阳光曝晒甘蔗汁制造糖浆的办法。

季羡林又发现，敦煌莫高窟藏经洞有一篇残经（P. 3303）写卷背面写着制造“煞割令”的方法。他马上认出“煞割令”就是梵文sarkara的译音，并推断蔗糖在唐代传入中国。《新唐书》记载说：“摩揭它（陀），一曰摩伽陀，本中天竺属国……贞观二十一年，始遣使者自通于天子，献波罗树，树类白杨。太宗遣使取熬糖法，即诏扬州上诸蔗，拃沈如其剂，色味愈西域远甚。”季羡林认为敦煌P. 3303残卷所记载的“煞割令”的制作办法，可能就是唐太宗派人从摩揭陀学来的方法。它的主要特点是在熬炼甘蔗汁时加牛乳，牛乳可以使蔗汁中的杂质凝结成渣，使糖更加纯化，比单纯的晒制更有效率，产品品质也更好。

唐代以后，蔗糖技术就逐渐成熟，正如《新唐书》所说的，中国炼制的蔗糖品质甚至超过了印度人的产品品质。

5. 金银器

中国古代重视玉器，金银器制作技艺不如中亚、西亚。从魏晋南北朝以来，外来的金银器大量涌入中国。中国不缺乏金矿，古人早就总结出寻找矿脉的经验，即地表多姜属植物的，地下多铜矿或锡矿，多野葱的地下多银矿，多冬青的地下多金矿，等等。唐代蜀地、岭南、安南（越南）都出产黄金。再加上中国从来不缺乏能工巧匠，所以魏晋隋唐时期，金银器制作、贸易都十分繁荣。其中金银器制作技艺尤其受到了外来文化的巨大影响。

下页图中这个文物很有意思，是1983年在宁夏固原南郊北周时期柱国大将军李贤和其妻吴辉合葬墓中发现的鎏金银壶。固原在唐代叫原州，是中西贸易路线上的重要据点，曾有大批外来商贾（尤其是粟特人）在此生活，在这里的墓葬中发现进口器物一点也不奇怪。

我们再来看看这个壶的细节。壶上的图案是不是有很浓

北周时期柱国大将军李贤和其妻吴辉合葬墓中发现的鎏金银壶

的西方味道？这个图案反映的是古希腊《荷马史诗》的内容。“该鎏金银壶完全沿袭萨珊王朝金银器的风格。但值得注意的是壶柄上端所铸的高鼻深目、头戴贴发软冠的胡人形象，此类形象与萨珊波斯人形象不同,属于中亚巴克特里亚人。壶的腹部所打压出的三组六人图像，所表现的故事内容也说法不一，多数人认为是希腊神话‘帕里斯裁判’，图像中间是阿芙罗狄蒂向帕里斯递上金苹果，左边一组是帕里斯劫持海伦时的情景，右边的一组是特洛伊之战后海伦回到丈夫墨涅拉俄斯身边。总之，这是一件具有萨珊风格的中亚制品，是希腊文化对中亚巴克特利亚地区影响的产物。”（王效军、程云霞：《宁夏固原地区出土的金银器》，《收藏界》，2007年第4期）

隋唐时期，金银器的中亚、西亚风格就更加浓厚了。当时唐朝工匠受到了波斯（伊朗）的巨大影响，图案和工艺都受益匪浅。比如陕西历史博物馆馆藏的何家村出土唐代兽首玛瑙杯，就是一件玛瑙加黄金的绝妙工艺品。它是一件酒器，原型来自古希腊的“来通”（这是音译），是“流”的意思，无论造型设计还是工艺水平都达到了极高的水准。有学者认为其是进口物品，也有学者认为是唐代工匠仿造的波斯风格的器物。何家村出土的另一件具有异域风格的器物——舞马衔杯纹银壶，它借鉴了中亚工艺，外形则是模仿游牧民族的盛水皮囊。从这两件器物可以看到西域对于唐代金银器发展产生的新影响。

左图：西安何家村出土的唐代兽首玛瑙杯

右图：西安何家村出土的舞马衔杯纹银壶

此外，吐蕃人也对唐朝金银器发展做出过贡献。虽然整体来说吐蕃社会发展水平不及唐朝，但是它在金属加工技术方面却有着高超的工艺。吐蕃军队的兵器很是精良，能制造复杂的锁子甲，金银器制作水平也很高。现在去西藏旅游，你仍然能看到各个寺庙里那些巧夺天工的金银器。唐代从吐蕃进口的金银器非常多。

这么说吧，影响唐人生活的外来物品实在是举不胜举，举凡食品、金银器、宝石、药物（包括香药）、纺织品甚至宠物动物都有引进，这里受篇幅所限不允许一一叙说。唐代文明的开放包容使得这些物品与中华文明有机融合，这是一种实力与自信的体现。有兴趣的朋友可以读一读爱德华•谢弗《唐代的外来文明》和向达《唐代长安与西域文明》，其中的叙述更为全面、完整。

6. 音乐

中国古代的音乐很早就被纳入了礼乐制度的范畴内，担负起教化人心、规范行为甚至思想的任务，也正是因为这个缘故，那些“流行音乐”是不登大雅之堂的，所以孔子闻韶乐则三月不知肉味，闻郑卫之声则斥其为淫声，老人家一生讲规矩，我们也不好说什么。但是可以肯定的是——“流行音乐”也并没有就此消弭，而是一直在民间流传。到了魏晋以后，它们获得新生，因为有了新的元素加入了进来，这就是胡乐。中亚、西亚人擅长歌舞，自古至今如此。他们的音乐对中国人很有吸引力。

胡乐可能是西汉时期引入中国的。而功臣则是张骞。《晋书·乐志》：“胡角者，本以应胡笳之声，后渐用之横吹，有双角，即胡乐也。张博望（张骞封博望侯）入西域，传其法于西京，惟得《摩诃兜勒》一曲。李延年因胡曲更造新声二十八解，乘舆以为武乐。后汉以给边，和帝时，万人将军得用之。魏晋以来，二十八解不复具存，用者有《黄鹄》《垄头》《出关》《入关》《出塞》《入塞》《折杨柳》《黄覃子》《赤之杨》《望行人》十曲。”这对中国音乐的创新起了积极的促进作用。

魏晋隋唐时期，胡乐更是渗透到了社会各个层面，白居易的好友、大诗人元稹为此痛心疾首，他在《和李校书新题乐府十二首·法曲》一诗中写道：“自从胡骑起烟尘，毛毳腥膻满咸洛。女为胡妇学胡妆，伎进胡音务胡乐。”他是站在传统士大夫的视角来评价此事的，而人们对胡乐的爱好并不因为士大夫们的抱怨而有丝毫减弱。

下面我们引用爱德华•谢弗《唐代的外来文明》一书中的论述，对唐代外来音乐的状况做一了解：“从8世纪开始，唐朝的流行音乐听起来与中亚城廓国家的音乐简直就没有多少区别了。著名的‘霓裳羽衣曲’总是使我们联想起唐玄宗——玄宗是一位音乐爱好者，据说在他的宫廷里有三万名乐工——但是实际上这首曲子不过是西域的‘婆罗门曲’的改写本。龟兹、高昌、疏勒、安国、康国、天竺以及高丽等地的音乐风格，就这样在唐朝官方的保护之下，与传统音乐融合成了一体。9世纪时，在宫廷之内又开始再度强调庄重肃穆的古典音乐，这样一来就割断了外来影响的潮流。虽然一些印度支那的音乐，特别是骠国和南诏的音乐被带进了唐朝，但是它们似乎并没有对唐朝音乐产生多少影响。

“在所有西域音乐文化中，龟兹音乐对唐朝音乐的影响最大，远远超出了其他音乐。尤其是龟兹乐中的‘鼓舞曲’，更是唐朝雅俗共赏的一种乐曲。龟兹乐工演奏的乐器也备受唐朝人的赞赏。龟兹乐器中最重要的一种是龟兹四弦曲项琵琶，唐代流行音乐的二十八调就是建立在四弦曲项琵琶的技法和曲式的基础上的，而且二十八调的旋律也是由此而发展起来。筚篥与横笛在龟兹乐器中也占有相当重要的地位，所以这两种乐器在唐朝也很流行。但是在所有的龟兹乐器中，唐朝人最喜欢的是一种形制很小，涂了漆的‘羯鼓’。当演奏羯鼓时，不仅可以听到羯鼓敲击出的铿锵激奋的音乐，而且能够欣赏到伴着羯鼓的乐声歌唱的外国歌曲——可是这些梵文歌曲的发音大多数都是错误的。就像其他的达官显贵一样，伟大的唐玄宗本人就是一位演奏羯鼓的大行家。

“在唐代音乐中，最有名的是混杂了各种成分的‘西凉乐’。西凉是一座边疆城镇的名称，在唐代，这里其实是叫‘凉州’。西凉乐是龟兹乐与传统中国音乐的奇妙的混合物。它是用龟兹琵琶和古典的石磬这样一些极不谐调的乐器来进行演奏的。8世纪和9世纪之后的诗人们都对西凉乐赞叹不已。

“唐朝北方邻人的音乐听起来使人感到‘苍凉’而‘粗犷’，北方音乐对唐朝音乐的影响几乎全都局限在军乐方面。北方的这些‘鼓吹’乐是用大角、鼓、钹等乐器来演奏的，用鼓演奏的音乐激越动人，这种音乐最适合在宫廷庆典、正式的凯旋仪式以及其他一些具有爱国主义气氛的场合演奏。起源于印度的音乐传入中国的途径有多种，除了中亚以外，还有印度支那诸国即林邑、扶南、骠国等。这些国家也将它们的管弦乐以及舞伎等贡献给了唐朝。印度支那乐工演奏的曲目大多数主要都是来源于佛教经典，如‘佛印’‘斗羊胜’和‘孔雀王’等曲目都属于此例。”

由于篇幅的限制，我们没法再一一列举外来文化对唐人生活的影响了。可以说，外来文化的影响是全方位、立体的，渗透到了唐人生活的方方面面，我们今天所谈到的只是只鳞片甲而已。今天有人总喜欢谈维护传统文化，其实传统文化本身一直都是动态的，看了唐代外来文化的影响，我们就知道，璀璨的唐代文化中包含着多少外来因素，这是唐人自信心和拿来主义精神的体现，也是唐代的魅力所在。

阅读思考

请分析唐代的开放包容精神与其他时代的差异。

参考文献

爱德华•谢弗.唐代的外来文明[M]. 西安：陕西师范大学出版社，2005.